Jeanne Antoinette de Pompadour, Traugott Antonia Eleonora Heyde

Briefe der Frau Marquisinn von Pompadour

Jeanne Antoinette de Pompadour, Traugott Antonia Eleonora Heyde

Briefe der Frau Marquisinn von Pompadour

ISBN/EAN: 9783741167683

Hergestellt in Europa, USA, Kanada, Australien, Japan

Cover: Foto ©Andreas Hilbeck / pixelio.de

Manufactured and distributed by brebook publishing software (www.brebook.com)

Jeanne Antoinette de Pompadour, Traugott Antonia Eleonora Heyde

Briefe der Frau Marquisinn von Pompadour

Briefe
der
Frau Marquisinn
von
Pompadour.

Aus dem Französischen übersetzt
von
T. A. E. H.

Leipzig,
bey Friedrich Gotthold Jacobäern, 1774.

Vorrede,
für die, so sie lesen wollen.

Es würde etwas überflüßiges seyn, die Briefe der Frau von Pompadour, von welchen wir hier eine deutsche Uebersetzung liefern, zu loben.

Der Beyfall, mit welchem man sie aufgenommen, und die wiederholten Ausgaben, die man davon geliefert hat, sagen mehr, als wir würden sagen können. Es ist unstreitig, daß diese Briefe unter die vorzüglichsten und

Vorrede.

besten gehören. Es herrschet in denselben eine leichte, natürliche und zierliche Schreibart, gleichwie man einen hervorstechenden Witz, nebst den zärtlichsten und edelmüthigsten Empfindungen darinnen erblicket, und sie können in ihrer Art den Briefen einer Babet gar wohl an die Seite gesetzt werden.

Man hat daran zweifeln wollen, daß diese Briefe aus der Feder der Frau Marquisinn von Pompadour geflossen, indem man gesagt, diese Dame redete in denselben als eine gar zu große Staatskundige. Ist es aber wohl zu verwundern, daß eine Dame, die so viel Verstand besaß, die beständig um den König, und unaufhörlich von Ministern, die ihr ihre Aufwartung machten, umgeben war, dasjenige sagt, wovon sie ohne Zweifel so oft hatte reden hören? Da
sie

Vorrede.

sie der Canal war, durch welchen alle Gnaden und Gunstbezeigungen giengen; so konnte sie alles lernen und wissen. Ueberdieses ist das Naive, das man in diesen Briefen antrifft, viel zu groß, als daß man sie iemand anders, als einer Person von ihrem Geschlechte, zuschreiben könnte. Und wenn man geglaubet hat, daß die philosophischen Briefe einer Ninon von l'Enclos, und die verliebten Briefe einer Babet von den Verfasserinnen, deren Namen sie führen, sind aufgesetzet worden; warum will man in Ansehung der Briefe der Frau Marquisinn nicht ein gleiches thun? Frauenzimmer, die Geist besitzen, sind zu allem geschickt, und thun es oftmals den gelehrtesten Männern zuvor.

Den Briefen der Frau von Pompadour haben wir die Briefe verschiedener vornehmer

Vorrede.

mer Personen, an welche die Frau Marquisinn die ihrigen gerichtet hatte, beygefügt, und sie gehörigen Ortes eingeschaltet, damit, wenn man die zu einem Briefe gehörige Antwort gleich dabey hat, man beyde desto eher und leichter verstehen möge. Indessen wollen wir gar nicht behaupten, daß diese Briefe den Briefen dieser geistreichen Dame gleich kämen, deren ganze Schönheit man sehr wohl einsieht; nein, davon sind wir sehr weit entfernet. Wir sehen die Fehler dieser Briefe so gut, als ein ieder anderer, ein, und sie werden höchstens nur dienen, sene, wie wir bereits gesagt haben, desto besser zu verstehen, und zu machen, daß der Vorzug, den sie in Ansehung des Stils vor diesen haben, destomehr in die Augen fällt: *Contraria iuxta se posita magis elucescunt.*

Hoffent-

Vorrede.

Hoffentlich wird es den Lesern auch nicht unangenehm seyn, daß sie diese Briefe in der deutschen Uebersetzung nach den Jahren und Monaten, in welchen sie sind geschrieben worden, antreffen, und sie solche also in der gehörigen Ordnung lesen können.

Das ist es alles, was wir dem geneigten Leser zu sagen für dienlich erachtet haben. Uebrigens hoffen wir, man werde diese Briefe mit eben so vielem Vergnügen lesen, als wir über den Empfang derselben gehabt haben. Indessen wollen wir einem ieden, der dieses Buch kauft, für das, was es ihn kostet, erlauben, seine Meynung davon zu sagen, und allen denen, die uns in dem, was wir davon gesagt haben, nicht beypflichten wollen, die Freyheit lassen, zu glauben, was ihnen beliebet.

Vorrede.

Wenn uns kluge und verständige Leute loben; so werden wir es ihnen Dank wissen. Wenn uns aber Unverständige und Narren tadeln; so werden wir ihnen weiter nichts antworten, als daß ein Blinder von den Farben nicht urtheilen kann.

Verzeichniß der Briefe.

Brief.

1. An den Herrn Bridge, Kammerdiener des Königs. S. 3
2. An den Herrn Biner. 5
3. An den Marschall von Sachsen. 6
4. An die Gräfinn von Breze. 8
5. An den Herrn von Hoy, holländischen Botschafter in Frankreich. 9
6. An die Marquisinn von Saussay. 11
7. An den Herzog von Bouflers. 12
8. An die Marquisinn von Fontenailles. 14
9. An den Marschall von Belle-isle. 16
10. An die Marquisinn von Blagni. 18
11. An den Marschall von Sachsen. 19
12. An den Grafen von Löwenthal. 22
13. An die Gräfinn von Breze. 25
14. An den Marschall von Sachsen. 26
15. An die Herzoginn von Duras. 29
16. An die Herren von Argenson. 31
17. An Mademoiselle Alexandrine. 32
18. An die Gräfinn Noailles. 33
19. An den Marquis von Lugeac. 35
20. An die Marquisinn von Charelet. 36
21. An den Herzog von Bouflers. 37
22. An die Gräfinn von Breze. 39
23. An den Marschall von Belle-Isle. 40

24. An

Verzeichniß der Briefe.

Brief.
24. An den Ritter von Sade. S. 42
25. An den Grafen von Maurepas. 43
26. An die Marquisinn von Sauſſai. 45
27. An Dieselbe. 47
28. An den Herrn von Argenson. 48
29. An die Gräfinn von Noailles. 50
30. An den Grafen von Argenson. 52
31. An den Herrn von Chevert, Generallieutenant. 54
32. An den Grafen von Argenson. 55
33. An Mademoiselle Alexandrine. 56
34. An Madame Aebtißinn von St. Antoine. 57
35. An die Marquisinn von Sauſſai. 59
36. An die Herzoginn von Duras. 60
37. An die Marquisinn von Fontenailles. 62
38. An die Gräfinn von Breze. 64
39. An Ebendieselbe. 66
40. An die Herzoginn von Etrees. 67
41. An den Herzog von Nivernois. 68
42. An den Grafen von Friese. 71
43. An den Herrn de la Beaußiere. 72
44. An die Herzoginn von Etrees. 73
45. An Ebendieselbe. 74
46. An die Frau de la Popeliniere. 77
47. An den Herrn Campbel. 78
48. An den Herrn von Puißieux, Staatsminister. 80
49. An die Gräfinn von Noailles. 82
50. An Dieselbe. 83
51. An die Herzoginn von Etrees. 85
52. An den Marquis von Saint Contest. 87

53. An

Verzeichniß der Briefe.

Brief.
53. An den Grafen von Albemarle. S. 88
54. An den Marquis von Saint Contest, Staatsminister. 90
55. An den Herrn von Paulmi, Staatsminister. 92
56. An die Gräfinn von Breze. 94
57. An den Marquis von Beaupiere. 95
58. An den Herzog von Mirepoir. 97
59. An den Marquis von St. Contest. 99
60. An den Herzog von Nivernois, Abgesandten zu Rom. 102
61. An den Herrn von Montesquieu. 104
62. An den Marquis von Saint Contest. 107
63. An den Grafen von Maurepas, Minister der Marine. 108
64. An die Gräfinn von Noailles. 109
65. An die Herzoginn von Estrees. 112
66. An den Herzog von Mirepoir. 113
67. An den Herzog von Richelieu. 116
68. An Ebendenselben. ibid.
69. An die Herzoginn von Bouflers. 117
70. An die Marquisinn von Blagni. 119
71. An Ebendieselbe. 121
72. An den Herrn Rouille, Staatsminister. 123
73. An Ebendenselben. 125
74. An die Gräfinn von Navailles, 126
75. An den Marquis von Cursay, Commendanten in Corsica. 129
76. An den Herrn von Machault, Generalcontroleur. 131
77. An den Herrn Rouille. 132

Verzeichniß der Briefe.

Brief.

78. An den Herzog von Mirepoix.	S. 133
79. Vom Herzoge von Mirepoix.	135
80. An den Herzog von Mirepoix.	138
81. An die Frau Marschallinn von Etrees.	139
82. Von der Frau Marschallinn von Etrees.	141
83. Vom Herrn Diderot.	143
84. An den Herrn Diderot.	145
85. An die Marquisinn von Breteuil.	146
86. An die Gräfinn von Brancas.	148
87. An den Herzog von Mirepoix.	151
88. Vom Herzoge von Mirepoix.	153
89. Vom Herzoge von Mirepoix.	157
90. An den Herzog von Mirepoix.	159
91. Vom Herzoge von Mirepoix.	160
92. An den Herzog von Mirepoix.	163
93. Von der Herzoginn von Aiguillon.	165
94. An die Herzoginn von Aiguillon.	167
95. An die Herzoginn von Charost.	168
96. Von der Herzoginn von Ch..	171
97. Von dem Marquis von Auberterre.	176
98. An den Marquis von Auberterre.	180
99. Von dem Grafen von Affry.	181
100. An den Grafen von Affry.	184
101. An die Frau von Bocage.	186
102. An den Herrn Rouille.	188
103. Von dem Herrn Rouille.	190
104. An den Marschall, Herzog von Belle-isle.	192
105. Von dem Marschall, Herzog von Belle-isle.	195
106. Von der Marschallinn von Etrees.	198
107. An die Marschallinn von Etrees.	200

108. Vom

Verzeichniß der Briefe.

Brief.
108. Vom Grafen von Stahremberg, Bothschafter des Wienerischen Hofes zu Paris.   S. 201.
109. An den Grafen von Stahremberg.   208
110. An den Grafen von Tressan.   210
111. Vom Grafen von Tressan.   211
112. An den Marquis de la Galissonniere.   216
113. Vom Grafen von Affry.   ibid.
114. An den Grafen von Affry.   219
115. An die Gräfinn von Brionne.   222
116. Von der Gräfinn von Brionne.   224
117. Vom Grafen von Broglio.   225
118. An den Grafen von Broglio.   229
119. Vom Grafen von Broglio.   230
120. An die Gräfinn von Baschi.   237
121. Von der Gräfinn von Baschi.   239
122. Von der Gräfinn von Baschi,   241
123. An die Gräfinn von Baschi.   243
124. Von der Gräfinn von Baschi.   245
125. An den Herzog von Bouflers.   246
126. An die Marschallinn von Etrees.   247
127. Von der Marschallinn von Etrees.   249
128. An den Marschall von Soubise.   251
129. Vom Prinzen von Soubise.   253
130. An den Marschall von Noailles.   254
131. Vom Marschalle von Noailles.   256
132. Vom Cardinale von Bernis.   258
133. An den Cardinal von Bernis.   263
134. Vom Herrn Berrier.   265
135. An den Herrn Berrier.   269
136. Vom Herzoge von Broglio.   270

137. An

Verzeichniß der Briefe.

Brief.
137. An den Herzog von Broglio.	S. 272
138. An die Marschallinn von Contades.	273
139. Von einer Unbekannten.	275
140. An den Herzog von Bouillon.	276
141. Vom Herzoge von Bouillon.	278
142. An den Herrn Duclos, Secretair der Academie Francoise.	280
143. An die Gräfinn von Baschi.	281
144. Von der Gräfinn von Baschi.	284
145. An den Marschall von Belle-isle.	287
146. Vom Marschalle von Belle-isle.	288
147. Von dem Marschalle von Richelieu.	292
148. An den Herzog von Richelieu.	294
149. An die Gräfinn von Baschi.	296
150. An den Herzog vom Würtemberg.	298
151. Von der Gräfinn von Baschi.	299
152. An die Gräfinn von Baschi.	303
153. Vom Marquis von Castries.	304
154. An den Marquis von Castries.	306
155. An den Grafen von Affry.	308
156. An den Herzog von Belle-isle.	309
157. An die Gräfinn von Baschi.	311
158. Vom Marquis von Ossun, Bothschafter zu Madrid.	313
159. An den Marquis von Ossun.	316
160. An den Herrn von Bussy.	317
161. Vom Herrn von Bussy.	319
162. Vom Herrn Berrier, Minister der Marine.	321
163. An den Herrn Berrier.	324
164. An den Grafen von St. Florentin.	326

165. Von

Verzeichniß der Briefe.

Brief.
165. Von der Marschallinn von Broglio. S. 327
166. An die Marschallinn von Broglio. 330
167. An den Marschall von Soubise. 331
168. An die Gräfinn von Barail. 333
169. An den Herrn von Voltaire. 335
170. Vom Baron von Breteuil. 336
171. An den Baron von Breteuil. 339
172. An den Herzog von Fitz-James. 341
173. An den Herzog von Nivernois. 342
174. An die Gräfinn von Baschi. 344
175. An den Marschall von Soubise. 346
176. Vom Marschalle, Prinzen von Soubise. 348
177. An die Gräfinn von Baschi. 350
178. An die Frau Aebtißinn von Chelles. 354
179. Von der Frau Aebtißinn von Chelles. 355
180. An die Gräfinn von Baschi. 357
181. An den Herzog von Nivernois. 359
182. An den Herzog von Nivernois. 361
183. An die Gräfinn von Baschi. 363
184. An Ebendieselbe. 366
185. Vom Herrn J. J. Rousseau, aus Genf. 368
186. An die Gräfinn von Baschi. 369
187. Von der Gräfinn von Baschi. 373
188. Vom Herzoge von Choiseuil. 377
189. An den Herzog von Choiseuil. 380
190. An den Marschall von Noailles. 383
191. An die Gräfinn von Baschi. 387
192. An Ebendieselbe. 390
193. An Ebendieselbe. 393
194. An den Herrn Erzbischoff von Paris. 395

195. An

Verzeichniß der Briefe.

Brief.
195.	An den Herzog von Broglio.	397
196.	Vom Herzoge von Nivernois.	398
197.	An den Herzog von Nivernois.	401
198.	Vom Grafen von Affry.	402
199.	Vom Herrn von Alembert.	406
200.	An den Herrn von Alembert.	408
201.	An den Herrn von Voltaire.	409
202.	An die Gräfinn von Baschi.	411
203.	An Ebendieselbe.	414
204.	An Ebendieselbe.	416
205.	An Ebendieselbe.	418
206.	An Ebendieselbe.	420
207.	An die Frau von Neuilli.	422
208.	An die Gräfinn von Baschi.	424
209.	An Ebendieselbe.	425
210.	Von der Gräfinn von Baschi.	ibid.
211.	An die Gräfinn von Baschi.	427
212.	Von der Gräfinn von Baschi.	430

1. Brief.

Briefe

der Frau

Marquisinn von Pompadour.

1. Brief.
An den Herrn Bridge*),
Kammerdiener des Königs.
1746.

Ich danke Ihnen, mein lieber Bridge, für alle Mühe, die Sie sich meinetwegen geben. Ihre Stelle bey dem Könige setzet Sie in den Stand, mir zu dienen, und ich mache mir auf die zärtliche Freundschaft, die Sie mir versprochen haben, Rechnung. Aber diese sonderbare Sache des Ehrgeizes muß sehr heimlich gehalten werden. Wenn der Anschlag gelingt; so muß es scheinen, als ob es von ungefähr so gekommen wäre. Der König sah mich gestern, und betrachtete mich im Vorbeygehen. Er bemerkte meine Unruhe; er hat aber Ihre Augen noch nicht, und ich weis nicht, wenn er sie bekommen wird. Er ist beständig von Frauenzimmern umringet, die zwar schön sind,

*) Ein Irrländer.

sind, aber mein Herz nicht haben. Ach! warum kennet er dieses Herz nicht!

Man sagt, die Frau von Maisli wäre fromm geworden. Sie ist gegenwärtig unter der Aufsicht des Vaters de la Valette, Generals des Oratorii. Wie glücklich ist sie, wenn sie von ihrer Leidenschaft wirklich geheilet ist! Glücklich sind die Gleichgültigen! Man sagt, sie wäre unlängst in die Kirche zu unsrer lieben Frauen in die Predigt gegangen. Weil sie aber etwas spät gekommen wäre; so hätte sie einige Personen beunruhigen müssen, ehe sie zu ihrem Sitze gekommen wäre. Ein grober Mensch, der zugegen gewesen, hätte ganz laut gesagt: Ey! das ist doch wahrhaftig viel Lärm um einer H.. willen! Worauf sich die Gräfinn umgewendet, und mit vieler Sanftmuth zu ihm gesagt hätte: Mein Herr, da Sie mich so gut kennen; so seyn Sie so gut, und bitten Gott für mich. Das ist in der That eine sehr ehrwürdige Frau. Wenn ich aus Schwachheit, oder weil es mein Schicksal so haben will, dieselben Fehler begehe; so hoffe ich sie endlich auch, wie sie, zu bereuen. Leben Sie wohl, mein Herr; kommen Sie morgen zu mir, ich habe Ihnen sehr viel zu sagen, und noch weit mehr vor Ihnen zu verhölen.

2. Brief.

2. Brief.

An den Herrn Binnet.

1746.

Ich wundre mich gar sehr, daß ich von dem Bribge keine Nachrichten erhalte; vielleicht hat er mir keine angenehmen zu melden, und ihr wollet alle beyde meiner Schwachheit schonen. Ich bin fast Willens meine Thorheit zu beweinen; ich kann sie aber noch nicht bereuen. Was sagt der König? Redet er von mir? Ist er nicht begierig mich zu sehen? Heget er einige Hochachtung gegen Ihre Muhme? Ich bitte Sie gar sehr, befreyen Sie mich von der grausamen Unruhe, in welcher ich mich befinde. Ach! ich fange an einzusehen, daß der Ehrgeiz die größte Marter, besonders in dem Herzen eines Frauenzimmers ist. Ich möchte Sie gern wegen eines neuen Versuchs, der mir eingefallen ist, um Rath fragen; und ich werde Sie eben so nöthig haben, als den dienstfertigen Herzog, welcher mich noch immer versichert, der König hätte sich in mich verliebt. Ich erwarte euch alle beyde. Meine kleine Alexandrine umarmet Sie von ganzem Herzen; ich hoffe, sie wird einmal klüger und glücklicher seyn, als ihre Mutter. Ich umarme Sie, mein lieber Vetter; unterlassen Sie nicht, zu mir zu kommen.

3. Brief.

3. Brief.

An den Marschall von Sachsen.
September 1746.

Sie sind immer krank, und schlagen doch auch den Herzog von Cumberland immer; dieses giebt Ihren Freunden zu gleicher Zeit Anlaß, sich zu betrüben und zu freuen. Die kleinen Seelen würden sagen, weniger Ehre, und mehr Gesundheit; aber die Ihrige gehöret nicht unter diese.

Man höret hier große Klagen über die Proviantlieferanten. Diese geizigen Leute gehen in den Krieg, nicht Ehre, sondern Schätze zu erwerben. Sie sind Blutegel; Sie thun sehr wohl, daß Sie ihnen Einhalt thun.

Man hat mir eine kleine Anecdote, die Sie betrifft, erzählet; und Sie verdienen sie zu wissen, wenn sie Ihnen nicht schon bekannt ist. Nach dem Treffen bey Rocour wurde der Ritter von Aubeterre von der guten Mine und dem kriegerischen Ansehen eines gefangenen Engländers gerühret, und sagte zu ihm: Wenn die feindliche Armee funfzig tausend solche Leute, wie du bist, gehabt hätte; so glaube ich, es würde uns schwer geworden seyn, sie zu schlagen. Der Soldat antwortete: Wir hatten gnug solche Leute, wie ich bin; es fehlte uns aber einer, wie der Marschall von Sachsen ist. Diese Antwort war sehr witzig und wahr. Der Herzog

[7]

Herzog von Cumberland ist in Ansehung Ihrer, was der arme Marschall von Villerol in Ansehung des fürchterlichen Marlborugs war, ein Zwerg, der es mit einem Riesen annehmen will. Uebrigens sagt man, er wäre ein freygebiger und großmüthiger Prinz, ob er sich gleich in dem Treffen bey Culloden beschimpfet hat, indem er ohne Barmherzigkeit zwey tausend Bergschotten *), die auf den Knien um ihr Leben bathen, niederhauen lassen; es wird aber iedermann zugestehen, daß er ein schlechter General ist. Was seinen Sieg über die Schottländer anbetrifft; so haben diese, ob sie gleich überwunden worden, mehr Ehre, als er, erworben, zwanzig tausend Mann mußten ganz natürlich fünf tausend schlagen; das war kein Wunder.

Man glaubt, die Belagerung des Ortes, den Sie angreifen, werde schwer seyn; ist aber wohl etwas schwer für Sie? Erobern Sie diesen Ort, zum Verdruße unserer Politiker, geschwind, und kommen Sie alsdenn, das *Te Deum* mit uns zu singen. Sie werden die Kirche zu unserer lieben Frauen mit Ihren Siegeszeichen ausgeschmücket finden; man kann Sie mit Recht den Tapezierer davon nennen, wie man solches von dem Herzoge von Luremburg sagt. Leben Sie wohl, Kriegsgott; iedermann liebet Sie, und hat ein Verlangen nach Ihnen.

A 4   4. Brief.

*) Man hat hier die Sache ohne allen Zweifel zu hoch getrieben.

4. Brief.
An die Gräfinn von Breze.
1746.

Sie machen mir mit ihrem dicken Holländer etwas zu lachen; er ist links und plump. Ich weis, daß er zum todt quälen ist; indessen muß man ihn selben, weil er von unsern guten Freunden ist. Wenn Sie mit lauter vollkommenen Personen umgehen wollen; so müssen Sie sich welche unter den Engeln aussuchen. Der Bothschafter van Hoy ist ein ganz andrer Mann; er hat Verdienste, und Sie haben Ursache ihn hochzuschätzen. Er ist bisweilen so gar angenehm und beissend, wie Sie aus folgendem sehen werden.

Der Marquis von Fontaine ließ ihn am verwichenen Dienstage zum Soupee einladen. Bey dem Dessert kam ein großer holländischer Käse auf die Tafel, und Fontaine sagte zu ihm: Mein Herr Bothschafter, das ist eine Frucht ihres Landes. Als er dieses gesagt hatte, stund van Hoy geschwind auf, griff in seine Tasche, und warf eine Hand voll Ducaten auf die Tafel, indem er sagte: Das sind auch welche.

Wenn Sie nach Val de Grace gehen; so machen Sie der Frau von Senneterre an meiner statt viel Freundschaftsbezeigungen. Ach! sie hat das beste Theil erwählet; die Welt war das Herz, das ihr Gott gegeben hat, nicht werth. Ihre Jugend und ihre Reize haben ihr Anfangs
eine

eine Menge Anbether zuwege gebracht; nun will
sie heilig werden; der Teufel ist also betrogen.
Haben Sie nicht auch Lust heilig zu werden, meine liebe Gräfinn? Thun Sie, was Sie wollen;
aber lieben Sie mich unausgesetzt.

5. Brief.
An den Herrn van Hoy, holländischen Bothschafter in Frankreich.

April, 1747.

Ew. Excellenz hätten nicht an mich, sondern an
den Minister schreiben und sich beklagen sollen. Indessen danke ich Ihnen für Ihr Zutrauen, und ich werde dasselbe zu verdienen suchen.

Sie wissen, daß der König, vom Anfange des
Krieges an, von Ihrer Republik niemals etwas
anders verlanget hat, als bey diesem großen
Streite der vornehmsten europäischen Mächte neutral zu bleiben, und er hat sich erbothen, ihnen
zur Versicherung seines Worts, die Stadt Dünkirchen zu übergeben. Aber die Staaten haben
sein Bitten und sein Anerbiethen beständig verworfen. Sie haben, unter dem Vorwande ihres
Bündnisses mit England und dem Wienerischen
Hofe, Frankreichs Feinden allerley Hülfe geleistet.
Sie haben so gar eine Armee auf die Beine gebracht, welche sich die Franzosen oftmals, obgleich ungern, zu schlagen die Freyheit genommen
haben. Sie können versichert seyn, daß Frankreichs

reichs Politik allemal verlangen wird, daß die sieben Provinzen neutral bleiben. Es erfordert dieses Frankreichs Interesse, und auch das ihrige.

Sie beklagen sich heute, daß der tapfere Moritz in Ihr Gebiete eingedrungen ist, und Ihre Städte wegnimmt. Ich halte dieses Verfahren für recht und nöthig. Man hat sie gebethen, neutral zu bleiben, sie haben es aber nicht thun wollen; man hat sie also dazu zwingen müssen, und wir bitten deswegen um Verzeihung.

Sie sagen, die Holländer würden sich allemal eine Ehre daraus machen, gute Freunde von Frankreich zu seyn; es kann seyn, und das ist es, was wir wollen. Sie mögen aber doch auch die Gefälligkeit haben, und uns Beweise davon geben. Gute Freunde schlagen sich nicht mit einander; indessen hat sich der Marschall von Sachsen gezwungen gesehen, sie zu schlagen. Erlauben sie uns, daß wir an ihrer Aufrichtigkeit zweifeln.

Was Sie, mein Herr Bothschafter, insbesondere betrifft; so heget der König gegen Sie alle Hochachtung, die Sie verdienen. Sie mißbilligen vielleicht ingeheim die Hartnäckigkeit Ihrer Herren. Es mag nun gehen, wie es will; so werden Sie doch die Ehre haben, daß Sie Ihr Amt eines Ministers, wo nicht mit gutem Erfolge, dennoch wenigstens sehr weislich verwaltet haben.

Ich bin ꝛc. ꝛc.

6. Brief.

6. Brief.

An die Marquisinn von Saussay.

April, 1747.

Die Nachrichten aus Holland machen hier viel zu thun. Ich habe es vorher gesehen, daß sich Frankreich wird genöthiget sehen, das Land dieser güldenen Kälber wegzunehmen, um sie klug zu machen.

Unser guter Freund von Thiel hat mir die besondern Umstände von dem Tode des armen Lords Lovat überschickt. Man kann nicht mit mehrerer Herzhaftigkeit sterben, als er gestorben ist. Er war aber auch ein Schottländer; diese Leute haben sich zu schlagen und zu sterben gelernet. Eine Stunde vor seiner Hinrichtung hat er mit grössem Appetite gespeiset, und mit seinen Henkern gescherzet. Er ist eben so lustig und fröhlich auf die Blutbühne gestiegen, als ob er zu einer Lustbarkeit gegangen wäre, und er hat den letzten Streich empfangen, ohne die geringste Furcht blicken zu lassen. Es sind also die Freunde des Prinzen Eduard insgesamt, einer nach dem andern, aufgeopfert worden. Die Engländer können nicht vergeben. Ich finde, daß Frankreich sehr unrecht daran gethan, daß es diese beherzten Leute zum Aufruhre verleitet hat, und noch übler daran thut, daß es dieselben der Rache eines unversöhnlichen Feindes überläßt. So muß man mit dem Leben der Menschen nicht scherzen.

Die Zeichnungen, die Sie mir überschickt haben, sind sehr schön; die Göttinn Flora hat ohne Zweifel, als Sie dieselben verfertigt, Ihre schöne Hand selbst geführet. Ich weise sie jedermann; man bewundert sie, und ich bin vergnügt. Aber ich bitte Sie, meine liebe Freundinn, Ihre schönen Augen zu schonen. Das Zeichnen muß nur ein Zeitvertreib seyn; machen Sie ja keine ordentliche Beschäftigung daraus.

7. Brief.
An den Herzog von Bouflers.
1747.

Sie wissen, mein Herr Herzog, was für Hochachtung ich für Sie habe; es hat sich eine Gelegenheit gezeiget, Ihnen einen kleinen Beweis davon zu geben, und ich habe sie nicht aus den Händen lassen wollen. Der König hat Sie ernennet, als Befehlshaber über die Truppen nach Genua zu gehen, dem die Oesterreicher vom neuen drohen; aber ihre Drohungen werden vergeblich seyn, weil die Republik Sie zu Ihrem Vertheidiger haben wird. Diese armen Pantalons sagen, sie könnten sich nicht selbst vertheidigen.

Jedessen wird die sonderbare Revolution, vermöge welcher die Genueser ihre Freyheit wieder erlanget, und ihre Tyrannen vertrieben haben, in der Geschichte bewundert werden; und man siehet her mit Verwunderung, daß in dem Stande der Demüthigung und Erniedrigung, in welchem sich itzo Italien befindet, noch einige Funken von dem schönen Feuer, welches die alten Römer belebte, übrig sind. Suchen Sie es doch zu unterhalten.

Die Genueser sind bey dem gegenwärtigen Zustande der Sachen nützliche Freunde. Sie haben dem Don Philipp den Weg nach Italien gebahnet; sie haben die Macht des bourbonischen Hauses daselbst befestiget; wir müssen sie nicht in solche Umstände versetzen, daß sie es bereuen. Frankreich ist überdieses ihr natürlicher Bundesgenosse, und sie sehen es gar wohl ein. Die Kaiser, die sich für Nachfolger der Cäsar ausgeben, machen, vermöge dieses eingebildeten Titels, auf die Güter eines jeden italiänischen Staats Anspruch, dessen sie sich bemächtigen können, und den sie hernach als ein Lehn von dem H. R. Reiche betrachten. Es können also die italiänischen Prinzen, die immer Beschützer nöthig haben, keine gewissern und mächtigern, als das Haus Bourbon, bekommen.

Indessen werden Sie bald sehen, daß die Genueser unruhig und aufrührisch sind; ich habe deswegen dem Könige gerathen, einen Mann zu ihnen zu senden, der zu gleicher Zeit ein guter Officier und kluger Staatsmann wäre, und die Gemüther des unbiegsamsten Volks auf dem Erdboden vereinigen könnte. Ludwig XI. kannte sie recht gut. Sie schickten einsmals Abgeordnete

an

an ihn, und liessen ihm die Oberherrschaft über
ihre Republik anbiethen. Dieser Prinz gab ihnen zur Antwort: Ihr übergebet euch mir und
ich übergebe euch dem Teufel. Was Sie,
mein Herr, anbetrift; so übergeben Sie sie dem
Teufel nicht; erhalten Sie sie aber aus Dankbarkeit und zum Besten ihres Vaterlandes. Ich
werde Sie vor Ihrer Abreise noch sehen und
sprechen, aber nicht, um Ihnen die nöthigen
Talente und Herzhaftigkeit zu wünschen, Ihren
Zweck zu erreichen, weil Sie alles dieses schon
besitzen; aber Geduld werden Sie nöthig haben;
haben Sie welche? ꝛc. ꝛc.

8. Brief.
An die Marquisinn von Fontenalles.

Ich war eben im Begriffe an Sie zu schreiben,
und mich mit Ihnen zu zanken, als ich einen
witzigen und freundschaftlichen Brief von Ihnen
erhielt. Nun hat sich mein Zorn gelegt, und ich
bin bereit, Sie zu umarmen. Indessen hat mein
Herz an einem Briefe nicht genug. Sie wissen,
daß ich in der Erwählung meiner Gesellschaft eigensinnig bin, und daß Sie unter die kleine Anzahl dererjenigen gehören, die ich hochschätze und
gern sehe; warum berauben Sie mich also dieses
Vergnügens?

Ich befinde mich ganz allein unter dem grossen Haufen kleiner Herren, die mich hassen, und
wel-

welche ich verachte. Was die mehresten Frauenzimmer anbetrift, so verursacht mir ihr Umgang Kopfschmerzen. Ihre Eitelkeit, ihre großen Minen, ihre Schwachheiten, und ihre Falschheit machen sie unerträglich. Ich sage es ihnen zwar nicht, ich bin aber deswegen nicht glücklicher.

Nun sehe ich, daß die Könige eben so weinen können, wie andere Leute. Ich für meine Person weine oft über den Ehrgeiz, der mich hieher geführet hat, und hier auch noch zurückehält; beklagen Sie meine Schwachheit. Man sagt, der König von Monomotapa hätte fünf hundert Narren, die ihn überall hin begleiteten, um ihm etwas zu lachen zu machen. Ludwig XV. hat fünfhundert Affen, die alle Tage, wenn er früh Morgens aufsteht, um ihn herum sind; es geschiehet aber selten, daß sie ihn zum Lachen bewegen; er ist eben so traurig und betrübt, als ich. O wie beklage ich diese Götter der Erde, die man für so glücklich hält! Die Freundschaft allein würde sie weit eher, als die Liebe, trösten können. Aber die Könige haben keine Freunde. Es giebt so gar wenige, die es werth sind, welche zu haben; sie haben nur Sclaven und Schmeichler.

Sie, meine liebe Freundinn, lieben mich; ich bin also nicht ganz zu beklagen. Wenn werden Sie hieher kommen? Unterlassen Sie nicht die Mademoiselle von Fontenailles mitzubringen. Sie werden aus den Liebkosungen, die ich ihr machen werde, sehen, wie zärtlich ich ihre Mutter liebe ɾc. ɾc.

9. Brief.

9. Brief.

An den Marschall von Belle-Isle.

1747.

Ich bin wegen des unglücklichen Vorfalls bey Eriles sowohl um Ihrent, als um Frankreichs willen gar sehr verdrießlich. Man tadelt hier die Verwegenheit des Ritters von Belle-Isle gar sehr, und spricht, ein kluger General liesse sich niemals todt schiessen. Diejenigen, welche also reden, sind vielleicht gar zu klug. Ich für meine Person tadele niemanden, und noch weniger die Todten. Ihr Herr Bruder hatte vielleicht zu viel Feuer; man wird ihm aber doch wenigstens keine Zaghaftigkeit Schuld geben. Er ist auf dem Bette der Ehre gestorben. Hierinnen bestehet der Ruhm und die Belohnung der Helden, und das ist hinlänglich, Sie zu trösten.

Es kömmt vielleicht einem Frauenzimmer nicht zu, von solchen Dingen zu reden. Der Ehrgeiz der mehresten von unserem Geschlechte bestehet darinnen, den Lebendigen zu gefallen, ohne sich um die Todten zu bekümmern; und der Ehrgeiz des ihrigen, sich vor den Kopf schiessen zu lassen. Es hat ein jeder seinen Geschmack. Ich für meine Person finde ein Vergnügen darinnen, das Verdienst und die Männer, die Ihnen gleichen, zu ehren.

Ganz Frankreich ist wegen des plötzlichen Einfalls der Oesterreicher und Piemonteser in die Pro-

Provence in der größten Bestürzung. Was mich anbetrift, so hege ich, ob ich gleich eine gute Französinn bin, nicht die geringste Furcht. Ist es bey Ihnen nicht auch so?

Indem man sich herumschlägt, reden unsere Minister beständig vom Frieden. Ich unterrede mich zum öftern mit diesen ernsthaften Männern, welche mir aber nicht so bewundernswürdig vorkommen, als ich sie mir vorstellte; ehe ich sie in der Nähe betrachtete. Die Kunst eines Politikers bestehet darinnen, zum Besten des Staats zur rechten Zeit zu betriegen und zu lügen. Meines Erachtens ist dieses eben keine gar zu schwere Kunst. Ich will Ihnen eine Thorheit erzählen. Ich bilde mir bisweilen ein, ein artiges Frauenzimmer wende bey ihrer Toilette mehr Witz und größere Politik an, als in allen europäischen Cabinetten gefunden wird; denn die Kunst zu gefallen ist noch schwerer, als die Kunst zu betriegen. Sie werden ohne Zweifel meiner Meynung nicht seyn; ich will Sie aber auch nicht zum Richter haben, weil Sie alt sind.

Unterlassen Sie nicht, mein Herr Marschall, die Herren, die den armen Ritter getödtet haben, recht dafür zu züchtigen; ich wünsche es um Ihrer eigenen und der Ehre der Nation willen. Ueberschicken Sie uns bald gute Nachrichten. Der König wird Sie als König, und ich als eine artige Frau belohnen. Vielleicht erlaube ich Ihnen mir die Hand zu küssen. Leben Sie wohl, mein

mein Herr Marschall; erinnern Sie sich Ihres schönen Zurückzugs von Prag. Ich habe den Sieg versprochen; laſſen Sie mich nicht zur Lügnerinn werden.

10. Brief.
An die Marquiſinn von Blagnī.

Wollen Sie nicht meine Tauben ſehen und ſie küſſen? Sie ſind überaus artig! Ihre zärtlichen Liebkoſungen veranlaſſen angenehme Erinnerungen, und bringen die jungen Frauenzimmer auf wunderliche Gedanken, weswegen ich ſie auch der Alexandrine niemals zeige. Die Frau von Monteſpan hatte ſechs weiſſe Mäuſe, die ſie an einen kleinen aus Drate gemachten Wagen ſpannte, und welche ſich die Freyheit nahmen, ſie in ihre ſchönen Hände zu beiſſen. Unſere artigen Frauenzimmer haben entweder Hunde, oder Katzen, ich liebe alles dieſes nicht, und nur allein meine Tauben.

Der König iſt auf die Jagd gegangen; ich habe ihn nicht begleiten wollen, weil ich nicht aufgeräumt war, worüber er lachte. Ich ſage bisweilen zu ihm, er wäre wie der Nimrod, von welchem ich in einer Predigt habe ſagen hören, er wäre ein groſſer Jäger vor dem Herrn geweſen. Aber dieſer Nimrod war ein böſer König, und Ludwig XV. iſt gut; welches einen groſſen Unterſchied macht.

Indem

Indem er auf der Jagd ist, bringet die Königinn ihre Zeit mit Beten zu. Sie ist eine Heilige; die Größe und die Eitelkeiten der Welt rühren sie nicht mehr. Ich wollte wünschen, daß ich eben dieses auch von mir sagen könnte; denn die Welt ist mir bisweilen mit allen ihrem Glanze und allen ihren Ergötzlichkeiten so zuwider, daß ich sterben möchte; ich will es aber nicht ernstlich gnug. Es scheinet, als ob wir zwo Seelen hätten; eine, das Gute zu billigen, und die andere, das Böse zu thun.

Indessen hat die Königinn, bey aller ihrer Heiligkeit, einen grossen Fehler an sich, welcher darinn bestehet, daß sie mich hasset. Es scheinet, als ob sie in Ansehung meiner das Gesetz vergessen hätte, welches die Königinnen, wie andere Menschen, verbindet, ihren Nächsten als sich selbst zu lieben. Ich habe, Gott sey Dank! diesen Fehler nicht an mir. Ich liebe diese Prinzeßinn, und verehre sie, weil sie tugendhaft ist, und ich wollte wünschen, daß ich das Herz hätte, in ihre Fußstapfen zu treten. Ich liebe Sie, meine schöne Freundinn, auch zärtlich, und Sie wissen es wohl, ꝛc.

II. Brief.
An den Marschall von Sachsen.

1747.

Man muß Sie allzeit bewundern und lieben. Frankreich war nicht gewohnt die Engeländer zu überwinden; diese Ehre war Ihnen vorbehalten. Ein Marschall von Frankreich, der ein grosser Mann und rechtschaffener Bürger ist, der nichts darnach fragt, von wem dem Könige gedienet wird, wenn ihm nur recht gedienet wird, und welcher die Schwachheiten der Eifersucht nicht kennet, sagte unlängst, Sie vereinigten in Ihrer Person das Feuer des grosien Conde mit der Klugheit des Turenne. Ich weis nicht, ob diese berühmten Generale, vor welchen unter der letzten Regierung Europa gezittert hat, so groß waren, als man sie vorstellet; das weis ich aber, daß Sie weit nützlicher sind. Jene haben in unrechtmäßigen Kriegen Eroberungen gemacht, von welchen die Nation keinen wahren Nutzen gehabt hat. Sie griffen an; aber Sie vertheidigen uns, welches weit mehr sagen will, und auch weit rühmlicher ist.

Man sagt, mein Herr Marschall, Sie hätten, bey aller Arbeit und bey allen Beschwerlichkeiten des Krieges, immer noch einige Zeit übrig, die Sie der Liebe widmen könnten. Ich bin ein Frauenzimmer, und tadele Sie nicht; die Liebe bildet die Helden und macht sie klug. Carl XII. in Schweden ist vielleicht der einzige gewesen, der niemals geliebet hat; er ist aber gestraft worden, er ist als ein Thor und unglücklich gestorben. Die alten Deutschen sagten, ein schönes Frauenzimmer hätte etwas göttliches an sich. Ich bin fast ihrer Meynung, und halte dafür; die Grösse Gottes zeige sich auf einem schönen Gesichte in

einem

einem weit größern Glanze, als in dem Gehirne des Newtons.

Wir werden Ihres neuen Sieges wegen Freudensbezeigungen anstellen. Nehmen Sie noch fünf oder sechs Städte weg, damit Sie die noch übrige Zeit des Feldzugs etwas zu thun haben, und besuchen Sie alsdenn Ihre Freunde.

Die Conferenzen zu Breda werden immer fortgehalten; ich weis nicht, worauf sie endlich hinauslaufen, und ob sie uns den Frieden, den Frankreich so nöthig hat, verschaffen werden. Aber unsere Bevollmächtigte verlangen zu viel, und die Feinde biethen nicht gnug an. Ich befürchte gar sehr, diese prächtige Unterhandlung werde am Ende auf nichts hinauslaufen; bis itzo hat sie weiter nichts, als Complimente und Reverenze hervorgebracht. Sie sind ohne Zweifel nicht böse darüber; denn was euch Helden anbetrift, so bestehet eure Ehre und euer Vergnügen darinnen, daß ihr den Menschen das Leben nehmet. Aber der König würde sich gar sehr freuen, sie glücklich zu machen; deswegen ist er allemal bereit, dem Frieden die Hände zu biethen; er muß aber auch rühmlich und nützlich seyn.

Man hat gestern wegen des Treffens bey Laffeld in der Capelle des Königs das *Te Deum* gesungen. Ich liebe diese Ceremonie nicht, die mir Gott schimpflich zu seyn scheinet. Es kömmt mir eben so vor, als ob man einem rechtschaffenen Vater dafür dankte, daß er das Glück gehabt hätte, seine Kinder zu erwürgen. Man würde weit besser thun, und es würde auch weit natürlicher herauskommen, ihn deswegen um Vergebung zu bitten.

Wie befindet sich der Graf von Frise? Ich hoffe, er wird seinem Oheime gleich werden. Der König ist willens ihn zu verheurathen, und ihn auf eine sowohl Ihnen, als Ihm anständige Art, zu versorgen. Leben Sie wohl, mein Herr Marschall; ich empfehle Ihnen nicht, fortzufahren den Feind zu schlagen, sondern, um des Dienstes des Königs und des Vergnügens Ihrer Freunde willen, für Ihre Gesundheit zu sorgen. Oftmals ist der Verlust eines einzigen Menschen ein allgemeiner Schade; diesen würde Frankreich empfinden, wenn es das Unglück hätte Sie zu verlieren.

12. Brief.
An den Grafen von Löwenthal.

1747.

Ich danke Ihnen für Ihren Brief und für Ihre Eroberung. Sie haben also, dem Nelde und den Holländern zum Verdrusse, Bergen op Zoom weggenommen. Diese Stadt, gegen welche Spinola nichts ausrichten konnte, und die eine Jungfer hieß, hat Ihnen nicht widerstehen können; welches beweiset, daß die Franzosen im Stande sind, alles zu thun, wenn sie von Leuten Ihres gleichen angeführet werden. Sie haben in

die-

dieſem ganzen Kriege nichts gethan, als daß Sie
Städte eingenommen haben, indem ſie gleichſam
ſpatzieren gegangen ſind; aber die Eroberung dieſer letzten Stadt macht ſowohl jenen, als Ihnen,
die gröſte Ehre. Ich freue mich gar ſehr, daß
wir dieſes Ihnen zu danken haben.

Die Alliirten ſagen in ihren Zeitungen, Ihre
Truppen hätten, bey ihrem Einzuge in die Stadt,
ohne Unterſchied Männer, Weiber und Kinder
niedergemacht. Ich weis nicht, ob ſie dieſe Lügen etwas helfen wird, die Völker in die Wuth
zu bringen; ſo viel aber weis ich, daß es kluge
Leute nicht glauben werden. Die Franzoſen haben den Ruhm, daß ſie das leutſeligſte Volk auf
dem Erdboden ſind; ſie lieben den Sieg, und
nicht das Blut.

Fahren Sie fort, mein Herr Graf, dem Vaterlande, das Sie angenommen haben, und
welches Sie hochſchätzet, Ehre zu machen.
Wenn uns das Alter und die Krankheiten, in dieſem gar zu langen Kriege den tapfern Moritz rauben ſollten; ſo würden wir doch Sie noch haben,
und man würde es nicht merken, daß er geſtor-
ben wäre.

Es gereichet Frankreich eben zu keiner ſon-
derlichen Ehre, daß ſeine beyden gröſten Kriegs-
helden Fremde ſind. Dieſe Anmerkung machte
der König, als er die Eroberung von Bergen op
Zoom erfuhr. Er wunderte ſich, daß die Nation
nicht mehr eben ſo groſſe Männer, als unter der

B 4   letzten

letzten Regierung, hervorbrächte. Der Prinz von Conti, welcher zugegen war, antwortete ganz laut: Das macht, weil itzo unsere Weiber mit ihren Laquayen zu thun haben. Es sind dieses beissende Worte, die aber vielleicht nicht ganz ungegründet sind.

Die Gräfinn von Löwenthal kam gestern zum Gehöre. Der König empfing sie als die Gemahlinn eines Helden, und sagte zu ihr: Madame, jedermann wird durch die Eroberung von Bergen op Zoom etwas gewinnen; ich gebe dem Grafen den Marschallsstab von Frankreich, und hoffe das Vergnügen zu haben, meinen Unterthanen den Frieden zu geben. Ich habe hernach diese Dame besonders gesprochen, und meine Hochachtung gegen sie ist dadurch vermehret worden. Sie besitzt bey allen Annehmlichkeiten ihres Geschlechts, den Verstand und Geist des Ihrigen. Ich habe mir ihre Freundschaft ausgebethen. Was die meinige anbetrift; so ist sie eine Schuld, mit der ich ihr verwandt bin, und die ich ihr allemal mit Vergnügen abtragen werde. Ich sagte ihr, wenn ich ihr jemals nützlich seyn könnte; so hofte ich, sie würde mich für würdig halten, ihr zu dienen.

Der König hat Ihrem Sohne ein Regiment gegeben. Der Herr von Argenson war der Meynung nicht, weil er noch sehr jung ist; ich habe ihm aber folgenden Ausspruch des Corneille zur Antwort gegeben:

Aux

Aux âmes bien nées
La valeur n'attend pas le nombre des années.

Ich hatte Ursache dazu; das Verdienst des Vaters ist für das Verdienst des Sohns Bürge. Ich wünsche Ihnen, mein Herr, weiter nichts, als gute Gesundheit; alles übrige werden Sie in sich selbst antreffen.

13. Brief.

An die Gräfinn von Breze.

Ich habe eben itzo eine verdrießliche Frau entlassen, die mich ganz melancholisch gemacht hat. Es giebt fast keine andre Gesellschaft am Hofe, den man doch den Aufenthalt des Witzes und der Artigkeit nennet. Nach meinem Urtheile bestehet die Artigkeit darinnen, daß man liebenswürdig ist, und wer mich verdrießlich macht, weis nicht zu leben. Ich erfahre es alle Tage, daß keine schlimmere Gesellschaft, als die gute Gesellschaft, ist.

Man sagt, meine liebe, Ihre Beschäfftigung bestünde itzo darinnen, sich abmalen zu lassen. Ich freue mich recht sehr darüber; es ist dieses ein Zeichen, daß Sie immer schön sind. Vanloo ist ein Mann, der im Treffen seines gleichen nicht hat. Sagen Sie ihm doch, er soll die beyden kleinen Grübchen nicht vergessen, die Sie, wenn Sie lachen, so liebenswürdig machen; auch die rosenfarbenen Lippen nicht, die ich so gern küsse;

und noch weniger die zärtlichen und rührenden Augen, die mir so gut sagen: Ich liebe Sie.

Man erzählt, es habe einsmals ein Sultan einen berühmten venetianischen Maler in sein Serrail kommen lassen, seine Favoritinn abzumalen. Als aber der Maler zu ihm gesagt hätte, wenn er das thun sollte, so müßte er sie sehen; so wäre dieses dem eifersüchtigen Prinzen gar sehr unverschämt vorgekommen, und hätte ihn wieder fortgeschickt. Wenn Sie in diesem Serrail gewesen wären; so würden Sie das Vergnügen, Ihr Bild zu sehen, niemals gehabt haben.

Morgen ist im Opernhause masquirter Ball; ich bin beynahe Willens hinzufahren, und Sie unterwegs mitzunehmen. Ich werde mich als ein Murmelthier anziehen, und Sie, wie es Ihnen gefallen wird; aber die Mannspersonen wollen wir zu todte quälen. Indessen bis wir dieses edle Vorhaben ausführen, geben Sie mir einen Kuß; Sie sollen ihn bald wieder bekommen.

14. Brief.

An den Marschall von Sachsen.

1747.

Sie überschicken uns immer gute Nachrichten; ein ieder von ihren Briefen verkündiget einen Sieg, oder eine Eroberung, und Sie sind das verwöhnte Kind des Glücks. Cäsars Briefe waren ohne Zweifel von eben der Art. Aber dieser Cäsar war gesund, als er die Welt für sich erober-

eroberte, und Sie sind krank, wenn sie Schlachten für uns gewinnen. Gestehen Sie es nur, daß die Ehre eine grausame Gebieterinn ist, die sich ihre Gunstbezeigungen sehr theuer bezahlen läßt.

Um aber wieder auf den Cäsar zu kommen, so sagte der Herr von Brissac, der mit bey dem letzten Treffen gewesen ist, und mir die ausführliche Nachricht davon überbracht hat: Ich speisete den Abend vor dem Treffen bey dem Sachsen. Hier fiel ich ihm geschwind in die Rede, und sagte zu ihm, er sollte aus Hochachtung gegen Ihren Titel eines Generals, wenigstens sagen, Herr Sachse. Ey! beym Henker, Madame, antwortete er, spricht man denn etwan Herr Cäsar, Herr Alexander? Dieser gasconische sinnreiche Einfall will sehr viel sagen, und ist allein so gut, als die größte Lobrede.

Ihnen, mein Herr Marschall, fehlt weiter nichts, als ein wenig Gesundheit, um der glücklichste Mensch auf der Welt zu seyn, weil Sie der größte auf derselben sind. Die Helden sollten niemals krank seyn.

Die Holländer murren gar sehr, und sehen Sie in ihrer Nachbarschaft nicht gern. Sie erinnern sich des Einfalls Ludwigs XIV. und befürchten unter seinem Nachfolger ein gleiches Schicksal, ob Sie gleich nur Hülfsvölker sind. Bey dem allen stehet es in ihrer Gewalt, das Ungewitter, womit sie bedrohet werden, und wovor sie sich fürchten, abzuwenden. Man verlanget
von

von ihnen weiter nichts, als in einem Kriege, der sie nichts angehet, neutral zu bleiben; und ich wundre mich, daß diese Kaufleute, die sich sonst so gut auf ihren Nutzen verstehen, bey dieser Gelegenheit nicht die klügste und sicherste Partey ergreifen. Es scheinet, als ob sie die Lehre ihres berühmten Johann von Wit vergessen hätten, welcher ihnen den Rath gab, sich niemals in ein Offensivbündniß einzulassen, sondern es vielmehr wie eine kluge Katze zu machen, welche die Mäuse für sich fängt.

Uebrigens vermag die engländische Partey, vermittelst des Einflußes des Hauses von Oranien, bey ihnen alles. Die guten Patrioten sehen gar wohl ein, was für Schaden und Unglück ihrem Lande daraus zuwachsen wird; sie murren aber ganz sachte, und können sich nicht helfen. Ihr Minister Van Hoy übergiebt unaufhörlich Memoiren über Memoiren. Er versichert, Ihre Hochmögenden hegten die größte Ehrerbiethung gegen den König, und wünschten nichts mehr, als in einem guten Verständnisse mit uns zu leben. Auf unserer Seite versichern ihn unsere Minister, daß die französische Nation die größte Hochachtung gegen die holländische Nation hege, und herzlich wünsche, daß sie klug und vernünftig werden möge. Wir hoffen, daß sie es werden wird, wenn wir vor ihren Thoren stehen, und Ihre Siege uns einen Frieden verschaffen werden, den die Helden zwar nicht gern sehen, aber ganz Europa nöthig hat. Die Franzosen sterben bey dem freudigen Zurufen

den

den Freudenfeuern, und dem Geschreye, es lebe
der König! vor Hunger.

Ich grüße Sie, ꝛc.

15. Brief.
An die Herzoginn von Duras.

Wissen Sie wohl, daß wir bald eine neue Dauphine bekommen werden? Es ist die sächsische Prinzeßinn. Man wird einen gewissen Herzog abschicken, der ein Freund von glänzenden Handlungen ist, um förmlich um sie anzuhalten. Sie kennen diesen Herzog; er hat einen schönen Kopf, aber nichts darinnen. Uebrigens wird dieses, um es im Vorbeygehen zu sagen, eine ganz sonderbare Vermählung seyn. Der Dauphin wird die Tochter desjenigen zur Gemahlin bekommen, der seinen Großvater vom Throne gestoßen hat, und noch itzo seine Krone trägt. Aber das Verhalten der Prinzen ist, wie das Verhalten der Götter, nämlich von dem Verhalten der Menschen gar sehr unterschieden. Hat man nicht zu Anfange dieses Jahrhundertes gesehen, daß sich der Herzog von Savoien alle Mühe geaeben, Philipp V. König in Spanien, seinen Eidam, von Throne zu stoßen, und daß er den nichtigen Titel eines Königs, den er dadurch erlangte, dem Titel eines guten Vaters vorgezogen hat?

Bey dem allen bin ich gar sehr froh, daß man dem Dauphin eine Gemahlin giebt; denn ich befürchte

fürchte gar sehr, die Andacht möchte ihm den
Kopf verrücken. Der Ehstand ist das beste Mittel wider diese Krankheit schwacher Seelen. Der
junge Prinz ist gut, wie sein Vater, und es mangelt ihm auch nicht an Verstande; aber seine Er-
ziehung ist gar sehr vernachläßigt worden. Man
that dem Cardinale von Fleuri den Vorschlag, er
möchte ihm den Abt Rome, einen gelehrten und
rechtschaffenen Mann, zum Präceptor geben;
aber Sr. Eminenz antwortete, er hätte gar zu
viel Verstand, und übergab den Erben des ersten
Throns von Europa einem Narren und Heuchler,
der ihn als einen Mönch erzogen, und sich mehr
bemühet hat, das, was man einen Heiligen nennet, als einen großen Prinzen aus ihm zu machen. Ohne Zweifel hoffte der Cardinal, ob er
gleich schon über siebenzig Jahre alt war, den
Sohn noch nach dem Vater zu regieren.

Wenn Sie die schöne Gräfinn sehen; so seyn
Sie so gütig und umarmen Sie sie an meiner
statt, und erinnern Sie sie an ihr Versprechen;
meine Freundinnen müssen Gedächtniß haben.
Das meinige ist ziemlich gut; ich werde niemals
vergessen, Sie zärtlich zu lieben, und diese Empfindung macht eine von den größten Vergnügun-
gen meines Lebens aus, 2c. 2c.

16. Brief.

16. Brief.
An den Herrn von Argenson.
1747.

Ich bin wegen dessen, was man Ihre Ungnade nennet, gar sehr verdrießlich, aber nicht um Ihrentwillen, dem es an Muthe und Herzhaftigkeit nicht mangelt, sondern um des Staats willen. Der König verliert einen guten Diener, und Sie werden Ihr eigener Herr; Sie sind also nicht zu beklagen. Es giebt hier eine gewisse Faction junger Herren, die geschworne Feinde von Verdiensten und Talenten sind, die sie nicht haben können; und ich finde, daß sie gar zu viel Gewalt haben. Sie sind wie jener Hund bey der Raufe, worauf Heu lag, das er selbst nicht fressen konnte, aber auch das Pferd nicht wollte fressen lassen. Ob sie gleich dem Könige nicht dienen können; so wollen sie doch auch nicht, daß ihm andre dienen: *quella rabbia della gelosia*.

Ihr eigenes Beyspiel, mein Herr, giebt zu erkennen, daß sich die guten Eigenschaften oft mehr Haß zuziehen, als die bösen. Wie ich höre, ertragen Sie Ihre Verwelsung weit herzhafter und geduldiger, als ein Stoiker; worüber ich mich, weil ich Sie kenne, gar nicht wundere. Ich würde Ihnen einen Vogel Strauß zum Sinnbilde geben, mit der Ueberschrift: Ein Starker verdauet alles, es mag so hart seyn, als es will.

Indeffen hoffen alle rechtschaffene Leute Sie bald wieder an der Spitze des Departements zu sehen, dem Sie so viel Ehre gemacht haben. Das gute Glück ist nicht nur unbeständig, sondern auch das widrige. Obgleich der König eingenommen ist! so ist er doch auch gut und gerecht; er wird gar bald gewahr werden, daß Sie ihm fehlen. Wenn ich zu Ihrer Zurückberufung etwas beytragen kann; so werde ich mich sehr glücklich schätzen, dem Könige den größten Minister auf der Welt wiedergegeben zu haben, und Ihnen zu zeigen, daß ich nicht undankbar bin, 2c.

17. Brief.
An Mademoiselle Alexandrine.
1747.

Wie befindet Ihr Euch, mein schöner Engel? Jedermann sagt mir, Ihr würdet Eurer Mutter Ehre machen, und mein Herz versichert mich davon. Eure Damen sind gar sehr mit Euch zufrieden; sie können Euren Verstand und Eure Reize nicht gnugsam loben. Fahret fort ihre zärtliche Sorgfalt und Bemühungen zu verdienen, wenn Ihr mir gefallen, und Euch mit der Zeit Hochachtung erwerben wollet. Kommet künftigen Freytag mit Eurer kleinen Freundinn, der Mademoiselle von Roßieres, zu mir. Der König liebet Euch wie seine Tochter, und wird Euch liebkosen; er redet oft mit mir von Euch.

Ich

Ich zweifle nicht, daß er einmal bey Eurer Versorgung etwas beträchtliches für Euch thun wird. Lebet wohl, mein liebes Kind, sorget für Eure Gesundheit und liebet Eure Mutter so sehr, als sie Euch liebet.

18. Brief.

An die Gräfinn von Noailles.

1747.

Was machten Sie denn gestern mit dem grossen Gerippe von einem Marquis? Ich bin ihm gram, weil er ein Narr und verdrießlich ist. Er kann weder mit ehrliche Leute lachen, noch reden, und so oft ich ihn sehe, trage ich allemal ein gutes Kopfweh davon. Er hat eines von den thierischen Gesichtern, welche die Italiäner *volto, senza senno* nennen. Inbeſſen sagt man, er habe ein gutes Herz, wäre gutthätig und allemal bereit, seinen Freunden und Unglücklichen zu dienen. Ich kann es kaum glauben; denn man muß Verstand haben, wenn man Gutes thun will; die Narren sind dazu nicht geschickt. Mit einem Worte, meine Frau Gräfinn, erlauben Sie mir, daß ich es sagen darf, dieser Mensch ist keiner von denen, die ich gerne sehe.

Rathen Sie einmal, was ich heute gemacht habe? Ich bin des morgens früh um sechs Uhr aufgestanden, und in den Thiergarten gegangen, unter den Nachtigallen zu weinen, welche aber nicht Acht darauf hatten. Ich bin um vieler Ursa-

Urſachen willen betrübt, und fange an, es einzuſehen, daß ich thöricht gehandelt habe, daß ich an den Hof gegangen bin. Die Pracht, die Größe und die Ergötzlichkeiten dieſes bezauberten Landes bezaubern mich nicht mehr. Das Reizende iſt vorbey, und ich treffe in meinem Herzen weiter nichts an, als ein unermeßliches leeres, das nichts ausfüllen kann. Die Welt iſt ein Lügner; ſie verſpricht ein Glück, das ſie nicht geben kann. Bisweilen kommt es mir vor, als ob ich anders denke, und ich bin ziemlich aufgeräumt und luſtig. Wir ſind die Maſchienen der Vorſehung. Man möchte ſagen, es befände ſich in dem menſchlichen Herzen ein doppeltes Maaß, eines für das Vergnügen und das andere für das Betrübniß, welche wechſelsweiſe ausgeleeret und angefüllet würden.

Der allerchriſtlichſte König iſt, wie ich, bald traurig und bald fröhlich. Wenn er melancholiſch iſt; ſo nehme ich meine Zuflucht zu kleinen Arien, die er gern hört; wir ſingen und ſcheinen vergnügt zu ſeyn. Der göttliche Jeliotte iſt allemal die Seele von dieſen kleinen Concerten; er vergnügt uns eine kurze Zeit, wie er Paris vergnügt. Er heitert das Gemüth des Prinzen allezeit aus, und deswegen iſt er oftmals die vornehmſte Triebfeder von den wichtigſten europäiſchen Geſchäfften; denn ein Monarch, der bey ſeiner Melancholie alles abſchlägt, geſtehet alles zu, wenn dieſe Traurigkeit vorüber iſt.

Sie,

Sie, meine liebe Gräfinn, sind vielleicht gleichgesinnter und glücklicher; aber seyn Sie versichert, daß ich Sie einmal so zärtlich als das andere liebe, ich mag betrübt, oder fröhlich seyn. Der Herr Graf wird die Befehlshaberstelle in Elsaß bekommen; bitten Sie ihn doch, er soll mich auch lieben, und nicht mehr auf mich zanken.

19. Brief.
An den Marquis von Lugeac.

Der König hat Ihrem Sohne, in Betrachtung Ihrer lange Jahre geleisteten Dienste, und seines eigenen Verdienstes, ein Regiment gegeben. Kommen Sie doch mit einander, sich bey diesem guten Prinzen zu bedanken, und Ihre guten Freunde zu besuchen. Ich denke auch an die Mademoiselle von Lugeac; sie ist aber noch viel zu jung, als daß man ihr eine Abtey geben könnte. Die Weibspersonen, und besonders die Nonnen, sind weit schwerer zu regieren, als die Mannspersonen; und diese demüthigen Bräute Jesu Christi haben keine Ehrerbietung gegen eine Aebtißinn, wenn sie keine Runzeln hat. Indessen soll Ihre Tochter nicht so lange warten. Ihre Tugend und ihre Klugheit sollen das, was ihr an den Jahren abgehet, ersetzen; überdieses wird sie ohne hin nur gar zu bald alt werden. Ich grüsse Sie, mein Herr Marquis; ich werde mir allemal eine Ehre und ein Vergnügen daraus machen Ihnen zu dienen, ꝛc.

20. Brief.

An die Marquisinn von Chatelet.

Ich habe Ihnen vielmehr, Madame, Ursache zu danken, daß Sie mir Gelegenheit gegeben haben, Ihnen in der Person des jungen Grafen zu dienen. Die Hochachtung, die ich gegen Sie und gegen ihn hege, legte es mir als eine Pflicht auf, die ich zu beobachten gesucht habe.

Erlauben Sie mir zugleich, daß ich meinem Geschlechte deswegen ein Compliment machen darf, weil Sie ihm durch Talente Ehre machen, um welcher willen die Mannspersonen eifersüchtig seyn sollen. Als Newton Europa, durch seine wichtigen Entdeckungen in Verwunderung setzte, würde er sich gewiß nicht eingebildet haben, daß eine, sowohl wegen ihres Ranges, als auch wegen ihrer Schönheit berühmte Französinn, nicht nur im Stande seyn würde, ihn zu verstehen, sondern auch zu erklären; welches zu erkennen giebt, daß der Verstand kein Geschlecht hat. Indem Sie der sinnreiche Voltaire besinget, und Frankreich Sie bewundert, so erlauben Sie, daß eine Frau, die nichts weis, aber die Gelehrsamkeit sehr hochschätzt, der berühmten und reizenden Emilie die aufrichtige Ehrerbietung erweiset, die Ihr ganz Europa bald erweisen wird, ꝛc.

21. Brief.

21. Brief.

An den Herzog von Bouflers.
1747.

Sie, mein Herr Herzog, haben uns in unserer Hofnung nicht betrogen. Ich habe eben itzo Ihren Brief nebst der Nachricht von der aufgehobenen Belagerung der Stadt Genua erhalten, und ihn sogleich dem Könige überbracht, der mir versprochen hat, Sie zu belohnen. Sie loben die Genueser gar sehr, und sagen, sie hätten Ihnen aus allen Kräften beygestanden. Ich wundere mich darüber gar nicht; ein jeder hat mehr Ursache, als sein Nachbar, sein eigenes Haus zu vertheidigen.

Ich bewundere eben so, wie Sie, die Handlung des Gouverneurs zu Savonna, der dem Senate nicht hat gehorchen und seinen Platz übergeben wollen, um seinem Vaterlande treu zu bleiben. Diese Handlung würde sich für einen Römer geschickt haben, indessen ist es ein Italiäner und ein Genueser, der sie verrichtet hat.

Sie thun recht daran, daß Sie gegenwärtig damit umgehen, den genuesischen Staat gegen eine neue Unternehmung von Seiten der Oesterreicher in Sicherheit zu setzen, und ihnen den Eintritt in denselben zu verwehren. Indessen wird es, bey allen ihren Bemühungen und bey allen guten Absichten des Königs, doch schwer halten, die Ruhe in Italien zu befestigen. Man hat es nie-

niemals thun können, weil es das schönste Land von Europa, gleichwie auch das schwächste ist. Es hat zu allen Zeiten den Ehrgeiz der großen Mächte rege gemacht, und wenn sie auch gleich dem Kriege darinnen zuvorkommen wollten; so würden sich die Italiäner selbst darwider setzen. Da sie arm sind; so haben sie frembe Armeen nöthig, die einander bey ihnen die Hälse brechen, und sie reich machen. Deswegen haben sie unsern Truppen niemals verwehrt, in dieses irdische Paradies einzurücken, das von Teufeln bewohnt wird, und welches man mit Recht das Grab der Stanzosen nennen kann.

Der Senat hat weiter nichts gethan, als was seine Schuldigkeit gewesen ist, indem er sie unter die Zahl der edlen Genueser aufgenommen hat. Es ist in der That eben keine sonderliche Ehre; aber der Ruhm, den Sie erworben haben, und die Hochachtung des Königs sind weit höher zu schätzen.

Wollen Sie wohl, wenn der Infant nach Genua kömmt, so gütig seyn, und ihm meinen unterthänigen Respect vermelden? Nun kann er wegen einer Versorgung sicher seyn; er ist sie aber auch würdig. Nehmen Sie, mein Herr Herzog, meine Wünsche und meine Complimente an; niemand ehret Sie mehr, als ich,

22. Brief.

22. Brief.

An die Gräfinn von Breze.

Ich danke Ihnen für Ihren Brief und für Ihre Affen. Raux ist ein vortreflicher Mann; seine emaillirten Figuren werden Mode werden, wie die Pantins; sie werden aber nicht so lächerlich seyn.

Die gute Marquisinn von Pauange ist beynahe plötzlich gestorben; das wird den artigen Frauenzimmern, die sich wohl befinden, Furcht und Schrecken einjagen. Zween Tage vorher war sie auf dem Balle. So bald sie nach Hause kam, legte sie sich ins Bette, und hatte wunderliche Träume. Sie sah ihre Mutter als ein grosses weisses Gespenst in dem traurigen Aufzuge der Verstorbenen, welche ihr winkte, ihr zu folgen. Sie wachte ganz erschrocken auf, rief ihre Kammerfrauen, und erzählte ihnen, was sie gesehen hatte, so sie für eine Chimäre hielten; es hatte aber einen grossen Eindruck in sie gemacht. Sie hat einen Anfall vom Fieber bekommen, hierauf einen andern, und alsdenn wieder einen andern, wobey sie irre redete, und nun hat sie ihre schöne Seele Gott wiedergegeben. Ich hoffe, Gott werde sie mit offenen Armen aufgenommen haben; denn sie war klug und tugendhaft. Der Marquis, der sie anbethete, ist untröstlich. Ich beklage die Todten nicht, aber diejenigen, die sie überleben, und ein zärtliches Herz haben.

Ich habe Ihren Brief nochmals mit dem süßen Vergnügen durchlesen, das den Briefwechsel wahrer Freunde begleitet. Aber die Lobeserhebungen, die Sie mir beylegen, machen mich schamroth. Schäßen Sie mich hoch, wenn Sie glauben, daß ich es werth bin; sagen Sie mir es aber nicht, weil es zu nichts hilft.

Ich hoffe Sie künftigen Sonnabend bey der Comödie in meiner Loge zu sehen. Man wird die Zaire vorstellen. Dieses Stück, ein Meisterstück; es schickt sich vornehmlich für uns, denn es ist ein Stück für fühlbare Seelen. Leben Sie wohl, mein Herz, bleiben Sie gesund, ich umarme Sie.

23. Brief.
An den Marschall von Belle-Isle.
1747.

Der General Browe hat sich also genöthiget gesehen, wieder über den Varo zurücke zu gehen, und wir haben dieses eben so wohl Ihnen, als dem Don Philipp zu danken, der, wie Sie sagen, bey dieser Gelegenheit, für seine Person, wie ein bloßer Freywilliger, bezahlt hat. Ich wundere mich darüber nicht; er ist von bourbonischem Geblüte. Es ist also das schöne Project des Königs von Sardinien, die Provence wegzunehmen, zu Wasser geworden? Die Franzosen sind unüberwindlich, wenn sie von solchen Männern,

nern, als Sie sind, angeführet werden, und besonders, wenn man sie in ihrem Lande angreift. Carl V. hat es lange vor dem Savoyarden erfahren. Sie haben den Tod Ihres Bruders gerochen. Dieser Sieg wird machen, daß der König den unglücklichen Vorfall bey Eriles darüber vergißt.

Frankreich siegt iho in allen Theilen von Europa, wo Krieg geführt wird. Aber zur See haben die Engländer leider! den unglücklichen Ueberrest unserer Marine vollends zu Grunde gerichtet. Ich befürchte gar sehr, es werde so vieles Blut und so viele Schätze, welche in diesem Kriege sind verschwendet worden, der so lächerliche Ursachen hat, und so grausame Folgen nach sich ziehet, am Ende keinen Nutzen bringen, und der König werde die Eroberungen, die er in Europa gemacht hat, zurückgeben müssen, wenn er seine Colonien wieder haben will. So oft uns die Engeländer auf dem, was sie ihr eigenes Element nennen, schlagen, möchte ich das Memoire des Cardinals von Fleuri verwünschen; ich bitte indessen Gott deswegen um Vergebung, denn er war ein Priester. Seine furchtsame Politik und seine lächerliche Wirthschaft haben es dahin gebracht, daß Frankreich sein ganzes Ansehen als eine Seemacht vollends verlohren hat. Er liebte weder den Krieg, noch den Aufwand. Er hatte den Geist der Sparsamkeit, der zwar bey der Regierung einer besondern Familie sehr gut, aber bey der Regierung der grossen Familie des Staats oft sehr schädlich ist, wo man zur rechten Zeit einen Aufwand zu machen, und so gar zu verlieren wissen muß. Man sagt, die Engländer hätten viel Hochachtung gegen ihn; ich glaube es gar wohl. Er hat unsere Schiffe in unsern Häven verfaulen lassen, damit er sie nicht böse machen möchte. Das war ein sicheres Mittel, diesen ehrlichen Leuten zu gefallen. Die Verwaltung der Priester ist Frankreich, und vielleicht auch den übrigen Staaten, zu allen Zeiten mehr oder weniger schädlich gewesen. Sie sollen bethen, und nicht regieren. Sind Sie nicht meiner Meynung?

Leben Sie wohl, mein Herr Marschall, und seyn Sie vergnügt. Jedermann schätzt Sie hoch, und ich noch mehr, als andere. Wenn man dem unglücklichen Herrn Fouquet gesagt hätte, sein Urenkel werde nicht nur ein grosser Herr, sondern auch ein grosser Mann werden; so würde er vielleicht seine Gefangenschaft mit mehrerer Gedult ertragen haben. Ich grüsse Sie aufrichtig, und wünsche Frankreich viel solche Männer, wie Sie sind.

24. Brief.
An den Ritter von Sade.
1747.

Ich habe die gute Nachricht, die Sie mir überschickt haben, und wofür ich Ihnen danke, sogleich dem Könige überbracht. Er glaubte anfangs

fangs nicht, daß sich ein Ort, wie Antibes ist, der keine Festungswerke hat, und nur von einer Hand voll Leuten vertheidiget wurde, nur vier und zwanzig Stunden gegen eine zahlreiche Armee würde halten können. Indessen haben Sie eine vierzigtägige Belagerung ausgehalten, und endlich die Feinde gezwungen, sie aufzuheben. Wenn diese That nicht die wichtigste im Kriege ist; so ist sie doch vortreflich. Der König wird Ihnen ehestens Merkmaale seiner Hochachtung geben. Wenn er es aber vergessen sollte; so werde ich ihn daran erinnern. Ich, mein Herr Ritter, werde es allzeit für meine Pflicht halten, dem Verdienste und der Tapferkeit zu dienen. Hieraus können Sie sehen, wie ich gegen Sie gesinnet bin.

25. Brief.
An den Grafen von Maurepas.
1747.

Ich habe Ihren Brief begierig erbrochen, weil ich glaubte, Sie würden mir von einem Siege darinnen Nachricht geben. Sie melden mir aber eine Niederlage. Dieser unglückliche Zufall richtet den Ueberrest der französischen Marine vollends zu Grunde, und macht unsere Hofnung zunichte. Es ist indessen doch einiger Trost dabey. Der Herr de la Jonquiere hat sich als ein beherzter Mann geschlagen; er hatte aber leider! mit Engländern zu thun. Man kann sagen, es ist alles verlohren, nur die Ehre nicht. Ich glaube nicht,

nicht, daß man von diesem beständigen Glücke des Feindes zur See in der Geschichte ein Beyspiel antrift. Nur für ihn allein ist das Glück nicht unbeständig. Es giebt itzo nur zwey grosse Völker in Europa: das eine scheint bestimmt zu seyn, die Herrschaft zur See zu besitzen, und das andere die Herrschaft zu Lande; man muß Geduld haben.

Ich sehe es vorher, Frankreich wird einen schimpflichen Frieden schliessen, und die in Flandern gemachten Eroberungen zurückgeben müssen. Das Elend des Königreichs, die Schwierigkeit Soldaten anzuwerben, und die Hartnäckigkeit der Alliirten, die mehr Geld und Geduld haben, werden ihn bald nothwendig machen. Der Marschall von Sachsen rühmet sich, im nächsten Feldzuge Holland zu erobern, und die französischen Fahnen auf den Wällen von Amsterdam wehen zu lassen. Die Wahrheit zu gestehen, ich glaube von allem diesen nichts, und wünsche es auch nicht einmal. Diese Eroberung würde, wenn sie auch möglich wäre, sehr gefährlich seyn. Ludwig XIV, der sie machte, mußte sie auch fast eben so geschwind wieder fahren lassen. Er hatte weiter keinen Nutzen davon, als die eitle Ehre, daß er zu Utrecht öffentlich hatte Messe lesen lassen. Eine gute Lehre für seinen Nachfolger. Ich halte fest dafür, Ludwig XV wird unter seiner Regierung nicht viel Eroberungen machen. Die itztlebenden Franzosen sind von denen, die in dem vorigen Jahrhunderte lebten, gar sehr unterschieden. Ich sage es noch-

nochmals, wir haben den Frieden nöthig. Unsere Marine ist zu Grunde gerichtet; wir sind an Gelde und Mannschaft erschöpft, und haben mächtige Feinde. Da Sie, mein Herr, die erste Stelle im Rathe bekleiden, und sie wegen Ihrer Erfahrung und Ihrer Einsichten verdienen; so tragen Sie auch das Ihrige bey, den Franzosen diesen Frieden zu verschaffen, den sie so nöthig haben, und welcher das kostbarste Geschenk ist, das ein guter König Unterthanen geben kann, die ihn lieben, ꝛc.

26. Brief.
An die Marquisinn von Saussal.

Ich bin acht Tage lang, das heißt, so lange ich Sie gesehen habe, glücklich gewesen; itzo bin ich, wie gewöhnlich, betrübt. Ich kann Ihnen, zum Aergernisse der Grossen auf der Welt, sagen, daß ich bey aller Gunst und Hochachtung eines grossen Prinzen, bisweilen im Begriffe bin, den Hof zu verlassen, und mich in die Einsamkeit zu begeben, mich mit meinen Freunden zu trösten. Aber meine Schwachheit hält mich zurück. Ich hasse die Welt, und kann sie doch nicht verlassen.

Wie gefällt Ihnen die neue Dauphine? Sie ist nicht schön; sie hat aber Verstand, Annehmlichkeiten, und etwas, das noch mehr, als die Schönheit, gefällt. Ihr durchlauchtiger Gemahl ist gar zu andächtig. Wir werden sehen, ob sie ihn nicht von dieser Krankheit kleiner Seelen befreyen

freyen wird, die einen Prinzen allemal zu einem
Verfolger, und seine Unterthanen zu Schwär-
mern macht. Ich kenne keinen grossen König,
der andächtig gewesen wäre; der gute Heinrich IV.
war gewiß keiner. Wir wollen Gott und die Tugend lieben, und die Andacht den Mönchen überlassen.

Die Dauphine hat einen deutschen Jesuiten
mitgebracht, welcher Vater Crouß heißt, und ihr
Beichtvater ist. Er ist vielleicht das albernste
und einfältigste Thier, das jemals aus dem deutschen Reiche hieher gekommen ist. Indessen hat
sie ein überaus grosses Zutrauen zu ihm, welches
mich alles befürchten läßt.

Was aber den Dauphin anbetrifft, so habe
ich Ihnen vielleicht noch niemals erzählet, was
sich unlängst zu Versailles zugetragen hat. Einer
schwangern Frau aus Paris kam die Lust an, diesen jungen Prinzen zu umarmen, welcher in Wahrheit so schön, als die Liebe, ist. Ein Officier
nahm es über sich, sie in sein Zimmer zu führen.
Als aber der Dauphin sah, daß sie sich entblößt
hatte, kehrte er sich um, und schloß ihr selbst die
Thüre vor der Nase zu. Sie sehen, daß ihn die
Andacht bey nahe ungesittet gemacht hat.

Ich erstaunte gestern, als ich an der jungen
Dauphine die Armbänder der verstorbenen Infantinn, an welchen sich ihr Bild en miniature befindet, erblickte. Der Dauphin hat sie gebethen,
sie zu tragen, welches eben kein grosses Vergnügen,

gen für sie ist; gleichwie es auch in der That eben kein gar zu artiges Betragen ist.

Es regnet beständig, und ich kann nicht ausfahren frische Luft zu schöpfen. Ich sehe mich genöthiget in meinem Zimmer zu bleiben, und meine Tauben zu liebkosen. Ich denke auch an Sie, meine schöne Gräfinn. Leben Sie wohl.

27. Brief.
An dieselbe.

Haben Sie die Catastrophe des Tyrannen von Persien, des nur gar zu berüchtigten Thamas Kouli-Kan gelesen? Er ist in seinem eigenen Pallaste von seinen Trabanten ermordet worden. Dieser wegen seiner Herzhaftigkeit und wegen seiner bösen Thaten so berühmte Mann hat das Schicksal gehabt, das er verdiente; eine schöne Lehre für die Ehrgeizigen. Drey Reisende fanden einsmals einen Schatz. Einer von ihnen gieng hin, Lebensmittel zu holen, und vergiftete sie, um sich seiner Kameraden zu entledigen, und den Schatz allein zu besitzen. Diese faßten zu gleicher Zeit den Entschluß, ihn aus eben dem Grunde zu ermorden, und thaten es auch bey seiner Zurückkunft. Hierauf verzehrten sie, was er mitgebracht hatte; sie fanden aber den Tod darinnen, den sie verdienten. Ein richtiges Bild von den Folgen des Ehrgeizes. O Eitelkeiten, menschliche Grössen, prächtige Hirngespinste! ich

ver-

verachte euch aufrichtig; ich habe aber leider! das Herz noch nicht, euch zu hassen.

Man denket immer an den Frieden. Der König thut sehr billige Vorschläge; aber die Engländer lachen darüber, und wollen mit uns als mit Ueberwundenen umgehen. Die Conferenzen zu Breda haben bis itzo weiter nichts, als eine Menge schöne Reden und Complimente hervorgebracht; indessen hoffen wir immer.

Wenn Sie an den schönen Marquis schreiben; so sagen sie ihm doch, er soll sich aus Liebe zu Ihnen und zu seinen Freunden nicht sehr in die Gefahr begeben; denn die Canonen haben vor niemanden Respect. Leben Sie wohl, ich werde nach Marli reisen. Es ist dieses ein angenehmer Ort; aber Ihre Gegenwart würde ihn noch schöner machen, 2c.

28. Brief.
An den Herrn von Argenson.

1747.

Die Engländer haben also ihre Tractaten mit den wilden Russen erneuert, vermöge welcher sich diese anheischig machen, ihnen dreyßig tausend Mann in Sold zu geben. Sie sind, wie die deutschen Prinzen, fürs Geld mit jedermann Freund. Ich weis indessen nicht, was die Alliirten mit diesen Barbaren machen wollen. Der König von Preußen wird sie nicht ungestraft durch-

durchlassen. Und wenn sie ja jemals nach Flandern kommen sollten; so werden sie zu Wasser auf engländischen Schiffen dahin müssen gebracht werden, welches eine Sache ist, die sich nicht wohl thun läßt; oder sie müssen wie ihr grosser H. Nicolas, auf einem Mühlsteine dahin kommen.

Indessen sehe ich diese Bündnisse mit den Russen als eine Sache von sehr gefährlichen Folgen an. Diese Nation, welche vor hundert Jahren in dem übrigen Theile von Europa eben so unbekannt war, als die südlichen Länder, wird nach und nach streitbar werden, und die Kriegszucht lernen, indem sie den verschiedenen Mächten, die sie brauchen, dienet. Bald wird sie im Stande seyn, ihre Herren zu schlagen, und sich ihnen furchtbar zu machen. Es würde vielleicht nicht unmöglich seyn, eine neue Ueberschwemmung von Barbaren zu sehen, die aus den siberischen Hölen kämen, und, indem sie von einem neuen Attila angeführt werden, Europa überschwemmeten. Gott bewahre uns davor!

Ich liebe die Politik nicht. Weil ich sie aber wegen meines sonderbaren Schicksals lernen muß; so bitte ich Sie, fernerhin mein Anführer darinnen zu seyn. Nach meiner Mehnung hat man dazu weiter nichts, als viel Redlichkeit und gesunden Verstand nöthig. Was die Politik anbetrifft, welche die Menschen zu betrügen und sie unglücklich zu machen lehret; so habe ich sie nicht

D nöthig,

nöthig, und Sie können mich auch nicht darinnen unterrichten.

Ich bin, ꝛc.

29. Brief.
An die Gräfinn von Noailles.
1748.

Womit bringen Sie die Zeit zu, meine liebe Freundinn? Sind Sie glücklich und vergnügt? Ich für meine Person bin betrübt, und gewiß versichert, daß, wenn auf der Welt ein Glück zu finden ist, man es nicht an den Höfen suchen muß. Es scheinet, als ob hier die Höle des Trophonius wäre; man lacht niemals von ganzem Herzen. Ich treffe da nur falsche Freude, falsche Ergötzlichkeiten, und falsche Freunde an, welche, indem sie mich umarmen, mir das Leben zu nehmen suchen. Ich thue alles, was ich kann, meine Schwermuth zu vertreiben; aber das Vergnügen ist ein Geschenk Gottes, das er dem Ehrgeize niemals zu Theile werden läßt. Es ist mir eben so wenig möglich, lustig und fröhlich zu seyn, als es der Frau von Pervical ist, schön und vernünftig zu seyn.

Ich danke Ihnen für Ihre Cantaten. Die Musik und die Worte sind sehr schön; itzo aber habe ich keine Lust zu lachen.

Sind Sie bey dem Martin gewesen, meinen neuen Wagen anzusehen, wie Sie es zu thun
Willens

Willens waren? Ich habe ihm verbothen, ihn durch schändliche Gemälde zu verunzieren, welche ehrbare Leute, ohne schamroth zu werden, nicht würden ansehen können. Es ist indessen itzo Mode; ich lache aber über die Mode; kluge Frauenzimmer werden mich deswegen desto höher schätzen. Der König hat mir sechs schöne Schimmel geschenkt; der gute Prinz! wie würdig ist er geliebet zu werden.

Ist es denn wahr, daß, als die Prinzeßinn von Conti vor etlichen Tagen bey den Theatinern in der Messe war, ein armer Blinder sie um ein Almosen ansprach, indem er klagte, er hätte die Freuden dieser Welt verlohren; worauf sie den Grafen von Clermont soll angesehen, und zu ihm gesagt haben: Ist dieser Mensch ein Verschnittener? Eine ziemlich unverschämte Anmerkung, besonders in einer Kirche.

Gestern besuchte mich die schöne Herzoginn, die mir von Ihnen einen Gruß überbrachte, wofür ich sie umarmete. Sie denken also immer an mich. Sie thun recht daran. Künftigen Sonntag wird es acht und zwanzig Jahre werden, daß eine gewisse Person auf die Welt kam, die bestimmt war, Sie zärtlich zu lieben.

Ich bitte Sie, der Frau von Manteull an meiner statt viele Liebkosungen zu machen. Ich bin doch in der That gar sehr glücklich, solche Freundinnen, wie Sie sind, zu haben, 2c.

30. Brief.

30. Brief.

An den Grafen von Argenson.

1748.

Man hat mir einen schriftlichen Aufsatz, welcher die Errichtung einer Militairschule betrifft, übergeben, und ich überschicke Ihnen solchen, weil das eine Sache ist, die für Ihr Departement gehört. Es ist nicht etwan, wie der Cardinal Dübois von den Projecten des Abts von St. Peter sagte, ein Traum eines einfältigen Bürgers; sondern ich halte dieses für eine Sache, die sich gar wohl ausführen läßt, und sehr nützlich ist. Das Land ist voll armer Edelleute, die im Elende und in Verachtung leben; man würde ihnen eine Erleichterung verschaffen, wenn man ihre Kinder zum Dienste des Königs und des Staats erzöge. Der französische Adel ist der tapferste in Europa, und man hat zu allen Zeiten gesehen, was er vermag. Aber unsre armen Dorfjunker, die weiter nichts, als einen Degen und Herzhaftigkeit haben, sind für den Staat verlohren, weil, da sie nicht als Officiere dienen können, sie nicht als gemeine Soldaten dienen wollen. Ich halte also dafür, daß das Project, sie in ihren Kindern nützlich zu machen, Aufmerksamkeit verdient. Wenn man beständig fünf bis sechs tausend junge Leute unterhielte, die von den geschicktesten Lehrmeistern in allen Theilen der Kriegskunst sorgfältig erzogen würden; so würde dieses eine Pflanz-
schule

schule von guten Officieren werden, bey welchen die Einsichten den Mangel der Erfahrung ersetzen würden, und sie würden den wohlgepuderten jungen Herren gar sehr vorzuziehen seyn, die Sie täglich überlaufen, und kein anderes Werdienst haben, eine Lieutenantstelle zu bekommen, als ein Bißchen Geld und viel Einbildung.

Ich habe mit dem Könige noch nicht von diesem Plane geredet, der mir klug ausgesonnen und von der größten Wichtigkeit zu seyn scheinet; ich will vorher Ihre Gedanken davon wissen. Bedenken Sie, mein Herr, daß wir mit den Engländern Krieg führen, und daß wir wegen der Mitbuhlerschaft und der Antipathie der beyden Nationen fast beständig mit ihnen Krieg führen werden. Sie sind die einzigen Feinde, vor denen sich Frankreich zu fürchten hat, und wider welche es sich nicht zu sehr rüsten kann. Mit den übrigen Völkern führen wir der Ehre wegen, mit den Engländern aber um unserer Erhaltung willen Krieg. Man kann also wider dergleichen Nebenbuhler nicht zu sehr auf seiner Hut seyn, die das Gleichgewicht von Europa mit aller Gewalt erhalten wollen, und welche wegen ihrer Tapferkeit und ihrer Reichthümer weit mehr zu fürchten sind, als es das Haus Oesterreich iemals gewesen ist.

Ich bitte Sie, des kleinen St. Marc eingedenk zu seyn, von welchem ich schon mit Ihnen gesprochen habe. Wenn Sie ihn genau untersuchen; so werden Sie finden, daß er würdig ist,

dem

dem Könige zu dienen, und Sie werden ihm die
Bedienung, um die er ansucht, mehr um seiner
Würdigkeit, als um meiner Empfehlung willen,
geben.

Ich bin, ꝛc.

31. Brief.

An den

Herrn von Chevert, Generallieutenant.

Ich habe die kleine Statthalterschaft, die Sie,
mein Herr, zu haben wünschten, für Sie
erhalten, und dieser Vorzug hat unter Ihren Mit-
werbern zu vielem Murren Gelegenheit gegeben,
welches mir die größte Meynung von Ihnen würde beygebracht haben, wenn nicht der Marschall
von Sachsen schon sonst oftmals mit mir von Ihnen, als von einem der besten Officiere bey der
Armee, gesprochen hätte. Man wendete ein,
Sie wären ein Soldat, den das Glück erhoben
hätte, und ein Mensch von geringem Herkommen.
Dieses macht Sie aber desto schätzbarer. Ihr
Verdienst ist ein eigenes, anderer ihres aber ein
fremdes Verdienst. Ich werde es allemal für
meine Pflicht halten, Ihnen und Ihres gleichen
zu dienen. Daraus wird man sehen, daß eine
Frau, die man auf eine so bittere und so ungerechte Art anklagt, das Verdienst und die Tugend zu
ehren weis. Kommen Sie, und bedanken Sie
sich bey dem Könige, ehe Sie abreisen. Ich
werde

werde Sie auch mit Vergnügen sehen; aber unter der Bedingung, daß Sie sich nicht bey mir bedanken.

Ich bin, ꝛc.

32. Brief.
An den Grafen von Argenson.
1741.

Der neue Schritt, den der König von Preußen gethan hat, gefällt mir, aber ich verwundere mich nicht darüber; er verstehet sein Interesse eben so gut, als die Kunst Krieg zu führen; wir wollen das unsrige auch verstehen lernen. Ich habe es vorhergesagt, daß die Unterhandlung mit Schweden keinen Nutzen haben würde, und meine Prophezeihung ist eingetroffen. Die Schweden haben, indem sie ihre Freyheit bekommen, ihre Ehre verlohren. So lange Sie Sclaven ihrer Könige gewesen, sind sie das Schrecken des Norden gewesen. Nun, da sie frey sind, sind sie nichts mehr; welches zu beweisen scheinet, daß die Freyheit, so zu sagen, eine Speise ist, die sich nicht für einen jeden Magen schickt. Sie schickt sich auch eben so wenig für uns. Die Franzosen haben einen Herrn nöthig, und sie sind glücklich, daß sie einen guten haben.

Ich habe ein Bittschreiben von einem Proviantlieferanten erhalten, und ich überschicke es Ihnen, weil dergleichen Sachen für Sie gehören.

Er

Er beklagt sich, der Marschall von Sachsen wäre gar zu strenge, ohne Zweifel deswegen, weil er diesen ehrlichen Leuten nicht erlaubt, so viel zu stehlen, als sie wollen. Antworten Sie doch diesem kleinen Herrn, wie er es verdienet. Ich wundere mich über die Kühnheit dieser geldbegierigen Leute, die sich unterstehen, die Regierung mit ihrem kleinen Interesse zu beunruhigen. Wenn der König ein Schiff nach China schickt, bekümmert er sich wohl darum, ob die Mäuse ihr Auskommen haben?

Es befindet sich ein junger Mensch von guter Familie hier, der mir ist empfohlen worden. Er sieht ungemein gut aus, das vornehmste aber ist, daß er tapfer und im Stande ist, gute Dienste zu leisten. Es würde mir lieb seyn, wenn Sie etwas für ihn thäten, und ich bitte Sie darum.

33. Brief.
An Mademoiselle Alexandrine.
1748.

Ich habe Euretwegen einen Brief erhalten, der mich betrübet. Man sagt, ihr gienget mit euren Gespielinnen auf eine stolze und gebietherische Art um, und wolltet nicht mehr folgen. Warum betrübet ihr das Herz eurer Mutter? Warum versetzet ihr sie in die betrübte Nothwendigkeit, sich über Euch zu beklagen? Ich habe Euch so oft empfohlen, sanftmüthig, bescheiden und gesprächig

zu

zu seyn, weil dieses das einzige Mittel ist, Gott und Menschen zu gefallen. Habet ihr meine Lehren so bald vergessen? Wollet ihr machen, daß ich mich eurer schäme? Ich hoffe, ihr werdet euch in Zukunft, aus Achtung gegen mich und gegen euch selbst, anders aufführen. Keine grossen Mienen; sie kleiden niemand, und auch noch weniger, als andere. Wenn ich Euch als eine Prinzeßinn erziehen lasse; so bedenket, daß Ihr sehr weit davon entfernet seyd, eine zu seyn. Das Glück, das mich erhoben hat, kann sich ändern, und mich zur unglücklichsten Frau machen; in diesem Falle würdet Ihr, wie ich, gar nichts seyn. Lebet wohl, meine liebe Tochter, Ihr wisset, daß ich nur für Euch lebe, und nur um Euretwillen das Leben liebe. Wenn Ihr mir versprechet, daß ihr Euch bessern wollet; so vergebe ich Euch, und umarme Euch, ꝛc.

34. Brief.

An Madame Aebtißinn von St. Antoine.
1748.

Ich habe den Brief von Ew. Hoheit ehrerbietig empfangen, und ich wollte wünschen, daß ich Sie trösten und Ihnen dienen könnte. Ich kann aber in dieser Sache nichts thun, die man dem Könige auf die verhaßteste Art vorgetragen hat. Man giebt Ihnen Schuld, Sie giengen mit Ihren Nonnen auf eine grausame

Art

Art um. Man sagt, Sie badeten sich alle Morgen in einer Kufe voll Milch, die sie hernach essen müßten. Das würde einer Prinzeßinn von bourbonischem Geblüte sehr unanständig seyn, und ich glaube es nicht. Aber zum Unglücke glaubt man es hier, und der König ist gar sehr aufgebracht. Es ist also beschlossen worden, Ihnen die Regierung Ihrer Jungfern zu nehmen. Uebrigens wird man Ihnen Ihre Einkünfte lassen; so daß, wenn man die Sache beym Lichte besiehet, ich Ihnen lieber ein Compliment machen, als Sie beklagen möchte. Die Aufsicht über fünfhundert Jungfern, die immer verdrießlich und mißvergnügt sind, ist eine gar beschwerliche Sache, besonders für eine Person von Ihrem Stande. Ich danke Ihnen unterthänigst für das Zutrauen, das Sie zu mir gehabt haben; ich habe mich dessen würdig zu machen gesucht. Habe ich das Ungewitter, so sich aufzog, nicht abwenden können; so bin ich doch wenigstens glücklich gnug gewesen, seine Folgen zu mildern, wie Sie bald vernehmen werden. Mein tiefer Respect gegen Sie und das Durchlauchtige Blut, aus welchem Sie entsprossen sind, legten es mir als eine Pflicht auf, die ich eifrig zu beobachten gesucht habe.

Ich bin, ꝛc.

85. Brief.

35. Brief.
An die Marquisinn von Sauſſal.
1748.

Was haben Sie denn der Frau von Froulai gethan? Sie klagt gar ſehr über Sie. Müſſen ſich denn gute Freundinnen mit einander überwerfen? Sie hat mir die beſondern Umſtände von eurem Zanke nicht erzählet; ich will Euch aber wieder mit einander ausſöhnen, wenn Sie ſie nur nicht häßlich genennet haben, welches Frauenzimmer einander niemals vergeben.

Der König reiſet morgen nach Compiegne, und ich ſoll ihn begleiten; ich nehme aber dieſelbe Melancholie überall mit hin. Es iſt leichter die Luft, als das Gemüth zu ändern. Wer iſt denn der unverſchämte Menſch, der, als er mich mit dem Marſchall von Sachſen hat ſpatzieren gehen ſehen, ganz laut geſagt hat: Da geht des Königs Degen und ſeine Scheide? Dieſer böſe Scherz iſt bereits in ganz Paris bekannt, und ich zweifle nicht, daß Sie ihn eben ſowohl, als andre, werden gehöret haben. Ich möchte den Urheber gern wiſſen, nicht um ihn zu ſtrafen, denn dergleichen Zoten beleidigen mich nicht; ſondern ihn zu bitten, mehr Witz und Wohlſtand in ſeine luſtigen Einfälle zu miſchen.

Seyn Sie doch ſo gut, und beſehen in meiner Abweſenheit die Gemälde des Herrn von Renuſſon, und kaufen Sie für mich, was Ihnen gefällt;

fällt; ich verlasse mich in diesem Stücke auf Ihren Geschmack. Es ist besonders ein Stück darunter, das ich gern haben möchte, nämlich die Entführung der Proserpina; lassen Sie dieses ja nicht weg. Das ist das erste, so ich Ihnen auftrage. Das andere, welches ich Ihnen noch nachdrücklicher empfehle, ist, sich wohl zu befinden, und mich allzeit zu lieben. Leben Sie wohl, meine Liebe, ich hoffe und wünsche Sie zu Compiegne zu sehen. Dieser Tag wird der angenehmste für mich seyn, ꝛc. ꝛc.

36. Brief.
An die Herzoginn von Duras.
1748.

Sie fragen mich, Frau Herzoginn, was ich mache? Ich habe lange Weile, und liebe Sie einmal, wie das andere. Ich stund ehmals in den thörichten Gedanken, der Hof wäre der Aufenthalt des Lachens und der Ergötzlichkeiten; er ist aber vielmehr der Aufenthalt des Weinens, wenigstens für mich. Ich habe heute aus Verdrusse Thränen vergossen, weil ich sehe, daß meine Freunde, die, welchen ich aus allen Kräften gedienet habe, sich wider mich verschwören. Das wird mich indessen nicht hindern, gutes zu thun, diesem Ausspruche eines gewissen Philosophen zu Folge: Gieb den Hunden zu fressen, wenn sie dich auch gleich beissen sollten.

Es reuet mich indeſſen, daß ich zu der Erhebung einer gewiſſen Perſon etwas beygetragen habe, die eben ſo wenig im Stande iſt, dem Könige rechtſchaffen zu bienen, als erkenntlich zu ſeyn; aber damals kannte ich ſie nicht.

Sie haben ohne Zweifel von dem Chamillard reden hören, den Ludwig XIV. zum Kriegsminiſter machte, weil er gut Billard ſpielte. Ich habe für dieſen Menſchen beynahe daſſelbe gethan. Er hatte weiter kein Verdienſt, als daß er zeitverkürzend war, und ibo iſt er Staatsſecretair.

Nach meiner Meynung haben alle Regierungen einen groſſen Fehler. Ein jedes Glied der Regierung ſollte beſtändig in demſelben Amte bleiben, ohne Hofnung höher zu ſteigen; ſonſt kann man von ihm weder Gerechtigkeit, noch Aufmerkſamkeit erwarten. Er kann weder den Pflichten des Amts Gnüge leiſten, nach welchem er aus Ehrgeize trachtet, weil er es noch nicht hat; noch auch den Pflichten desjenigen, welches er bekleidet, weil er es niederzulegen Willens iſt. Der Menſch, von welchem die Rede iſt, beſtätiget dieſe Anmerkung.

Man erwartet hier die Herzoginn von Parma; und ich hoffe, ihre Gegenwart ſoll das luſtige und aufgeweckte Weſen wieder an dieſen Hof zurücke bringen, wo man nur mit dem Munde lacht. Der König ſagte geſtern zu mir: Ich habe viel Schmeichler, aber keine Freunde. Das iſt das Unglück der Prinzen; man bethet ſie an, aber man liebet ſie ſelten.

Der

Der junge Graf hat sich bey mir für das Regiment, das er erhalten hat, bedankt. Es ist wahr, ich habe ein Wort für ihn geredet; aber sein eigenes Verdienst hat noch mehr gesagt. Er redet von schönen Thaten als ein Mensch, der welche zu verrichten im Stande ist.

Ich werde Sie vielleicht künftige Woche bey der schönen Gräfinn sehen, die mich zu einem kleinen Feste eingeladen hat; es wird das Fest der Freundschaft, und folglich sehr angenehm und vergnügt seyn. Leben Sie wohl, meine liebe Herzoginn; ich küsse Ihre schönen Hände.

37. Brief.
An die Marquisinn von Fontenailles.
1748.

Der Hof ist ein gutes Land die Unglücklichen zu vergessen. Man redet nicht mehr von dem armen Prätendenten, und es beklagt ihn vielleicht weiter niemand, als ich. Man sagt, er wäre Willens, eine Spatzierreise nach Deutschland zu thun, in dieses Land des Stolzes und Elendes, wo er bey einem jeden Schritte Prinze und Bettler antreffen wird. Er hat eine wichtige Sache im Kopfe; ich wünsche, daß er seinen Zweck erreichen möge, aber ohne es zu hoffen. Die Unglücklichen haben keine Freunde. Der König hat ihm für sechsmal hundert tausend Livres Wechselbriefe zustellen lassen; ich wünsche von ganzem Herzen, daß dieses etwas beytragen möge, ihn zu zu trösten, wenn anders ein bißchen Geld wegen des Verlustes eines Throns trösten kann.

Endlich hat der kleine Marquis erhalten, was er wünschte. Er mußte sich zu bemüthigen und zu schmeicheln, wie ein Pudelhund; er machte denen, die ihn auslachten, Complimente, litt die Beschimpfungen, und dankte denen, die sie ihm anthaten. Das war das rechte Mittel, am Hofe sein Glück zu machen.

Wenn ich die Niederträchtigkeiten, die Unverschämtheit und den kriechenden Charakter der mehresten Hofleute betrachte; so mache ich einen grossen Unterschied unter den grossen Männern und den grossen Herren. Diese, welche ich verachte, sind mir bis zum sterben zuwider. Jene sind mir nicht zuwider; aber sie sind selten, und ich sehe keine. Ich beklage die Könige, daß sie von solchen vergüldeten Affen umgeben sind, die eben so schlimm und boshaft sind, als die zu Angola. Die Höfe, die der dumme Pöbel mit so neidischen Augen ansiehet, sollten nur Mitleiden erregen. Vor einiger Zeit kam der Abt de la Tour-du-pin, der Prediger der artigen Frauenzimmer, zu uns nach Versailles; und als man ihn fragte, was ihn dahin getrieben hätte; so gab er zur Antwort: Ich habe eine Beschreibung vom Paradiese zu machen, und ich komme hieher, Nachrichten davon einzuholen. Der arme Mann! Wenn die Ausschweifungen der schädlichsten und niederträchtigsten Leidenschaften,

der

der Neid, der Haß, die Wuth und die Verzweifelung, wenn die unsinnigen und strafbaren Unternehmungen des Ehrgeizes ein Bild vom Paradiese an die Hand geben können; so kann er zu allen Zeiten hieher kommen, und eins holen.

Da ich mich alles dessen, was Sie angehe, annehme; so mache ich Ihnen wegen der bolognischen Sache mein Compliment. Das Parlement ist in Ansehung Ihrer einstimmig gewesen, welches beweiset, daß die Gerechtigkeit nicht blind ist. Ich bin es eben so wenig bey den Empfindungen der Hochachtung und Zärtlichkeit, die ich allzeit gegen Sie hegen werde.

38. Brief.
An die Gräfinn von Breze.
1748.

Ich habe allemal viel Feinde gehabt; jetzo habe ich welche unter den Andächtigen, und diese sind vielleicht die schlimmsten unter allen. Ein heiliger Mann von der Art, der wie ein Teufel aussieht, und vielleicht auch ein teuflisches Herz hat, stellte sich gestern an den Weg, den der König nahm, als er aus der Messe zurückkam. Er fiel auf die Knie nieder, und übergab dem Könige ein Bittschreiben, welches er, wie gewöhnlich, gnädig annahm, und sich in mein Zimmer begab, um es zu lesen. Der Schluß davon lautete also: Ich kündige Ew. Majestät von Seiten Gottes an, daß Sie die Frau von Pompadour

aufs

aufs eheste schlechterdings fortschicken sollen; sonst wird er seine rächende Hand über Ihr Königreich ausstrecken und Ihre Unterthanen wegen der Schwachheit ihres Regenten strafen. Diese Frechheit verdiente vielleicht den Tod, oder doch wenigstens ein immerwährendes Gefängniß. Aber der beste Prinz legte auch bey dieser Gelegenheit an den Tag, daß er es war. Er ließ diesen Gesandten des Himmels kommen, und that weiter nichts, als daß er zu ihm sagte: Mein Freund, gehet hin, lasset euch eine Ader schlagen, und euer Gehirn in die Ordnung bringen; denn ich sage euch von Seiten des gesunden Verstandes, daß ihr ein Narr seyd.

Ich für meine Person halte ihn für keinen Narren, sondern für einen gefährlichen Heuchler, der nicht von Gott, sondern von gewissen Leuten abgeschickt worden, die ich verachte, und vor welchen ich mich nicht fürchte. Da sehen Sie, Madame, was mir begegnet ist; was sagen Sie dazu?

Wissen Sie es, daß ich das Hotel von Evreux gekauft habe? denn ich muß doch wohl ein Haus in Paris haben; ich will es aber niederreissen und ein anderes, das mehr nach meinem Geschmacke ist, bauen lassen. Man hält sich allenthalben über die Thorheit zu bauen auf. Ich für meine Person billige diese vermeynte Thorheit gar sehr, welche so vielen armen Leuten Gelegenheit etwas zu verdienen giebt. Ich finde kein Vergnügen

E darin-

darinnen, das Geld in meinen Kästen anzusehen, sondern es unter die Leute zu bringen. Ich bin versichert, daß Sie eben so denken, wie ich. Lassen Sie uns uns allzeit lieben, und die Niederträchtigkeit und den Neid verachten.

Ich bin ꝛc. ꝛc.

39. Brief.
An Ebendieselbe.
1748.

Die Gouvernantinn des guten Lachaussée gefällt mir gar nicht; diese Comödie ist keine Comödie, weil man, anstatt zu lachen, weinen muß. Diese falsche Art zu weinen ist lächerlich, und wider die Wahrscheinlichkeit. Sie wird indessen Mode, weil es weit leichter ist, sich zu den grossen Empfindungen der Tragödie zu erheben, als auf eine angenehme Art zu scherzen. Das komische Genie ist mit dem Moliere gestorben.

Ein anderer Fehler der französischen Schaubühne bestehet darinnen, daß man auf derselben nur lauter grosse Herren siehet, gleich als ob alle Menschen Marquis wären. Ein Autor würde es sich für eine Schande halten, wenn er Bürger und Kaufleute auf das Theater stellte. Die Engländer lassen so gar Schuster auftreten, und in diesem Stücke haben sie meinen Beyfall. Die Comödie ist eine Abschilderung der Menschen, und ein Schuster ist ein Mensch, wie ein anderer.

Ein

Ein dritter Fehler bestehet darinnen, daß unsere Comödienschreiber nur lächerliche Dinge angreifen; man sollte vielmehr die Laster angreifen. Ein lächerlicher Mensch thut keinen Schaden, und giebt etwas zu lachen; aber ein lasterhafter Mensch schadet der Gesellschaft, und betrübet.

Indessen will ich dieses Stück mit ansehen, weil ich es versprochen habe; und ich will Sie unterwegs mitnehmen. Alsdenn wollen wir, wenn es Ihnen beliebt, hieher zurück kehren, wo wir dasjenige thun wollen, was die alten Franzosen Ludwigs XV. *médianoche* (ein Gastmahl um Mitternacht, bey einem Balle, oder andern Lustbarkeiten) nannten. Leben Sie wohl, meine Liebe, ich liebe Ihr gutes Herz und Ihren Verstand unausgesetzt.

40. Brief.
An die Herzoginn von Etrees.

Warum besuchen Sie mich nicht? Die Gegenwart einer guten Freundinn ist fast das einzige Vergnügen, das ich empfinde. Jedermann redet mit mir von Ihnen; jedermann siehet Sie; wie glücklich sind diese Personen! So viel ist aber gewiß, Madame, Sie werden niemand finden, der so liebet, wie ich liebe. Sie sagen, Sie liebten mich zärtlich, und ich bin davon versichert. Dieses macht, daß ich die Grösse und die Eitelkeiten des Hofes mit Geduld ertrage. Das Glück,

Glück, welches mich erhoben hat, kann mir den Rücken zukehren; aber ein Gut kann es mir nicht rauben, und dieses ist Ihre Freundschaft. Das ist der rechte Balsam des Lebens, und er ist besser, als der Balsam des Le Lievre. Ich höre ein Geräusche an meiner Thüre; warten Sie ein wenig, meine schöne Herzoginn, ich werde den Augenblick wieder bey Ihnen seyn.

Es war der alte Affe, der Generalcontroleur, welcher mir Geld brachte; ausser dem würde ich ihn gar sehr angefahren haben, daß er mich störe, wenn ich an Sie schreibe. Wie befindet sich der Herr Herzog? Er hat lange Weile, weil Friede ist; ich hoffe aber, er soll noch viele Jahre lange Weile haben, denn ich liebe den Krieg nicht. Leben Sie wohl; wenn werden Sie mich umarmen? ꝛc. ꝛc.

41. Brief.

An den Herzog von Nivernois.

1749.

Ich billige den Einfall, den der Cardinal von Tencin, in Ansehung des Herzogs von York, gehabt hat, eben so wenig, als Sie; und ich wundere mich gar sehr, daß dieser Prinz die Schwachheit gehabt, und darein gewilliget hat. Er war nicht gebohren, ein Priester zu seyn, sondern die Ansprüche seines Bruders auf den engländischen Thron zu behaupten, und, wenn dieser sterben sollte, ihm darauf nachzufolgen. Er ist

ist aber selbst todt, da er einen Cardinalshut angenommen hat; und dieses unglückliche Haus, das Frankreich so viel Blut und Geld gekostet hat, wird der Spott von Europa werden. Ich bin dem alten Tencin nicht gut, weil er so kurzsichtig ist; aber er, und alle Priester sind wie die Verschnittenen, welche wünschen, daß alle übrige Menschen ihnen gleich seyn möchten. Er sah nicht ein, wie viel die Ansprüche der Stuarte Frankreich im Falle eines Kriegs mit den Engländern nützten. Sie waren ein Popanz, der ihnen allemal ein Schrecken einjagte. Dem sey nun aber, wie ihm wolle, es ist nun einmal geschehen, und der König ist willens, Sr. neuen Eminenz die erste reiche einträgliche Abtey, die ledig werden wird, zu geben; hiervon können Sie sie versichern. Ich habe Mitleiden mit dieser unglücklichen Familie, die so viele Jahrhunderte hindurch ein Ball des Glücks gewesen ist. Frankreich, welches zu allen Zeiten ein Zufluchtsort unglücklicher Prinzen gewesen, wird diese nicht verlassen. Kann es sie nicht wieder auf den Thron ihrer Vorfahren setzen; so wird es ihnen doch wenigstens allemal die Mittel verschaffen, daß sie mit Ehren und auf eine ihrem Range anständige Art leben können.

Die Nonnen zu St. Cyr haben mich gebethen, ihnen den Leib eines verstorbenen Heiligen zu verschaffen, um ihn in eine neue Capelle, die sie gebauet haben, zu setzen. Wollen Sie wohl, mein Herr Herzog, dieses gute Werk über sich nehmen?

Der römische Hof ist mit dergleichen Geschenken nicht geizig, und er wird Ihnen ohne viele Mühe eins zugestehen. Aber sehen Sie sich ja wohl vor, daß Sie diesen guten Mädchen nicht einen Heiligen mit zween linken Füßen schicken, wie der H. Olive der Capuciner hat. Ich kann, indem ich dieses schreibe, mich des Lachens nicht enthalten; es ist eine artige Commißion für einen Gesandten und Philosophen.

Die französische Geistlichkeit wird immer unruhiger. Wenn sie Herr wäre; so würde sie die Dragonaden Ludwigs XIV. wiederholen. Aber dem Himmel sey es gedankt, unser allerchristlichster König ist weder andächtig, noch ein Verfolger. Er hat, wie er spricht, keine Macht und Gewalt über die Gewissen, und will auch keine haben. Der gute Prinz! Ich für meine Person verabscheue die intoleranten Priester; und wenn ich Regentinn wäre, so würde ich sonst niemand, als die Verfolger, verfolgen. Sie, mein Herr Herzog, denken, wie ich; und ich bitte Sie im Namen der Vernunft und der Menschlichkeit, dieser ihre Intriquen zu Rom bekannt zu machen, und die ersten Funken des heiligen Krieges, den sie so gern erregen möchten, auszulöschen.

Ich bitte Sie, mich der Prinzeßinn Pamphili auf das zärtlichste zu empfehlen; sie ist eine sehr hochachtungswürdige Dame, ob sie gleich eine Italiänerinn ist. Ich ersuche Sie, sich wohl

zu

zu befinden, und allemal diejenigen zu lieben, die Sie lieben.

Ich bin, ꝛc.

42. Brief.
An den Grafen von Friese.
1750.

Ganz Frankreich beweinet mit Ihnen den Verlust des grossen Mannes, der ihm so viel Ehre gemacht hat. Er war alt und schwach. Der Tod war eine Wohlthat für ihn; nur der Staat ist zu beklagen, daß er seinen Beschützer verlohren hat. Alle rechtschaffene Franzosen sind betrübt. Der König, welcher an dem Betrübnisse Theil nimmt, will Ihnen Merkmaale seiner Hochachtung gegen den Marschall von Sachsen geben, und ihn nach seinem Tode noch in seinem Neffen ehren. Er läßt Ihnen das Schloß Chambord nebst allem, was dazu gehöret, und eben die Privilegien, die Ihr verstorbener Oheim hatte. Was sein Leichenbegängniß anbetrift, so wird er es auf eine Art veranstalten lassen, die seiner und des Helden, den er bedauert, würdig ist. Er hätte ihm gern eine Stelle in dem Begräbnisse der Könige von Frankreich eingeräumt. Weil er aber als ein Lutheraner gestorben ist; so erlauben die Vorurtheile unserer Religion diesem guten Prinzen nicht, ihm diesen letzten Beweis seiner Dankbarkeit zu geben. Er wird

wird also nach seinem Verlangen in der St. Thomaskirche zu Strasburg beerdiget werden; und ich zweifle nicht, es wird bey der Ueberbringung des traurigen Ueberrestes dieses grossen Mannes das Volk unterwegs haufenweise zusammenlaufen, um seinem Andenken eben solche Thränen zu schenken, als für den Marschall von Turenne vergossen wurden.

Was mich anbetrift, mein Herr, so werde ich ihn allzeit in Ihnen ehren; und ich unterstehe mich es zu sagen, Sie werden ihm mit der Zeit gleich werden. Wenn sich eine Gelegenheit Ihnen zu dienen zeigt; so ersuche ich Sie, mir dieses Vergnügen vor andern zu gönnen.

Ich bin auf die aufrichtigste Art, 2c.

43. Brief.
An den Herrn de la Beaussiere.*)

Ich setze voraus, daß Sie sich noch zu Paris befinden. So bald Sie diesen Brief erhalten, so unterlassen Sie nicht, zweyhundert Louis an den hierbey angezeigten Ort zu bringen, und die Person, welcher Sie sie zustellen werden, meiner ganzen Hochachtung zu versichern. Die elenden Zeiten verhindern mich ein mehreres zu thun; ich hoffe aber ein andermal das Vergnügen zu haben, sie mir noch verbindlicher zu machen. Indessen will ich an eine Bedienung, die sich für Sie schickt, denken, 2c.

*) Ihr Intendant.

44. Brief.

44. Brief.
An die Herzoginn von Etrees.
1750.

Ich habe gestern den Herrn Grafen gesehen, der mir sowohl für Sie, als auch für sich Complimente machte. Er versicherte mich von Ihrem Wohlbefinden, welches das vornehmste ist; denn ich lebe in meinen Freunden.

Wir haben eine betrübte Nachricht erhalten. Der tapfere Moritz ist auf seinem Schlosse Chamborb gestorben; dieser Verlust ist ein allgemeines Unglück. Man sagt, als der verstorbene Marschall von Villars gehöret hätte, daß der Herzog von Berwick bey der Belagerung von Philippsburg wäre erschossen worden; so hätte er ausgerufen: dieser Mann ist allzeit glücklich gewesen! Der arme Sachse hat dieses angenehme Glück der Helden nicht gehabt; denn er ist in seinem Bette wie eine alte Frau, und so, wie der Herr von Catinat, gestorben, indem er nichts geglaubt, und vielleicht auch nichts gehoffet hat.

Ich habe Gelegenheit gehabt ihn oft zu sehen, und ich glaube, seinen Charakter recht gefaßt zu haben. Er war nur an der Spitze eines Kriegsheers groß; sonst hatte er überall die Schwachheiten gemeiner Seelen an sich, welches mich an den Ausspruch des Bruyere erinnert, welcher sagt, es wäre schwer in den Augen seines Kammerdieners ein Held zu seyn. Seine Aus-

schwelfungen haben ihn noch weit mehr, als das Alter, oder die Beschwerlichkeiten des Krieges, ums Leben gebracht; und er war in seinen Ergötzlichkeiten eben nicht delicat. In den beyden letzten Jahren seines Lebens war er ein herumschleichendes Gerippe, von welchem nur noch der Name übrig war. Indessen war er bey allen seinen Fehlern, die der Menschheit ankleben, ein grosser Mann, dem Frankreich vielleicht seine Erhaltung zu danken hat, und den es nicht zu sehr bedauern kann. Er wird nicht zu St. Denis beerdiget werden, weil die Priester sagen, er wäre ein Ketzer gewesen. Ich für meine Person liebe dergleichen Ketzer, und wünsche, daß uns Gott noch einen solchen schicken möge. Ich liebe Sie auch, meine Frau Herzoginn; ich sehe Sie aber nicht oft gnug.
Ich bin, ꝛc.

45. Brief.
An Ebendieselbe.

Ich fuhr gestern aus, Sie zu sehen, und man sagte mir, Sie wären in dem königlichen Pallaste. Ich eilte dahin, fand Sie aber nicht. Die Herzoginn war mit etwas beschäfftiget, das unsre artigen pariser Damen für höchstlächerlich halten würden. Rathen Sie einmal womit? Sie nähete Manschetten für ihren schönen Herzog. In dem Homer kömmt eine gewisse Prinzeßinn vor, die an den Brunnen geht, ihres Bruders Hemden zu waschen, und sie klagt darüber, daß
sie

sie gar zu schmutzig sind. Aber in diesen einfältigen Zeiten hatten die Prinzeßinnen Hände, wie die Bauermägdchen, welches heute zu Tage nicht mehr Mode ist. Die Herzoginn erwies mir viel Höflichkeit, und wir redeten von Ihnen, wie Sie es verdienen, daß man von Ihnen redet. Ich sah mit einer gewissen Eitelkeit, daß sie Sie eben so hoch schätzet, als ich, und ich schätze sie deswegen desto höher.

Ich habe die elende Rapsodie von dem Marschalle von Sachsen gesehen. Wenn er noch lebte; so würde er sich schämen, daß man ihn auf eine so schlechte und lächerliche Art lobet. Ich für meine Person halte dafür, es können nur solche Personen, welche im Stande sind, in die Fußstapfen grosser Männer zu treten, sie gehörig loben, und ich halte das Lob eines Narren für eine Beschimpfung.

Um aber wieder auf den armen Sachsen zu kommen; so hatte er bisweilen ganz sonderbare Begriffe. Ich fragte ihn einsmals, warum er sich niemals verheyrathet hätte? Worauf er mir zur Antwort gab: *Madame, bey der gegenwärtigen Beschaffenheit der Welt giebt es wenig Menschen, von welchen ich Vater, und wenig Frauenzimmer, deren Mann ich seyn möchte.* Diese Antwort war nicht artig, sie scheinet aber doch nicht ganz ungegründet zu seyn. Er sagte auch, eine Frau wäre kein Hausrath, der sich für einen Soldaten schickte. Dem ungeachtet unterhielt er Mädchen, die ihn endlich um ums Leben gebracht haben; und es ist eine Comödiantinn *), die ihm den letzten Stoß gegeben hat. Nun machen Sie hieraus einmal den Schluß, was für Gesellschaft er gehabt hat.

Künftigen Sonnabend wird hier Mahomed auf der Schaubühne vorgestellet werden. Sehen Sie dieses Stück mit an, und lernen Sie nebst mir den Aberglauben verabscheuen, und Voltairen bewundern. Wir haben tausend Versmacher, aber nur einen Dichter. Er machte gestern früh seine Aufwartung bey mir. Wenn er mir aber als einer Königinn begegnet; so empfange ich ihn auch noch besser als ein König; denn man muß die großen Talente ehren. Wenn er, wie man sagt, keinen Gott glaubt; so ist es desto schlimmer für ihn. Indessen hindert dieses nicht, daß er nicht ein großer Mann ist. Es ist Schade, daß er alt wird.

Sagen Sie doch dem Herrn Herzog, daß ich böse auf ihn bin, weil er mich bey seinem Hierseyn nicht besucht hat. Man möchte sagen, die schätzbaren Mannspersonen flöhen mich, um mich einem Haufen Thiere in menschlicher Gestalt zu überlassen, die mir verdrießlich fallen, und welche ich verachte. Wenn er es bereuet, und seinen Fehler ehstens wieder gut macht; so kann es vielleicht geschehen, daß ich ihm vergebe. Leben Sie wohl, meine liebe Herzoginn, und seyn Sie immer

*) Madame Favart.

immer fröhlich, wenn Sie immer schön bleiben wollen. Die Traurigkeit macht häßlich ꝛc.

46. Brief.
An die Frau de la Popeliniere.

Ich hätte es nicht gedacht, Madame, daß wir einander jemals etwas würden zu sagen haben. Sie haben einen hitzigen Brief an mich geschrieben, und ich will Ihnen ganz gelassen darauf antworten. Ich weis, daß Sie sich seit einiger Zeit an der Spitze schöner Frauenzimmer befinden, die Anschläge auf des Königs Herz haben. Sie folgen ihm überall auf dem Fuße nach. Er trifft Sie immer wo im Hinterhalte an, um ihn zu überraschen, worüber wir lachen. Ich bitte um Vergebung, Madame; man sollte die Thorheit vielmehr beklagen, als darüber lachen. Sie thun itzt noch mehr; Sie beleidigen mich durch einen Brief, in welchem man sowohl den Verstand, als die Billigkeit vermisset, gleich als ob ich das einzige Hinderniß wäre, das Ihrem Ehrgeize im Wege stehet. Es ist ein Unglück für mich, Madame, daß ich Ihr ganzes Verdienst nicht kenne. Und ob Sie gleich alles gethan haben, was Sie nur haben thun können, um es dem allerchristlichsten Könige bekannt zu machen; so weis er doch nichts mehr davon, als ich.

Sie sind die Frau eines reichen und schätzbaren Mannes; suchen Sie nur allein ihm zu gefallen. Wenn Sie aber dem Prinzen mit aller Gewalt gefallen wollen; so arbeiten Sie ruhig an diesem schönen Projecte, ohne sich gegen mich zu entrüsten, die ich weder die Ehre habe, Sie zu kennen, noch Sie hochzuschätzen. Dieses ist das erstemal, daß ich mir die Freyheit nehme, an Sie zu schreiben; es wird aber auch das letzteinal seyn. Das Mitleiden hat mir diesen Brief eingegeben. Und wenn die Thorheit eines Frauenzimmers kein unheilbares Uebel ist; so wünsche ich, daß er eine gute Wirkung hervorbringen möge.

Ich bin, ꝛc.

47. Brief.
An den Herrn Campbel.

Das Andenken des Prinzen Eduard, und die Höflichkeiten, die Sie mir erweisen, sind mir überaus angenehm; ich befürchte aber, die Sache, womit er umgehet, möchte sehr vielen Schwierigkeiten ausgesetzt seyn. Ich werde indessen mein möglichstes thun, ihm zu dienen, sowohl aus Hochachtung gegen ihn, als gegen sein Durchlauchtiges Haus. Der König, der ihn nicht anders, als gezwungen und mit seufzen, entfernet hat, wird sein Interesse niemals aus den Augen lassen; davon können Sie ihn versichern. Seine Vermählung mit der Prinzeßinn von Modena würde eine kleine Vergeltung für seine Ansprüche seyn, und ihm ein Etablissement verschaffen;

fen; man wird hier alles thun, damit er seinen Zweck erreichen möge. Er hat für uns so viel gethan, daß wir verbunden sind, aus Erkenntlichkeit für ihn etwas zu thun. Es giebt Leute, und sogar Franzosen, welche sagen, es wäre dem Könige niemals ein Ernst gewesen, ihn wieder auf den Thron seiner Vorfahren zu setzen, und er habe ihn nur nach Schottland geschickt, damit er den Engländern eine Furcht und ein Schrecken einjagen möchte. Ich weis von guter Hand, daß diese Leute lügen. Frankreich hat ihn nicht so, als es gern gewollt hätte, unterstützen können. Die Feinde waren Herren zur See, und man hat die Truppen niemals nach Großbritannien bringen können, welche bestimmt waren, seine und seiner Freunde Sache zu unterstützen. Bey einem neuen Kriege (denn die beyden Nationen, die einander hassen, werden nicht lange Friede halten können;) bey einem neuen Kriege, sage ich, wird sich vielleicht eine günstigere Gelegenheit zeigen. Indessen ist der König, der den Prinz Eduard liebet, und ihn beklagt, entschlossen, ihm aus allen Kräften zu dienen.

Ist es denn an dem, daß er nicht weit von Frankfurt von verkleideten Räubern angefallen worden; daß er einen davon getödtet, und zween andere gefährlich verwundet hat? Seine Tapferkeit ist bekannt; er ist aber zu bedauern, daß er sich genöthiget gesehen, sie gegen nichtswürdige Mörder an den Tag zu legen. Waren diese Bösewichter etwan Engländer?

Ich

Ich bitte Sie, mein Herr, ihm meinen Respect zu bezeigen, und meine Dienste anzubiethen. Seine Sache ist die Sache der Könige. Und wenn ich nach meinem wenigen Vermögen etwas beytragen könnte, daß er obsiegte; so würde ich diese Handlung gewiß als die schönste meines Lebens ansehen.

Ich bin, ꝛc.

48. Brief.
An den Herrn von Puisieux, Staatsminister.

1750.

Ich wundere mich über die Chicanen der Spanier. Hat etwan Frankreich nicht gnug für sie gethan? Ludwig XIV. befand sich, nach einer funfzigjährigen rühmlichen Regierung, in der größten Gefahr, weil er nicht abließ, den König zu unterstützen, den der letzte Prinz aus dem österreichischen Hause zu seinem Nachfolger erwählet hatte, und die Zergliederung ihrer Monarchie zu verhindern. Ludwig XV. hat einen langen und blutigen Krieg geführt, der sonst niemanden, als dem Don Philipp etwas geholfen, weil man ihm dadurch ein ansehnliches Etablissement in Italien verschaft hat. So viele den Spaniern auf Frankreichs Kosten geleistete Dienste scheinen einiger Erkenntlichkeit werth zu seyn. Indessen verweigern sie uns, wie allen andern Nationen, das

Ein-

Einlaufen in ihre americanische Häven, ohne den geringsten Unterschied unter Freunden und Feinden zu machen. Man kann so gar sagen, daß die Engländer wegen des vortheilhaften und wichtigen Aßientotractats grosse Vorzüge vor uns haben.

Ludwigs XIV. Ehrgeitz und Eitelkeit sind befriediget worden; er hat die spanische Krone seinem Hause noch vor seinem Tode versichert. Aber nur gar zu oft ist der Ehrgeitz und die Eitelkeit der Printzen ein Unglück für die Unterthanen, wie solches durch diese Art einer Vereinigung der beyden Monarchien geschehen ist. Bis dahin hatte Frankreich mit Spanien fast immer Krieg geführt, und es dergestalt erschöpft, daß sich Carl II. genöthiget sah, falsche Müntze schlagen zu lassen; unsere Corsaren nahmen seine Galionen weg, und unsere Colonien erhielten sich auf Kosten der seinigen. Seit dem es aber einen König aus dem bourbonischen Hause bekommen, hat sich alles geändert. Da es von einem fürchterlichen Feinde befreyet worden; vermehret es seine Macht täglich, und wird, wegen der genauen Verbindung der beyden Kronen, bald wieder in seinem alten Glantze erscheinen. Wir schlagen und erschöpfen uns für dasselbe.

Dieses sind, mein Herr, einige von den Instructionen, welche unserem Gesandten zu Madrid zu überschicken vielleicht nicht undienlich seyn würde, um sich derselben bey seiner gegenwärtigen Unterhandlung statt eines Leitfadens zu bedienen, wenn Sie es für gut befinden. Das Verlangen, dem Könige, seitdem ich hier bin, nützlich zu seyn, und zu gefallen, überwiegt meine natürliche Neigung; denn ich liebe die Politik nicht, und überdieses schickt sich dieses Studium auch für mein Geschlecht nicht. Indessen muß ich mich, so zu sagen, wider meinen Willen darein mischen; denn sonst würde ich, meine Herren, wenn ich unter Ihnen wäre, die Sprache des Landes nicht verstehen.

Seyn Sie doch so gut, und schicken Sie Ihren Courier zu mir, ehe Sie ihn abgehen lassen; ich habe ihm ein Paquet Complimente an einige Dons und Donnas mitzugeben.

49. Brief.
An die Gräfinn von Noailles.

Ich beklage und bewundere die Herzhaftigkeit der armen kleinen Vaubonne, die sich selbst mit Gifte vergeben hat, damit sie sich nicht genöthiget sehen möchte, bey einem Manne zu schlafen, den sie nicht liebte. Dieses arme Mädchen ist also dem niederträchtigen Geize ihrer Aeltern aufgeopfert worden! Was für eine Grausamkeit war es nicht, sie zu zwingen, einen alten Affen von sechzig Jahren, mit einem gläsernen Auge und einem hölzernen Beine zu heyrathen! Das hieß die Marter des Mecenz wieder einführen, welcher die Lebendigen an die Todten band. Man sagt, als-

als sie in die Kammer, wo das Brautbette gestanden wäre geführet worden, hätte sie sich, indem das Ungeheuer sich ausgekleidet, in ein daran stossendes Cabinet begeben, und daselbst einen Gifttrunk zu sich genommen, der sie in einer Viertelstunde ums Leben gebracht hätte. Ich billige den Selbstmord gar nicht, hoffe aber doch, Gott werde ihr Gnade haben wiederfahren lassen; ihre Familie ist an dieser bösen That mehr Schuld, als sie.

Ich sah gestern die venetianische Gesandtinn, die Sie liebet und sehr lobet. Ich schätze sie deswegen desto höher; denn man muß Verdienste besitzen, wenn man sie an andern wahrnehmen will. Man hat die Schwangerschaft der Dauphine bekannt gemacht, worüber sich jedermann freuet. Freuen Sie sich auch, und lieben Sie mich, ꝛc.

50. Brief.
An dieselbe.

Es hat sich diese Nacht eine seltsame Sache zugetragen, die viel Verwirrung verursachet hat, und sonderbar ist. Ich will sie Ihnen erzählen. Eine gewisse Mannsperson hat sich, ich weis nicht wie, in der Prinzeßinn ihr Zimmer hineingeschlichen, und, indem sie im Bette lag und schlief, sich auf dasselbe geworfen, und sie umarmet. Die Prinzeßinn, welche sogleich erwachte, und sich loszureissen suchte, fieng überlaut an zu schreyen.

schreyen. Man lief hinzu. Sie war zum Bette herausgefallen, dieser Mensch aber, der sie umarmet hatte, wollte sie nicht fahren lassen. Man hat ihn ins Gefängniß geführet, um ihn wegen seiner Verwegenheit zu bestrafen. Nach einigen Untersuchungen aber hat man gefunden, daß es ein Nachtwanderer war, der ein kleines Amt bey Hofe bekleidet, und alle Nächte im Schlafe herumläuft, wenn man ihn nicht sorgfältig einschließt. Man hat ihn also wieder herausgelassen, und es lacht ein jeder über diese Begebenheit, nur die Prinzeßinn nicht, die ein wenig beschämt zu seyn scheinet.

Das allerneueste ist dieses. Ihr Maïran hat dem Könige sein Buch überreicht, der es wohl aufgenommen hat. O mein Gott, wie thierisch sieht er aus; und dennoch sagt ein jeder, daß er ein großer Mann ist. Uebrigens haben alle solche Meßkünstler eine närrische Mine. Man hat mir von diesem Manne eine kleine Anecdote erzählt, worüber ich gar sehr gelacht habe. Es war in seinem Hause von ungefähr Feuer ausgekommen, welches das andere Stockwerk ergreifen wollte, allwo er an seinen Zirkeln und Triangeln ganz ruhig arbeitete. Man sagte ihm, er sollte sich unverzüglich zu retten suchen, wenn er nicht das Vergnügen haben wollte, lebendig zu verbrennen, und in diesem dringenden Falle seine Befehle ertheilen. Redet mit meiner Frau, sagte er, ich menge mich in diese Sache nicht; worauf er sich wieder über seine vorige Arbeit machte. Man
hat

hat ihn mit Gewalt aus seiner Stube herausreiſſen, und zum Hauſe hinaus führen müſſen. Was für Thiere!

Ich werde in die Meſſe gehen, und Gott für die arme Muhme bitten. Sie iſt alſo immer ſo krank? wenn ſie ſterben ſollte; ſo würde ich alle rechtſchaffene Leute, die ſie lieben, beklagen. Leben Sie wohl; lieben Sie mich immer mehr, und ſagen Sie mir es zum öftern, ꝛc.

51. Brief.

An die Herzoginn von Etrees.

Der Narr, der Baville, iſt aus der finſtern Inſel wiedergekommen, und redet auf eine ganz entzückende Art von den Engländerinnen. Die Philoſophen dieſes Landes, ſpricht er, haben die Welt erleuchtet, und die Frauenzimmer verſchönern ſie. Aber, ſagte der König zu ihm, man giebt vor, die Engländerinnen wären ſehr blaß. Ach! Sire, antwortete dieſes Original, das iſt die Farbe der Zärtlichkeit und der Wolluſt; und wenn ich nicht älter, als dreyßig Jahre wäre; ſo würde ich mich vor dieſen blaſſen Backen weit mehr fürchten, als vor unſern rothen Geſichtern zu Paris. Wenn das Paradies des Mahomeds exiſtirt; ſo ſind es gewiß Engländerinnen, welche die Heiligen glücklich machen.

Darüber aber verwundert sich Bavilke, daß die Engländer keine guten galanten Verse haben; denn, spricht er, die schönen Frauenzimmer sollten schöne Gedanken einflößen. Er ist Willens, nach zwanzig Jahren eine zweyte Reise nach England zu thun, um zu sehen, ob die Töchter ihren Müttern ähnlich sehen. Er belustiget uns alle Tage mit seinen Narrheiten; mit einem Worte, er ist eben so bezaubert, als ob er aus dem Pallaste der Armide käme. Er spricht bey seiner Ankunft zu London hätte ihn das düstere und verdrüßliche Wesen der Mannspersonen beynahe schwermüthig gemacht; aber die Schönheit, der Verstand und die Annehmlichkeiten der Frauenzimmer hätten seine Schwermuth gar bald vertrieben. Bey allen seinen Lobeserhebungen gestehet er aber doch, daß diese liebenswürdigen Frauenzimmer einen großen Fehler an sich haben; welcher darinnen bestehet, daß sie unsre Moden gar zu sehr lieben. So lange die Engländerinnen, spricht er, nur Engländerinnen sind, werden sie ein göttliches Geschlecht seyn; so bald sie aber werden Französinnen seyn wollen, werden die Französinnen den Vorzug vor ihnen haben.

Bey dem allen halte ich dafür, daß er nicht ganz unrecht hat, wenn er die Frauenzimmer dieses Landes lobet. Ich habe welche gesehen, die schön und reizend waren, aber wenig angenehme Mannspersonen. Indessen hat dieser Bavilke Sie nicht vergessen. Er erinnert sich, daß er zu Paris ein kleines Gesicht einer Göttinn zurück gelassen

laſſen hat, welche er bald anzubethen Willens iſt.
Gott ſey ſein Geleitsmann! er fängt an mir verdrießlich zu werden. Ich bin auch Willens, Sie eheſter Tage zu überraſcheln; warten Sie aber nicht auf mich. Leben Sie wohl meine Liebe; ich liebe Sie zärtlich.

52. Brief.
An den Marquis von Saint Conteſt.
1750.

Durch die Entfernung des Herrn von Puiſieur iſt das Departement der auswärtigen Geſchäfte ledig geworden. Er war ein guter Miniſter; der König will aber einen noch beſſern haben, und Sie ſind derjenige, den er dazu ernennet hat. Sie haben den Frieden geſchloſſen; ſuchen Sie ihn nun auch zu erhalten, welches noch ſchwerer iſt. Die Holländer werden Sie betauern, weil ſie Sie hochſchätzen; ich halte aber nicht dafür, daß Sie die Holländer betauern werden. Der Marſchall von Bellt-Isle ſpricht, die holländiſche Geſandſchaft wäre die ſchwereſte und unangenehmſte unter allen. An den andern Höfen hat man mit Prinzen zu thun, die edel denken; aber bey dieſen Kaufleuten, welche zu Japan das Crucifix mit Füßen treten *), um Geld zu verdienen, werden die Unterhandlungen wie eine Handlungsſache getrieben, und ſie handeln mit den Königen,

F 4   wie

*) Eine Verläumdung.

wie mit Ihren Correspondenten, indem sie immer darauf denken, wie sie etwas gewinnen wollen. Verlassen Sie also, mein Herr, diese frostigen Bataver, und kommen Sie, Ihrem Vaterlande durch Talente und Einsichten, die der König belohnen will, Ehre zu machen. Ich bin für meine Person gar vielfach in Ihrer Schuld, die er für mich abtragen wird, ꝛc.

53. Brief.
An den Grafen von Albemarle.
1750.

Mylord, ich habe gehöret, daß Sie vorgestern, in einer großen Gesellschaft, und am Ende eines großen Soupees, auf meine Rechnung Reden geführet haben, die weder wahr sind, noch sich zu der Würde eines Bothschafters schicken. Alle Welt weis, daß Sie ein Mann sind, der das Vergnügen liebet; ich wußte aber nicht, daß Sie im Stande wären, sich auch daraus ein Vergnügen zu machen, ein abwesendes Frauenzimmer, das Sie weder hasset, noch hochschätzet, durchzuhecheln. Wenn Sie ein Unterthan des Königs wären; so würde ich mich an Ihnen rächen, indem ich Sie ingeheim verachtete. Da Sie aber der Bothschafter einer ansehnlichen Nation sind; so erlauben Sie, daß ich aus Achtung gegen jene, und nicht gegen Sie, Ihnen hier Ihr ungerechtes Verfahren zu erkennen gebe.

Ihr

Ihr Memoire und Ihre Klagen wegen der Wiederherstellung der französischen Marine sind in dem königlichen Rathe gelesen worden, und man hat sie äußerst lächerlich befunden. Es ist eben so, als wenn Sie es übel nähmen, daß ein Mensch, der das Fieber hat, die Quinquina einnimmt. Der Minister hat mir dieses schöne Memoire gezeiget, und ich habe ihm meine Meynung davon auf eine allegorische Art durch folgende Fabel zu erkennen gegeben:

„Nachdem die Thiere mit einander Friede ge-
„macht hatten, sagte der Wolf zu dem Igel, war-
„um legest du deine Stacheln nicht ab? Ich will
„sie ablegen, gab dieser zur Antwort, wenn du die
„zuvörderst deine Zähne ausreissest.„

Das ist es alles, Mylord, was ich gesagt habe, und was ich habe sagen müssen, als ich bin befragt worden. Die Fabel hat Ihnen mißfallen, und um sich zu rächen, haben Sie mich verunglimpfet. Ein solches Verfahren ist weder großmüthig, noch wohlanständig, besonders von Seiten eines Fremden, der mich gar nicht kennet, und den auch ich nicht mag kennen lernen. Ich zweifle gar sehr, daß der König, Ihr Herr, Sie deswegen hieher geschickt hat. Ich schätze Ihre Nation hoch, und deswegen wünsche ich, daß derjenige, der sie hier vorstellet, ein Mann seyn möchte, der die Wahrheit und den Wohlstand liebet, und daß die Tafel, die sein Vergnügen ausmacht, nicht ein Sammelplatz unanständiger Satyren seyn möchte.

Halten Sie mir, Mylord, die Freyheit, die
ich mir nehme, zu gute. Wenn Sie fortfahren
übel von mir zu reden; so werde ich mich darüber
nicht wundern, ich werde mich aber nicht mehr
darüber beklagen.

Ich bin, ꝛc.

54. Brief.
An den Marquis von Saint Contest,
Staatsminister.

Ich bin mit dem, was man in Ansehung des
Walbure gethan hat, gar nicht zufrieden;
man hätte ihn aufmuntern, aber nicht abeln sollen. Es ist also ein geschickter Handelsmann in
einen kleinen Edelmann verwandelt worden. Aller der schönen Ursachen, die man anführt, die
Kaufleute zu abeln, ungeachtet, halte ich nicht
dafür, daß es in einer unumschränkten Monarchie
wohlgethan ist. Ein Kaufmann sollte sich durch
seine Redlichkeit, und die Dienste, die er dem
Staate leistet, ehrwürdig machen, ohne vermittelst unnützer Adelbriefe nach Vorzügen zu trachten, die ihn nur lächerlich machen. Sie kennen
den berühmten Bernhard; er hat sogar den Titel
eines Grafen erhalten, aber niemand hat ihm denselben gegeben. In einem monarchischen Staate
giebt es zween Orden, die wesentlich von einander
unterschieden sind, der edle und der unedle. Die
Verrichtungen des ersten sind, ihn zu vertheidigen;

gen; und die Verrichtungen des andern, ihn zu
ernähren und zu bereichern, ohne jemals nach unnützen Ehren zu streben, die für sie nicht gemacht
und bestimmt sind. Ich habe dem Könige niemals zugeredet, und werde ihm auch niemals zu-
reden, jemanden zu adeln; ich werde aber nicht
allemal gefragt.

Diese Sache der Eitelkeit und des Stolzes,
die an und für sich nichts ist, kann wegen ihrer
Folgen gefährlich werden; weil man itzo geneigt
zu seyn scheinet, alle diejenigen zu adeln, die sich
im Handel hervorthun; welches nothwendig in
allen Ständen des Staats eine Verwirrung an-
richten, und vielleicht eine Revolution in der Regierung nach sich ziehen wird. In einer Monarchie giebt der König seinem ersten Minister einen
Stoß mit dem Fuße, dieser giebt ihn den vornehmen Kronbedienten, welche ihn hernach wieder denen, die unter ihnen stehen, geben. Es
ist ein beständiger Widerstand unter den verschiedenen Ständen der Nation, der endlich bey den
geringsten Unterthanen aufhöret. In den Republiken ist es ganz anders; der Unterste kann der
Oberste werden; und deswegen ist immer eine Art
von Gleichheit unter allen Gliedern der Gesellschaft. Sie sind alle Bürger; es ist, vermöge
der gemachten Einrichtung, kein beständig fort-
dauernder Unterschied unter ihnen; sie sind alle
Edle und Gesetzgeber. Wenn man in Frankreich
die Orden des Staats mit einander vermengen
wird; wenn ein Kaufmann ein Edelmann werden

und

und seinen Handel fortsetzen kann; so werden alle Unterscheidungszeichen abgeschafft, und die Monarchie nach und nach in eine Republik verwandelt werden. Das ist es, was man befürchten muß, und was ich befürchte. Fahren Sie fort, mein Herr, dem Könige gut zu dienen, und ihm Licht zu geben. Er ist ein guter Prinz, aber bisweilen gar zu leicht zu etwas zu bereden; immer bereit Gutes zu thun, aber gar zu geneigt, Rathschläge anzuhören, die ihm gut zu seyn scheinen, deren üble Folgen er aber nicht vorhersieht. Ich für meine Person will Sie in allem unterstützen, was mir vernünftig, und der Natur der französischen Regierungsform angemessen zu seyn scheinen wird. Wenn ich mich irre; so wird man es mir nicht als einen Fehler anrechnen können. Ein jeder Unparteyischer wird mir Irrthümer vergeben, die ich nicht mit Wissen und Willen begehe. Mein zärtliches Compliment an die Frau Marquisinn; es würde mir angenehm seyn, sie zu sehen und zu sprechen; umarmen Sie sie an meiner statt.

55. Brief.
An den Herrn von Paulmi,
Staatsminister.

1750.

Ich bin gar sehr erfreut, mein Herr, daß der König an Sie gedacht hat. Er hat Sie zum Minister berufen, weil er glaubt, daß Sie

gar

gar wohl im Stande sind, ihm zu dienen. Ich glaube es auch; und habe mich gehütet, der Wahrheit zu nahe zu treten, wenn ich etwas wider Sie sagte. Wenn Sie die Pflichten des beschwerlichen Amtes, mit welchem er Sie beehret hat, mit einer Genauigkeit beobachten werden, die mit Ihren Talenten übereinstimmet; so wird er zufrieden seyn. Dieses ist der ganze Dank, den ich von Ihnen verlange. Ihre Vorgänger haben in Ihrem Departement sehr viel Verwirrung angerichtet; man hoffet, daß Sie die Fehler verbessern werden.

Die Frau von Paulmi ist in Ceremonie hieher gekommen, sich bey mir zu bedanken; ich liebe dergleichen Complimente nicht. Ich werde mich allzeit bestreben, dem Verdienste gefällig zu seyn; und wer sich dessen, was ich für ihn thue, würdig macht, ist nicht undankbar. Warum dankt man mir, wenn ich gethan habe, was meine Pflicht und Schuldigkeit gewesen ist?

Ich bitte Sie, künftigen Sonnabend zu mir zu kommen, ehe Sie sich in den geheimen Rath begeben. Es soll in demselben von einer wichtigen Sache gesprochen werden, der ich mich gar sehr annehme; aber ich fürchte mich vor den frostigen Köpfen unserer Minister, welche bey aller ihrer Klugheit oftmals unvernünftig sind. Als der Präsident von Breze einsmals Ludwig XI. zu Pferde erblickte; so sagte er: Dieses Pferd trägt den König und seinen ganzen Rath; weil die-

ter Prinz niemanden um Rath fragte, und er hat
sich bisweilen sehr gut daben befunden. Es ist in
allen Versammlungen gewöhnlich, die mehresten
Stimmen gelten zu lassen; es würde vielmal besser seyn, wenn man die wenigsten gelten ließe,
und ich zweifele nicht, daß Sie meiner Meynung
sind. Leben Sie wohl, mein Herr, wenn Ihnen das, was Sie meine Gewogenheit nennen,
nützlich seyn kann, so bitte ich Sie, sich allzeit an
mich zu wenden; Sie werden mich verbindlich
machen, ꝛc.

56. Brief.
An die Gräfinn von Breße.

Ich habe Sie seit acht Tagen, ich möchte bald
sagen in hundert Jahren nicht gesehen, meine schöne Gräfinn; Sie sind sehr grausam. Glauben Sie denn also, daß ich so lange leben kann,
ohne die Personen, die ich liebe, zu sehen? Ich
bin jung, ich bin schön, wie man mich versichert;
jeder bethet mich an, oder wenigstens stellt man
sich so, und doch bin ich verdrießlich. Ich habe
eine geheime Melancholie, welche nichts zerstreuen kann, ausgenommen die Personen, die
ich liebe. Welch schreckliches Leeres ist nicht in
der Größe und in den Ergötzlichkeiten des Hofes,
welche die Unwissenden wünschen, ohne sie zu kennen? Ich glaube gewiß, daß ich eine Philoso-
phinn werde, und daß, nachdem ich die Eitelkeiten der Welt recht habe kennen lernen, ich sie verachten

achtet werde. Kommen Sie geschwind mich zu umarmen und zu trösten.

Der Cardinal von Rohan ist also todt, der ehrgeizige Priester, der Ludwig XIV, indem er ihn mit Gewissensbissen, die er selbst nicht empfand, marterte, ums Leben gebracht, und ihn als einen Verfolger hat sterben lassen. Ich liebe die Religion aufrichtig; es kömmt mir aber schwer an, ihre Diener zu lieben, besonders seit dem ich sie kenne.

Ich habe Ihre Demoiselle de la Loubere gesehen; sie ist artig und liebenswürdig. Ich werde aus Liebe zu Ihnen für sie sorgen, wenn sie es werth ist. Leben Sie wohl, ich küsse Ihr schönes Gesicht; ermangeln Sie nicht, sie diese Woche einmal mit hieher zu bringen. ꝛc.

57. Brief.

An den Marquis von Beaussiere.*)

1750.

Warum habe ich Sie, mein Bruder, seit vierzehen Tagen nicht gesehen? Indem Sie sich vielleicht mit Ihren Ergötzlichkeiten beschäftigen, beschäftige ich mich mit Ihrem Interesse. Kommen Sie unverzüglich, sich bey dem Könige zu bedanken, der Sie zum Aufseher über seine Gebäude ernennet hat. Diese Stelle ist wie die Stelle des Petrons: Sie sollen sagen, was schön und

*) Hernach Marquis von Marigni.

und nicht schön ist, und die schönen Künste aufmuntern. Sie werden sie aber zu dem Ende studieren müssen, ohne den kleinen Schmeichlern zu glauben, welche Leute, die in vornehmen Bedienungen stehen, beständig überlaufen, und sie wegen der guten Eigenschaften, die sie nicht besitzen, auf eine unverschämte Art loben. Voltaire sagt dieses sehr schön:

>*Que son merite est extrême!*
>*Que de graces, que des grandeur;*
>*Ah! combien Monseigneur*
>*Dois etre content de lui-même!*

Um Ihrer und meiner Ehre willen, seyn Sie kein solcher *Monseigneur*; ich hoffe, Sie werden sich der Wohlthaten des Königs würdig machen.

Ich überschicke Ihnen etwas für meine kleine Alexandrine; kommen Sie nicht hierher, ohne sie zu sehen und statt meiner zu umarmen. Geben Sie ihrer Gouvernantinn funfzig Louis. Ich liebe diese Frau, und bin mit ihren Bemühungen sehr wohl zufrieden. Ich werde gewiß etwas für sie thun; denn man muß gerecht seyn, und die Verdienste belohnen. Leben Sie wohl, mein lieber Bruder; ich erwarte Sie und umarme Sie.

158. Brief.

58. Brief.

An den Herzog von Mirepoix.
1751.

Ihre Depeschen, mein Herr Herzog, sind weit wichtiger gewesen, als Sie es sich einbildeten; und wir befürchten, die Chicanen wegen der Gränzen von Canada werden am Ende einen Bruch nach sich ziehen. Ihr König Georg ist ein Deutscher, er suchet sich mit uns nach der Art seines Landes zu zanken. Die Engländer, die man für schlechte Politiker hält, haben doch die Geschicklichkeit gehabt, diesen Punkt in dem Achner Frieden unentschieden zu lassen, und die Beylegung desselben Commissarien zu übergeben; folglich ist dieser berühmte Friede, der die Ruhe von Europa auf lange Zeit zu versichern schien, eigentlich weiter nichts als ein Waffenstillstand, binnen welchem sie Zeit haben sich zu erholen, und zu einem neuen Kriege vorzubereiten. Der Herr von Montesquieu spricht, die Engländer verstünden von der Unterhandlungskunst nichts. Ich weis nicht, was er von dem politischen Streiche, den sie gemacht haben, sagt; aber das Versehen unserer Bevollmächtigten ist nicht zu verzeihen. Die Falle war sichtbar; und doch sind sie wie Kinder hineingegangen. Uebrigens muß man an sich halten können, und sich stellen, als ob man sich nicht fürchte. Ist es möglich, daß ein Engländer vor dem ganzen Parlemente gesagt hat, man sollte ohne Großbritanniens Erlaubniß keinen Canonenschuß

nenschuß auf dem Meere thun können? Dieser Ausdruck ist lächerlich und unverschämt; er zeiget aber die Gesinnung der Nation an, die ihre besondere Gerechtigkeit, wie ihre besondere Religion hat. Ich habe, ich weis nicht wo, gelesen, die Athenienser hätten einen Schwur gethan, alle Oerter, wo Weinstöcke oder Feigenbäume wüchsen, als ein Eigenthum ihrer Republik anzusehen. Die Engländer haben diesen Schwur nicht gethan, sie richten sich aber in ihrem Verhalten darnach.

Mylord Albemarle bringet seine Zeit hier sehr angenehm zu. Der König von England, der ihn, ich weis nicht, warum liebet, schickt ihm seine lection ganz fertig zu, und er wiederholet sie, wie ein Schüler, bey dem Minister der auswärtigen Geschäfte. Dieser arme Bothschafter würde niemals ein Marquis von Bedmar geworden seyn, und dieser schickt sich am besten für uns. Was Sie, mein Herr Herzog, betrifft; so hoffet man, Sie werden Ihrer Nation durch Ihre Wachsamkeit und Talente Ehre machen. Itzo müssen Sie besonders die hundert Augen des Argus haben, um alles zu sehen, und zu beobachten. Albemarle beschäftiget sich hier mit Trinken. Beschäftigen Sie sich damit, daß Sie Ihrem Könige und Ihrem Vaterlande eifrig dienen. Leben Sie wohl, mein Herr Abgesandter; lieben Sie allzeit Ihre Freunde, und verlassen Sie sich auf sie.

59. Brief.

59. Brief.
An den Marquis von St. Contest.
1751.

Ihr Brief setzet mich in Erstaunen, mein Herr. Die Unbesonnenheit des Herrn von Beuvron, die einem Kinde nicht würde zu vergeben seyn, ist einem Abgesandten noch weit weniger zu vergeben. Man hat mir die besondern Umstände dieser wunderlichen Begebenheit weitläuftig erzählet. An einem solchen Gallatage tanzet man, nach der Gewohnheit der Deutschen, sehr viel. Die Prinzeßinn, welche sich bey dieser Gelegenheit, die der Eitelkeit der Frauenzimmer so angenehm ist, nicht geschonet hatte, sah sich endlich genöthiget, sich auf einen Sessel zu setzen, um ein wenig auszuruhen. In diesem Augenblicke bietet ihr Beuvron die Hand, um noch eine Menuet mit ihr zu tanzen. Die Prinzeßinn schlägt es höflich ab, und sagt zu ihm, sie wäre äusserst ermüdet. Hierüber fängt Beuvron ein Geschrey an, man beschimpfe seinen Herrn, gleich als ob ihn sein Herr des Tanzens halber nach Deutschland geschickt hätte. Er befiehlt so gleich einen Postwagen anzuspannen, und reiset um Mitternacht, ohne Abschied zu nehmen, ab. Diese Hitze ist sehr lächerlich; der König hat äusserlich darüber gelacht, im Herzen aber ist er gegen ihn aufgebracht. Sie werden Befehl bekommen, diesen pünktlichen Beobachter der Ehre wieder zu seinem ersten Posten zurück zu schicken, und ihm zu empfehlen, inskünftige nicht so stolz zu seyn.

Die Nachrichten aus Indien sind sehr angenehm. Wir haben also das Vergnügen zu sehen, daß der Name der Franzosen an den äussersten Gränzen der Welt in Ehren gehalten wird. Man sagt, die lächerliche Gesandtschaft von Siam hätte Ludwigen dem Grossen weit mehr geschmeichelt, als ihm die Eroberung einer Provinz würde geschmeichelt haben. Die Unterhandlung des Herrn Dupleix, der es dahin gebracht, daß sich die unbeständigen Maraten auf unsere Seite geschlagen, der sich zu ihrem Generalißimus erklären lassen, und uns einen wichtigen und ausschliessenden Handel verschaffet hat, ist eine Sache von weit grösserer Wichtigkeit, und wird einen von den rühmlichsten Zeitpunkten der itzigen Regierung ausmachen. Dieser Herr Dupleix lebt, wie man sagt, zu Pondicheri so prächtig, als ein asiatischer Prinz. Er hat fünfhundert Sclaven, die ihn bey seinen Spatziergängen begleiten, und eine weit zahlreichere Garde, als ein König in Europa hat. Er hat deren zwanzig, die seinen Palanquin tragen; dreyßig andere, die die Fliegen wegjagen. Das ist ein sehr glücklicher Mann, wenn anders in der Eitelkeit Glück zu finden ist.

Uebrigens muß man ihm weder seine Pracht, noch seine Reichthümer vorwerfen; er hat seiner Nation sehr wohl gedienet, da wir unterdessen vierzig Spitzbuben hier haben, die sie auffressen, und eben so prächtig leben, als er. Man kann hoffen,
die

die indianische Compagnie werde wieder in einem Glanze erscheinen, den sie zu den schönsten Zeiten Ludwigs XIV. niemals gehabt hat; ich befürchte aber, sie werde ihn nicht lange erhalten. Die Engländer werden bald eifersüchtig darüber werden, und nichts unterlassen, unsere Hofnung zu Schanden zu machen. Indessen wollen wir allzeit hoffen. Es ist wenigstens ein schöner Traum; man muß sich nicht vor der Zeit unglücklich machen.

Es wundert sich jedermann über diese grosse Revolution. Dupleix ist kein Mann von Genie; es giebt aber Leute, die bey sehr mittelmäßigen Talenten grosse Dinge thun. Oft hat das Glück an den öffentlichen Geschäften mehr Antheil, als die Geschicklichkeit der Unterhändler.

Es wird wegen der indianischen Angelegenheiten, wie Sie wissen, bald ein grosser Rath gehalten werden; und wegen gewisser Worte, die einigen Mitgliedern, aus welchen er bestehet, entwischet sind, befürchte ich, man möchte alles verderben, und ich habe Sie zum voraus davon benachrichtigen wollen. Ich hoffe, Sie werden bey dieser Gelegenheit die Ehre des Staats unterstützen, und nichts beytragen, ihn durch furchtsame Rathschläge verächtlich zu machen, indem Sie gegenwärtige Vortheile, aus Furcht vor einigen zukünftigen und ungewissen Inconvenienzien, aufopfern. Sie sind ein geschickter und sicherer Minister; man kann sich auf Sie verlassen. Ich grüsse Sie, mein Herr; vergessen Sie in Ihren nächsten De-

peschen

peschen dieses besondere Paquet an den Herzog von Mirepoir nicht. Ich bin ꝛc.

60. Brief.
An den Herzog von Nivernois,
Abgesandten zu Rom.

1751.

Ihre Briefe sind mir allzeit angenehm; sie haben nur einen Fehler, welcher darinnen bestehet, daß sie zu kurz sind. Sie gehen mit mir wie mit einem jungen Frauenzimmer um, das sich ganz und gar mit der Welt und ihren Eitelkeiten beschäftiget, und anfängt zu gähnen, wenn von ernsthaften Sachen gesprochen wird. Wenn Sie dieses von mir denken, mein Herr Herzog, so irren Sie sich. Ich halte Sie für den klügsten und rechtschaffensten Mann in Frankreich. Ihre Briefe machen mir Ehre, sie unterrichten mich, und verschaffen mir ein reines Vergnügen, welches man bey dem Geräusche der Höfe nicht schmecken kann.

Der König spricht oft mit der größten Hochachtung von Ihnen, und ich höre, Ihre neuen Römer hegen, ob sie gleich von den alten gar sehr unterschieden sind, doch gegen Ihre Geschicklichkeit und Ihre Tugenden die gebührende Hochachtung.

Ich hätte gewünscht bey Ihrer letzten Audienz hinter Ihnen zu stehen. Der gute Benedict XIV. thut sich auf den Titel eines Heiligen

nicht

nicht so viel, als auf den Titel eines rechtschaffenen Mannes, zu gute; ich liebe ihn deswegen desto mehr. Ganz Europa siehet itzo mit Verwunderung einen Pabst, der Vernunft hat, und philosophisch denkt. Bey dem allen ist er ein Priester, so ehrwürdig er auch immer ist; und ich wundere mich gar sehr, daß die Könige noch immer Gesandte an Priester schicken, die ihnen doch itzo weder mehr helfen, noch schaden können; denn itzo fängt ein Jeder an, dem alten Barte zu Rom die Spitze zu bieten. Seine Bullen und Bannstrahle sind weiter nichts mehr, als Schreckbilder.

Statt des Ablasses und anderer heiliger Kleinigkeiten, haben Sie mir weltliche Gemälde übgeschickt, und sie sind mir auch lieber. Sie sind schön und ausgesucht; Sie haben in allem etwas besonderes.

Man hoffet Sie bey der Vermählung der Mademoiselle von Nivernois zu sehen. Sie ist schön, wie ein Engel, klug, sittsam, fühlbar, und voller Geist; mit einem Worte, sie ist Ihrer würdig. Ich halte den Grafen von Gisor für sehr glücklich. Der König ist es wegen des Vergnügens, welches er hat, zwey vornehme Familien so genau mit einander zu vereinigen, nicht weniger. Was ich an diesem Prinzen bewundere und liebe, ist weder sein Rang, noch seine Macht; sondern sein gutes Herz. Deswegen verehret man die Götter; und deswegen verehret man auch ihn. Leben Sie wohl, mein Herr Herzog, erhalten

halten Sie mir Ihre Freundschaft; ich glaube sie
durch meine Hochachtung gegen Sie zu verdienen.
Ich bin, ꝛc.

61. Brief.

An den Herrn von Montesquieu.

1751.

Ich habe Ihr Buch erhalten, und ich bin Ihnen gar sehr dafür verbunden. Es ist vortrefflich, und ich habe ihm den ersten Platz in
meiner kleinen Bibliothek eingeräumet, welche
nur aus solchen Schriftstellern bestehet, die, wie
Sie, Frankreich Ehre machen, und den Neid
der Fremden erregen. Sie verdienen den Titel
eines Gesetzgebers von Europa, und ich zweifle
nicht, daß man Ihnen denselben bald einmüthig
zugestehen wird.

Da ich itzo etwas Zeit übrig habe, so wollen
wir ein wenig mit einander schwatzen. Sie sagen, es wäre unmöglich, daß die christliche Religion noch länger, als 500 Jahre, in Europa bestehen könne. Es ist wahr, die mehresten Priester thun, was sie können, um sie durch ihren Ehrgeiz und durch ihre Intoleranz zu Grunde zu richten. Die Welt ist lange Zeit blind gewesen; sie
fängt aber an Augen zu bekommen, und sich derselben zu bedienen. Ich befürchte vornehmlich,
die Philosophen, welche noch einmal so viel sehen,

als

als andere, werden bey dieser Gelegenheit nur gar zu eifrig seyn.

Die christliche Religion ist wahr, heilig und tröstlich. Man muß sie nicht ausrotten, sondern nur die Mißbräuche abschaffen: Man haue die unnützen Zweige ab, aber nicht den Baum um. Ich habe bisweilen von den Quakern in England reden hören. Es gefällt mir nicht, daß sie glauben, sie hätten Eingebungen von dem heiligen Geiste, um in ihren Versammlungen Thorheiten vorzubringen; das gefällt mir aber, daß sie so klug gewesen sind, die Priester abzuschaffen. Die Religion ist gut; nur ihre Diener sind oft böse. Es wird, wie man sagt, bald lächerlich seyn, ein Christ zu seyn. Wenn das geschiehet; so werden sie Schuld daran seyn. Ueberdieses sehe ich alle Tage, daß die römische Religion böse Unterthanen macht, indem sie eine fremde Macht für höher, als die Macht des Landes, hält. Unsere Bischöffe sind keine Franzosen, sondern Unterthanen des Pabstes.

Eine Sache, die mir bey unserer Religion allzeit mißfallen hat, die man aber doch in Ehren halten muß, ist die Beichte. Wie kann man mit einem Unbekannten offenherzig reden, der uns vielleicht auslache, und vielleicht ein größerer Sünder ist, als wir sind? Das Fasten, das man uns anbefiehlt, gefällt mir eben so wenig; das gehört für den Arzt. Es ist sehr gut wider die Unmäßigkeit; ich zweifle aber sehr, daß ein Dieb, der

G 5 fastet,

faſtet, Gott angenehmer iſt, als ein rechtſchaffener Mann, der zu Mittage gegeſſen hat. Ich gehe bisweilen in die Predigt, und habe lange Weile darinnen. Dieſe heiligen Reden haben tauſend Schwärmer hervorgebracht, niemals aber einen rechtſchaffenen Menſchen. Was die moraliſchen Predigten anbetrifft; ſo ſind ſie gut, aber unnütze. Warum ermahnet man einen Engländer, bemüthig, und einen Generalpachter, uneigennützig zu werden? Es iſt eben ſo, als wenn man zu einem Kranken ſagte: „Mein Herr, ich „bitte Sie das Fieber nicht mehr zu haben. Die Laſter ſind Krankheiten der Seele; ſie werden nicht durch Predigten geheilet.

Bey allen den Mißbräuchen und Handlungen, die mir bey unſerer Religion unnütze zu ſeyn ſcheinen, hege ich doch die größte Ehrerbiethung gegen ſie; aber dieſe Ehrerbiethung hindert mich nicht, den intoleranten Geiſt unſerer Geiſtlichkeit zu verdammen. Man ſagt, die Andächtigen machten Anſtalten Sie anzugreifen, weil Sie zu frey geredet hätten, nicht wider den Glauben, ſondern wider den Aberglauben. Ich hoffe, Ludwig XV. wird niemals ein Verfolger werden; er iſt ein rechtſchaffener Mann, und gar kein Andächtiger. Wenn ihn aber dem ungeachtet die Cabale zu einem gewaltſamen Entſchluße nöthigen ſollte; ſo wird Ihnen dieſer Brief für mich Bürge ſeyn, und Sie werden mir nicht Schuld geben können, daß ich Antheil daran habe.

Ich

Ich danke Ihnen, mein Herr, für ihre Complimente. Ob ich sie gleich nicht verdiene; so machen sie mich doch einigermassen stolz, indem sie mir zu erkennen geben, daß Sie einige Achtung für mich haben. Ich bitte der Frau Herzoginn von Aiguillon mein Compliment zu machen; sie ist sehr glücklich, daß sie Sie alle Tage sehen und sprechen kann. Ich habe das Vergnügen nicht, mit Weisen umzugehen; denn hier giebt es keine. Wir haben nur Automaten, und nicht einen Menschen, ausgenommen den König. Kommen Sie bisweilen zu mir, mich zu unterrichten, und zu trösten. Ich bin, ꝛc.

62. Brief.

An den Marquis von Saint Contest.
1751.

Ja, mein Herr, ich habe den Marquis von Bonac zum holländischen Gesandten vorgeschlagen, und es ist mir lieb, daß es iedermann weis. Ob ich ihn gleich nicht persönlich kenne; so sagen doch Leute, die wahre Verdienste besitzen, und die ich hochschätze, so viel Gutes von ihm, daß ich geglaubet habe, ich müsse mich seiner annehmen. Es ist dieses eine Schuld, die ich dem Verdienste abtragen muß, und die ich ihm allzeit abtragen werde. Ich weis, daß sich die Soldaten überhaupt nicht zu den Unterhandlungen schicken, weil sie den biegsamen und gefälligen Charakter

rakter nicht haben, der bey den Geschäften so nöthig ist. Aber diese Regel leidet ohne Zweifel Ausnahmen, und der Herr von Bonac ist eine davon; er weis zu streiten und zu reden. Ausserdem regieren da die Soldaten. Ludwig XV. hat niemals jemand anders dazu gebrauchet. Man nahm bisweilen Bischöffe dazu; ich weis aber nicht, ob sie sich besser dazu schickten. Ich hoffe, Bonac wird sich bey den Holländern in eben das Ansehen setzen, in welchem Sie bey ihnen gestanden haben, und sich eben dieselbe Ehre erwerben. Das ist die einzige Erkenntlichkeit, die ich von Personen, denen ich diene, erwarte; es ist die einzige, die ich von Ihnen erwartet habe, und Sie sind nicht undankbar gewesen. Ich bin ꝛc.

63. Brief.

An den Grafen von Maurepas, Minister der Marine.

1751.

Sie, mein Herr, sind der älteste Diener des Königs, und Sie sollten auch der klügste seyn. Muß denn ein Frauenzimmer Ursache haben, sich über einen alten Mann zu beklagen, den sie niemals beleidiget hat? Ich höre, Sie belustigen sich alle Tage bey Ihren kleinen Soupees, nicht nur auf meine Kosten, welches etwas gar sehr geringes ist; sondern auch auf Kosten Ihres Herrn, den Sie in Ehren halten sollten.
Sie

Sie bedienen sich dabey eben so unbilliger als unanständiger Ausdrücke, die sich weder für Ihr Alter, noch für Ihren Stand schicken. Wenn Sie nur mich angriffen; so würde ich es Ihnen vergeben, und Sie verachten. Wenn sich aber ein Mann, indem er den Wohlstand seines Characters und die Gesetze seiner Pflicht vergißt, unterstehet, den besten Prinzen, der ihn mit Ehre und Wohlthaten überschüttet hat, zu beleidigen; so erlauben Sie mir Ihnen zu sagen, daß dieses eine schändliche Niederträchtigkeit ist.

Bey allem Unrechte, das Sie mir anthun, mein Herr, werde ich doch nicht ungerecht seyn. Ich werde ganz gern gestehen, daß Sie ein guter Minister sind, und daß Sie dem Könige wohl gedienet haben. Sie müssen es aber nicht dabey bewenden lassen, daß Sie ihm wohl dienen; sondern Ihre Pflicht und die Erkenntlichkeit verbinden Sie auch, ihn zu ehren. Wenn er Schwachheiten an sich hat; so sind Sie sein Richter nicht; sondern er ist der Ihrige. Entschuldigen Sie diese Erinnerung, die mehr werth ist, als ein Compliment. Ich bin 2c.

64. Brief.
An die Gräfinn von Noailles.
1751.

Der heilige Erzbischoff von Paris ist immer ein unruhiger Kopf; er macht dem Könige Verdruß, und folglich auch mir. Er ist von Ihrem

rem Großoheime gar sehr unterschieden. O! wie
gram bin ich den Priestern, die Ludwig den vielgeliebten so martern! Sie sagen aber, es wäre
die Sache Gottes.

Es giebt nur zween Orden, die sich erkühnen
sich der Regierung zu widersetzen, und welche sich
ihr oft mit gutem Erfolge widersetzen; diese sind
das Parlement und die Geistlichkeit. Der König ist nicht standhaft gnug. Er bringt sein Leben
damit zu, daß er Befehle giebt, und sie wiederrufet. Der Regent Philipp, der sich aus Gott
und Menschen nichts machte, wußte sich besser Gehorsam zu verschaffen.

Gestern besuchte mich der Bothschafter von
Ihro Hochmögenden, welcher mir die Complimente der Republik überbrachte. Die Holländer
sind gar sehr dumme Leute; sie besitzen aber ein
grosses Verdienst; sie sind reich. Das Verdienst
bestund ehemals in der Tapferkeit und Tugend;
es ändert sich aber alles.

Man spielte des Abends in dem Zimmer des
Königs, welcher viel gewann; es trug sich aber
etwas zu, das mir mißfiel. Er hatte einen grossen Haufen Gold vor sich. Plötzlich warf er mit
seinem Ermel einen Louisd'or hinunter, und bückte
sich, um ihn wieder aufzuheben. Der Prinz von
**, der eben spielte, und es sah, warf sogleich
mit Fleiß deren hundert hinunter, und that, als
ob er es nicht merkte. Der König sagte zu ihm,
„Mein Vetter, warum heben Sie das Hinunter-
„gefal-

[111]

gefallene nicht auf? Eine Kleinigkeit, erwieder-
„te Sr. Hoheit, es gehöret für die Auskehrer,„
Sr. Majestät fühlte diesen satyrischen Stich, und
hörte auf zu spielen. Indessen weis dieser Prinz
besser, als jemand anders, daß der König nicht
geizig ist, und es auch nicht seyn kann. Es
sind noch nicht vierzehn Tage, daß er alle seine
Schulden bezahlet hat, die sich über eine Million
beliefen, und es geschah zu einer Zeit, wo er weiter keinen Credit mehr, als bey seinem Pasteten-
becker, hatte. Aber er fragt nichts darnach, daß
er undankbar ist, wenn er nur sticheln kann.

Haben Sie den Nollvaux gesehen? Ich habe ihm ein kleines Geschäfte aufgetragen, welches
mir sehr am Herzen liegt; denn es soll einer rechtschaffenen Familie geholfen werden, die man mir
empfohlen hat. Bey dergleichen Fällen muß
man besonders geschäfftig seyn. Er wird noch
Zeit genug zu seinen Ergötzlichkeiten übrig behalten.

Mademoiselle von Ranban zieret mit ihrer
Weisheit und Schönheit den Hof. Alle Personen, die Ihnen angehören, sind vollkommen, wie
Sie. Leben Sie wohl! Wenn Sie nicht undankbar sind, meine Liebe; so lieben Sie mich allezeit.

65. Brief.

65. Brief.

An die Herzoginn von Etrees.

1751.

Wir werden wegen der Wiedergenesung des Dauphins Freudenbezeigungen anstellen. Der König hat während seiner Krankheit alles empfunden, was ein guter König, und ein guter Vater empfinden kann; diese Augenblicke sind die traurigsten meines Lebens gewesen. Der Herr von Paulmy, der in die mittägigen Provinzen von Frankreich ist geschickt worden, den Zustand der Truppen und Festungen zu untersuchen, hat uns bey seiner Zurückkunft erzählet, die Protestanten zu Languedoc hätten sich zu der Zeit, da man sagte, sie wären im Begriffe sich wider ihren König zu empören, in ihren Kirchen versammlet, wo sie den Himmel um die Wiederherstellung des Kronerbens angeflehet hätten. Der König war gar sehr darüber gerührt.

Ich habe ein kleines allegorisches Fest ausgesonnen, um meinen Eifer bey dieser Gelegenheit an den Tag zu legen; und ich habe dem Könige Nachricht davon gegeben, welcher damit zufrieden war. Es bestehet in folgendem: Die Scene, welche in dem Schlosse von Bellevue ist, stellet verschiedene Hölen vor, die von Wasser umgeben werden, in welchem sich ein leuchtender Dauphin befindet. Eine Menge Ungeheuer, die Feuer und Flammen ausspeyen, wollen ihn angreifen;

greifen; aber die Götter beschützen ihn. Apollo kömmt auf einer Wolke hernieder, und schlägt dieſe Ungeheuer mit ſeinem Donnerkeile; hernach werden ſie von Kunſtfeuern vollends getödtet. In dieſem Augenblicke ändert ſich die Scene, und ſtellet den Pallaſt der Sonne, der ganz erleuchtet iſt, vor, wo der Dauphin, vermittelſt einer groſſen Erleuchtung, wieder in ſeinem erſten Glanze erſcheinet.

Ich hoffe, Madame, Sie werden alles dieſes mit anſehen. Es iſt etwas geringes; aber der Freundſchaft iſt nichts gleichgültig, und dieſer Brief iſt gleichſam ein Einladungsſchreiben, ob Sie gleich keines nöthig haben. Bringen Sie ganz Paris mit, wenn Sie wollen, es wird jedermann aus Liebe zu Ihnen willkommen ſeyn ꝛc.

66. Brief.
An den Herzog von Mirepoix.
1752.

Ich befürchte gar ſehr, mein Herr Herzog, Sie möchten den Verſprechungen und Verſicherungen Ihres alten Königs gar zu viel trauen. Alle Menſchen ſind Lügner, und die Könige ſind es wie andere. Geſetzt aber auch, er wäre aufrichtig Willens Friede zu halten; ſo ſtehet es doch nicht bey ihm. Wenn er ſeinen Unterthanen nicht mit fremden Feinden etwas zu thun giebt; ſo werden ſie ſeine Feinde, in welchem Falle er ſich ge-

H nöthi-

nöthiget siehet, um seiner eigenen Vertheidigung willen ungerecht zu seyn. Hören Sie also das nicht an, was man Ihnen am Hofe sagt, sondern was man auf der Börse zu Londen sagt; denn in England verlangen nur die Kaufleute Krieg, und sie lassen ihn erklären, wenn es ihnen gefällt. Sie befinden sich an Ort und Stelle, und folglich können sie diese Anmerkungen am besten machen.

Der kleine Marquis hat mir einen von Ihren Briefen gezeiget, in welchem Sie von den Engländerinnen mit Entzücken reden. Es ist dieses eine Sache, die sich nicht recht für einen Gesandten schickt, welcher niemals von schönen Frauenzimmern reden sollte, damit man nicht auf die Gedanken kommen möchte, er liebte sie gar zu sehr.

Die Liebeshändel und die Galanterie kan man wohl einem Menschen, der sich nur Vergnügen macht, und sonst nichts zu thun hat, zu gute halten. Ich halte aber dafür, bey einem Manne, der ein öffentliches Amt hat, sind sie ein grosser Fehler, wenigstens wenn er nicht stark gnug ist, um, wie Augustus, nur aus Politik zu lieben.

Es befindet sich izo ein Mann in Londen, der beissende Verse auf mich gemacht hat. Er hat, wie man sagt, die Flucht ergriffen, um meiner Rache zu entgehen. Er kann aber immer wieder zurück kommen. Ob ich gleich ein Frauenzimmer bin; so kann ich doch die Beleidigungen vergeben; ich kann so gar meinen Feinden Gutes thun, und sie zwingen, wo nicht mich zu lieben, doch wenigstens

ſtens einige Achtung gegen mich zu hegen. Ich wollte wünſchen, er wüßte dieſes. Er würde beſſer thun, wenn er zurück käme, und die Franzoſen mit ſeinen ſchönen Verſen beluſtigte, als daß er Fremde unnützer Weiſe ärgert, die ihm vielleicht glauben und ihn verachten werden.

Ich möchte gern einige engländiſche Pferde haben; denn dieſe ſind, wie man ſagt, das Beſte in dem Lande, in welchem Sie ſich izo befinden. Ich werde mir die Freyheit nehmen Ihnen dieſe kleine Commißion aufzutragen, und ich bitte Ew. Excellenz um Vergebung, daß ich aus einem Geſandten, Herzoge und Pair einen Roßhändler mache; aber die Freundſchaft adelt all-s. Suchen Sie mir deren ſechſe zu einem Zuge aus, und überſchicken Sie mir ſie, ſo bald Sie können.

Sie haben hier Feinde, welche ſagen, Sie wendeten mehr Zeit auf die Ergötzlichkeiten, als auf die Geſchäfte; ich ſage ihnen aber gerade heraus, daß es nicht wahr iſt, und der König glaubet mir, weil er Sie liebet. Ich hoffe, Sie werden dieſe Herren zu Lügnern machen, und ſich in London eben den Ruhm erwerben, den ſich der berühmte von Eſtrade in Holland unter der letztern Regierung erworben hat. Ich wünſche es um Ihrent-und um meinetwillen; denn ich ſehe die Ehre meiner Freunde als meine eigene an. Leben Sie wohl, gnädiger Herr.

H 2   67. Brief.

67. Brief.

An den Herzog von Richelieu.

1752.

Ich glaube, mein Herr Herzog, es ist Zeit, mit Ihnen von einem Vorhaben zu reden, das ich schon seit langer Zeit im Kopfe gehabt, und wovon ich Ihnen schon etwas gesagt habe. Der Herzog von Fronsac hat die Jahre erreichet, da Sie bald daran denken werden, ihn zu verheyrathen. Meine Tochter stehet in eben dem Alter, und es würde mir lieb seyn, wenn ich sie versorgen könnte. Wenn ein grosses Vermögen und grosse Hoffnungen, Annehmlichkeiten, Verstand, Schönheit, und tugendhafte Gesinnungen sie würdig machen können, sich mit Ihnen zu verbinden; so werde ich sie und auch mich für glücklich halten. Der König, der Sie liebet und hochschätzet, wird, an statt sich zu widersetzen, diese Gelegenheit ergreifen, Ihr Haus mit neuen Wohlthaten zu überschütten. Hierinnen bestehet mein Geheimniß, welches mir entwischet ist, mein Herr Herzog; und ich erwarte Ihre Antwort.

Ich bin, ꝛc.

68. Brief.

An Ebendenselben.

Mein Herr, ich habe Ihren Brief und Ihre Entschuldigungen erhalten. Es ist eine höfliche

höfliche abschlägliche Antwort, die Sie mit vieler Geschicklichkeit annehmlich zu machen gesucht haben; aber ich verstehe es. Sie sagen, weil Ihr Sohn die Ehre hätte von Seiten seiner Mutter aus dem hohen Hause Lothringen abzustammen; so könnten Sie ohne die Einwilligung dieses Hauses in Ansehung seiner nichts thun. Vergeben Sie mir meine Verwegenheit; indessen muß ich Ihnen aber doch sagen, daß es keine Gnade war, um die ich Sie bath; sondern ich wollte Ihnen eine erzeigen. Meine Tochter besitzt alles, was den Ehrgeiz eines Prinzen befriedigen kann. Bey dem allen aber ist sie doch nicht würdig, sich mit dem durchlauchtigen Herzoge von Richelieu zu verbinden; sie muß Geduld haben. Ich schäme mich fast, daß ich aus Unvorsichtigkeit diesen Fehler begangen habe; ich sehe aber wohl, wie kennen einander nicht ꝛc.

69. Brief.
An die Herzoginn von Boufflers.
1752.

Ihr deutscher Prinz hatte gestern Audienz bey mir, und marterte mich mit seinen deutschen Complimenten fast zu Todte. O der häßliche Mensch! Ich glaube wirklich, daß bey den Deutschen weder Annehmlichkeiten, noch Witz zu finden sind; aber dafür sagen sie, die Franzosen hätten keinen Verstand. Man hat mir einen sinnreichen

reichen Einfall des Grafen von Lestignac erzählet. Als ihm Sr. Hoheit ein Spiel vorschlug; so sagte der Graf zu ihm: Ich bin es zufrieden, die Partie um vier Louis. Um so etwas weniges spiele ich nicht, erwiederte Sr. Hoheit. Gut, sagte Lestignac, den dieses verdroß, ganz laut, wir wollen eine Partie Piquet um alle ihre Länder gegen einen Theil von meinen Gütern spielen. Sie sehen aus dieser Begebenheit, daß ein Stolz den andern vertreibet. Aber bey dem allen ist es nicht unrecht, wenn diese kleinen Prinzen ein wenig gedemüthiget werden, welche ihre Unterthanen schinden, um in Paris eine große Figur zu machen.

Ist es denn wahr, daß Sie die Mademoiselle von Herouville vermählen wollen? Glücklich ist derjenige, der sie besitzen wird! Sie ist schön, sittsam, und ganz voller Annehmlichkeiten; und was das Hauptwerk bey der Liebe und dem Heyrathen ist, sie ist jung; küssen Sie sie für mich.

Aber wieder auf das Heyrathen zu kommen, ich habe eine große Tochter, die ich auch bald werde versorgen müssen. Das soll mich belehren, daß ich alt werde, wenn mir gleich die Eitelkeit und mein Spiegel das Gegentheil sagen. Was haben die Frauenzimmer für ein Schicksal? Sie leben, das heißt, sie gefallen höchstens nur funfzehen Jahre; ey es ist wohl der Mühe werth schön zu seyn. Ein anderes Zeichen des Alters bey den Frauenzimmern ist, wenn ihr Herz fähig wird, Freundschaft gegen ihr eigenes Geschlecht zu hegen;

denn

denn die jungen Mädchen lieben weiter niemand, als sich selbst. Ich finde dieses Zeichen auch bey mir. Ich liebe Sie, und vielleicht ein halbes Dutzend andere, mit einer Zärtlichkeit, deren ich mich nicht fähig zu seyn geglaubt hätte. Die Freundschaft ist ein Vergnügen für alle Zeiten; aber im Alter ist sie etwas nothwendiges. Ich merke es auch, daß ich sie nöthig habe, und das benachrichtiget mich, daß ich an der Gränze stehe.

Leben Sie wohl, meine liebe Herzoginn; wir wollen einander trösten. Es giebt ein Glück, das sich für alle Alter schickt; wir wollen uns bemühen, es kennen zu lernen und zu schmecken. Ich umarme Sie zärtlich, ꝛc.

70. Brief.

An die Marquisinn von Blagni.

1752.

Der König hat gestern mit der königlichen Familie, der Gewohnheit nach, öffentlich gespeiset, und ich war zugegen. Mit Vergnügen bewunderte ich die zärtliche Zufriedenheit, die er bey der Erblickung seiner Kinder empfand, und die gnädige Miene, mit welcher er alle seine Unterthanen ansieht. Er hat drey oder vier Bürgerinnen aus Paris, die zugegen waren, selbst Früchte überreicht. Es ist ein allerliebster Mann. Ich sage bisweilen zu ihm, es wäre Schade, daß er König wäre, und das verderbte ihn. Ich will Ihnen

nen einen ganz neuen Zug von seiner Gütigkeit und Artigkeit erzählen.

Er war letztern Donnerstag in der Gegend von Choisi auf der Jagd. Die Tochter eines benachbarten Edelmannes, die spatzieren ritt, und wieder nach Hause zurückkehren wollte, fiel unglücklicher Weise vom Pferde. Der König, welcher etwan hundert Schritte davon war, wurde es gewahr, und eilte, indem er sein Gefolge verließ, diesem Frauenzimmer mit verhängtem Zügel zu Hülfe, stieg vom Pferde, hob sie auf, fragte sie, ob sie verwundet wäre, und brachte sie selbst wieder zu ihrem Vater zurück. Das heroischeste dabey bestehet darinnen, daß dieses Frauenzimmer sehr heßlich war.

Man sagt, Ludwig XIV. hätte seinen Hut sogar vor Bettelleuten abgenommen; ich habe gesehen, daß ihn sein Nachfolger vor Leuten, die eben nichts besseres waren, abgenommen hat. Dieser gütige Charakter, den er überall von sich blicken läßt, flößet Liebe ein, da indessen das majestätische Ansehen, welches man an seiner ganzen Person wahrnimmt, Ehrerbiethung einflößet, und das zu erkennen giebt, was er ist:

En quelque obscurité que le sort l' eût fait naitre
Le monde en le voyant eut reconnu son maitre.

Der Herzog von Villeroi hat mir eine Anecdote erzählet, die Sie vielleicht nicht wissen. Während der Minderjährigkeit des Königs, schifte der König von Persien einen Gesandten nach

Frank-

Frankreich, der bey seiner ersten Audienz von der Schönheit und grossen Miene dieses jungen Monarchen so gerührt wurde, daß er das bey einer solchen Gelegenheit gewöhnliche ehrerbiethige Ceremoniel vergaß, auf ihn zulief, und ihn mit einem Entzücken, dessen man sich schwerlich würde enthalten können, umarmte.

Aber ich rede immer von diesem geliebten Prinzen, ohne von Ihnen zu reden. Sie befinden sich doch wohl? Lieben Sie Ihre Freundinn allzeit? Was mich anbetrift, so sehe ich nach und nach ein, daß die Freundschaft das Leben der Seele ist. Die Liebe ist ein Vergnügen für eine gewisse Zeit; aber die Freundschaft ist eines für alle Zeiten, und ich bereite mein Herz zu, es mit allen seinen Annehmlichkeiten zu empfinden. Leben Sie wohl rc.

71. Brief.
An Ebendieselbe.
1752.

Man sagt, Sie wären zu Villars sehr lustig; schämen Sie sich nicht, bey der Abwesenheit Ihrer Freunde lustig zu seyn? Ich habe diesen Morgen in der Messe des Königs ein kleines reizendes Gesicht gesehen, und ich war Willens es zu küssen, weil ich glaubte, es wäre das Ihrige. Aber ich irre mich leider! Denken Sie allzeit an mich? Lieben Sie mich immer mehr und mehr?

mehr? Iſt der Marquis noch immer dick und fett?

Der arme Marigni befindet ſich wohl, und läßt Ihnen ſein Compliment machen; er hat ein gutes Herz, aber ſein Kopf iſt nicht ſo beſchaffen.

Wiſſen Sie wohl, Madame, daß wir einen neuen Miniſter der auswärtigen Geſchäfte haben? Dieſer Miniſter iſt der gute Rouille: Er macht kein Aufſehen, er iſt aber arbeitſam und ein rechtſchaffener Mann; der König hat ihn dazu gemacht, bis er einen beſſern findet. Da indeſſen ſein Departement das ſchwerſte unter allen iſt; ſo weiß ich nicht, wie er dabey zurechte kommen wird. Die andern Miniſter dürfen nur Befehle ertheilen; und wenn ſie ſich nicht durch groſſe Projecte, und oft durch groſſe Thorheiten von andern unterſcheiden wollen, ſo iſt alles leicht. Sie dürfen nur die, ſo unter ihnen ſtehen, zu Rathe ziehen, welche für ſie denken und ſchreiben. Mit den auswärtigen Geſchäften verhält es ſich ganz anders. Der Miniſter muß das Intereſſe der Prinzen, ihr Genie, oft ihren Eigenſinn, die Geheimniſſe, oder vielmehr die Finſterniſſe der Politik recht genau kennen, damit er lügen und betrügen kann. Deswegen ſchickt ſich dieſes Departement nicht wohl für einen ehrlichen Mann, indeſſen iſt Rouille einer; er wird wohl von andern, niemals aber werden andere von ihm hintergangen werden.

Ich

Ich bin Willens den Einzug des päbstlichen Nuntius mit anzusehen; Sie werden mir ohne Zweifel Gesellschaft leisten. Sie müssen meine Thorheiten mit mir theilen, wie Sie mein Herz mit mir theilen. Man sagt, dieser Einzug werde prächtig seyn. Ich stelle bisweilen über den Stolz der Priester Betrachtungen an, und glaube, der gute St. Peter habe es sich niemals träumen lassen, daß seine Nachfolger Gesandte abschicken, und sich ohne Umstände über die Könige setzen würden. Indessen fangen die Vorurtheile, auf welchen ihre Grösse beruhet, an nach und nach zu verschwinden. Der Pabst, sagt Montesquieu, ist ein alter Götze, dem man aus Gewohnheit räuchert; vielleicht wird man ihm in hundert Jahren gar nicht mehr räuchern.

Leben Sie wohl, meine liebe Freundinn; denn dieser Titel ist für mich weit angenehmer und ehrwürdiger, als der Titel Marquisinn. Ich küsse die rosenfarbenen Lippen Ihrer kleinen Tochter und die Ihrigen. ıc.

72. Brief.
An den Herrn Rouille,
Staatsminister.

1752.

Sie haben wohl recht, wenn Sie sagen, die Depeschen des Herzogs von Mirepoir wären nicht so vortheilhaft, als er es sich einbildete. Man hält ihn auf, man stellt seinetwegen Feste an,

an, und indeſſen rüſtet man ſich ingeheim zum
Kriege. Das denke und befürchte ich. Er ſagt,
der König von England habe ihn ſelbſt mit eige-
nem Munde von ſeinen friedfertigen Geſinnungen
verſichert; vielleicht iſt dieſer Prinz aufrichtig,
aber ich glaube es nicht. Die Engländer ſind in
der That ein gar ſonderbares Volk; ich habe ſie
niemals geliebet, ob man gleich ihre Weisheit
und Großmuth gar ſehr rühmet. Sie ſind geizig, ungerecht, und folglich natürliche Feinde
von andern Nationen. Ich geſtehe indeſſen gar
gern, daß es auch ſchätzbare Männer unter ihnen
giebt. Dieſes Volk ſchweifet aber überhaupt in
allem aus, in dem Laſter, wie in der Tugend.
Ein Engländer, der böſe iſt, iſt ein Ungeheuer:
Ein Engländer, der gut iſt, iſt faſt ein Gott;
aber die guten ſind ſelten.

Der Herr von Briſſac, der vor einigen Tagen
aus dieſem Lande zurückgekommen iſt, ſagt, es
würden in England in einem Monate mehr Uebelthaten begangen, als in dem übrigen Europa in
einem ganzen Jahre; nur die alten Weiber glaubten an Gott, und giengen in die Kirche, und die
ganze Religion beſtünde bey ihnen darinnen, daß
ſie den Pabſt haſſeten, und ihn alle Jahre ver-
brennten. Uebrigens gehet uns das nichts an;
es kömmt nur darauf an, daß man den böſen Abſichten dieſer böſen Nation gegen uns zuvorkömmt.
Ich hoffe, der Herzog von Mirepoix, der Eifer
und Einſicht beſitzt, wird ſich nicht hintergehen
laſſen, und wird uns bey Zeiten Nachricht davon
geben.

geben. Ich bitte Sie, mein Herr, ihm diesen hier eingeschloßenen Brief zu überschicken. Ich bin ꝛc.

73. Brief.
An Ebendenselben.
1752.

Die Nachrichten aus Amerika sind sehr angenehm. Da es alles Ansehen hat, daß dieses grosse Stück Land der Gegenstand des Krieges seyn wird; so ist viel daran gelegen, sich daselbst Freunde zu machen. Ich liebe diese ehrlichen Wilden, die gegen den Capitain der Franzosen und gegen seine tapfern Kriegsleute so viel Achtung haben. Sie biethen uns auf eine so großmüthige Art den rechten Arm ihrer tapfern Jugend an, den man alle Ursache anzunehmen hat. Ihre Nation, die mehr als zehntausend Monden zählet, bereitet sich vor, ihren Weibern und Kindern todte Engländer vorzusetzen, und ihre Beute zu essen. Sie hat bey dem grossen Geiste geschworen, indem sie mit uns beständig in Friede zu leben versprochen hat. Ob ich es gleich nicht billige, daß man die Todten frißt; so muß man sich indessen doch mit diesen ehrlichen Leuten nicht um Kleinigkeiten zanken. Ich hoffe, dieses Bündniß wird Frankreich mehr Nutzen bringen, als die eitle Gesandschaft von Siam, wovon Ludwig XIV. so viel Lärmen machte.

Die

Die Franzosen, welche alle europäischen Völker hassen, beneiden und nachahmen, werden indessen von Leuten hochgeschätzet, die zwar barbarisch, aber einfältig und Liebhaber der Wahrheit sind, weil sie gut und leutselig sind. Die französische Nation ist vielleicht die einzige in der Welt, die ihres Charakters wegen gutthätig ist; die andern sind es nur aus Eigensinne, oder aus Eigennutze. Ein Huron sagt auch ohne Umstände: Ein Franzos ist ein Mensch, wie ich. Man hört alle Tage von Aufständen und Empörungen in den Colonien der übrigen Europäer reden. Aber in den unserigen geschiehet dieses fast niemals; weil wir eben so viel Talente haben, uns beliebt zu machen, als andere, sich verhaßt zu machen. Sie besitzen dieses Talent auch, mein Herr, ob Sie gleich Minister sind. Fahren Sie fort die Achtung des Königs und des Publikums durch Ihre Talente und Dienste zu verdienen; Männer von Ihrer Art sind etwas seltenes. Ich habe die Ehre zu seyn, ꝛc.

74. Brief.

An die Gräfinn von Navailles.

1752.

Ich finde in dem Verhalten Ihres deutschen Königs gar nichts ausserordentliches. So gar die bösesten Prinzen suchen eine Ehre darinnen, ihren Unterthanen Gerechtigkeit wiederfahren zu lassen. Sie sehen sie als Thiere an, die ihren

ihren Eigennutz und ihr Vergnügen befördern; und sie wollen nicht, daß sie einander fressen, gleichwie man Hunde, die einander beissen, von einander saget. Die Räuber halten in ihren Höhlen auch über die Gerechtigkeit; hierinnen ist nichts bewundernswürdiges zu finden.

Eben so wenig bewundere ich auch das Verhalten eben dieses Prinzen in Ansehung des Herrn von Chauvelin, der ein rechtschaffener Mann ist, und ihm sehr nützlich seyn könnte. Er wird es bereuen. Die Grossen können keine kleinen Fehler begehen, gleichwie die kleinen keine grossen begehen können.

Ich bin durch das Andenken des Herrn Abgesandten gar sehr gerührt; danken Sie ihm statt meiner in Ihrem ersten Briefe. Es würde mir sehr angenehm seyn ihn wieder bey uns zu sehen; es hat sich aber bisher noch nichts für ihn geschickt; er wird noch ein wenig warten, wenn es ihm gefällig ist. Der König, der ihn liebet, wird an ihn denken, oder ich werde ihn daran erinnern. Wir werden morgen eine grosse Jagd haben, und durch Ihr Schloß gehen; welches mir eine schöne Gelegenheit verschaffen wird Ihnen zu dienen: Sie können versichert seyn, daß ich sie nicht vorbeylassen werde.

Wir sind hier immer traurig, und besonders der König; nichts kann ihn zerstreuen. Es hat einmal jemand gesagt, die Bettler wären unglücklich, weil sie immer Bettler wären, und die Könige

nige wären es auch, weil sie immer Könige wären. Diese Worte fassen viel in sich, und sind gar sehr gegründet. Ich beklage Ludwig XV. weil er König ist; er würde glücklich seyn, wenn er nur eine Privatperson wäre; er besitzt alles, was dazu gehört. Aber seine Krone macht ihn elend, weil er gut und fühlbar ist. Ein Prinz hat zwo Familien; seine eigene und die grosse Familie des Staats; dieses macht, daß ihn immer etwas betrübet. Wenigstens befindet sich der allerchristlichste König fast immer in diesem Falle; er ist, wie ich, nur immer in der Hofnung glücklich. Aber oft ist die Hofnung leider! nur ein schöner Traum. Indem Irus auf dem Strohe liegt, träumt ihm, er wäre sehr reich geworden; er fängt an zu bauen, und als ein grosser Herr zu leben; er heurathet ein reizendes Frauenzimmer, nun weckt ihn das Vergnügen auf, und er befindet sich wieder auf dem Strohe. Das ist das Bild der Hofnung.

Ich werde Ihre Nichte mit Vergnügen sehen; alles, was Ihnen angehört, ist mir lieb. Man sagt, sie wäre schön und fühlbar. Ich liebe sie schon zum voraus, und werde ihr zu dienen suchen, wenn sie es mir erlauben will. Leben Sie wohl, meine liebe Gräfinn; umarmen Sie mich doch ꝛc.

75. Brief.

75. Brief.

An den Marquis von Curfay,
Commendanten in Corsica.

1752.

Der König hat Sie, mein Herr, aus Dankbarkeit gegen die Genueser nach Corsica geschickt. Ebendieses verbindet Sie auch, ihnen zu dienen, und jedermann billiget Ihre Aufführung. Die Republik hat sich schon seit langer Zeit durch den unglücklichen Krieg mit den Rebellen erschöpfet; man muß ihm ein Ende machen. Man will nicht mit den Corsen streiten, sondern ihnen den Frieden geben, den sie eben so nöthig haben, als die Genueser, die sie Tyrannen nennen, und welche diesen Titel vielleicht auch verdienen.

Aber man befürchtet hier, ihre genuesischen Officiere möchten alles verderben; sie sind eifersüchtig, daß Fremde in dieser Sache Mittelspersonen sind. Der Neid, welcher der Fehler der Italiäner, und besonders der Genueser ist, wird Ihre Geduld oft auf die Probe setzen, weil sie alle Ehre eines Friedens werden haben wollen, den sie doch zu schliessen nicht im Stande sind. Verachten Sie sie, mein Herr, und erwerben Sie sich Ehre, indem Sie Ihre Pflicht beobachten.

Die Corsen befinden sich itzo in Ansehung der Republik Genua in eben den Umständen, in welchen sich die Holländer, vor ungefähr zweyhundert Jahren, in Ansehung ihres Herrn und Tyrannen Philipp II. befanden. Nach vielen Schlach-

Schlachten und Belagerungen verändern die Rebellen den Namen; sie sind keine aufrührischen Unterthanen mehr, sondern unversöhnliche Feinde; alsdenn zernichtet die Macht das Recht, und bringet alles ins Gleiche. Deswegen verlangen die Corsen viel, und die Genueser wollen ihnen weiter nichts, als Vergebung, zugestehen; sie reden als aufgebrachte Herren gegen rebellische Sclaven; aber dieser Ton wird nicht lange dauern. Der Hauptpunct ist, die Republik bey der Souverainität zu erhalten und die Corsen zufrieden zu stellen; es ist aber eine sehr kützliche Sache. Man überläßt sie Ihrer Klugheit, und der Klugheit des Herrn Chauvelins. Die Ehre und das Wort des Königs sind damit verbunden; das ist ein mehr als zu hinlänglicher Bewegungsgrund Ihren Eifer zu ermuntern.

Was mich anbetrift, mein Herr, so wünsche ich Ihnen aufrichtig allen möglichen guten Erfolg. Sie sind es werth, und im Stande Ihren Zweck zu erreichen. Ich wünsche, daß das Glück, welches an den Geschäften dieser Welt oft mehr Theil hat, als die Geschicklichkeit und die Talente, Ihre Bemühungen unterstützen möge. ꝛc.

76. Brief.

76. Brief.

An den Herrn von Machault,
Generalcontroleur.

1752.

Sie haben sich vorgenommen, mein Herr, die vierzig privilegirten Räuber, die Frankreich verwüsten, zu bekriegen; Ihre Herzhaftigkeit gefällt mir, und ich table sie nicht. Man sagt, der wirkliche Reichthum des Staats beliefe sich auf ungefähr zwölfhundert Millionen livres, und zweyhundert Privatpersonen besässen wenigstens die Hälfte davon. Es ist hierinnen kein Verhältniß, und ein grosser Fehler. Ich halte, wie Sie, dafür, daß der König, indem er den Generalpachtern die Zölle für das Einfahren der Waaren zugestanden, niemals die Absicht gehabt hat, seine Unterthanen zu Grunde zu richten, und sie auch nicht hat haben können. Es ist ein Monopolium, welches alle Fonds des Königreichs unvermerkt verschlinget. Es ist billig, diese Herren Rechnung ablegen zu lassen; und ich bin versichert, daß, wenn dieses mit Sorgfalt und Treue unternommen wird, es dem Könige mehr, als dreyhundert Millionen einbringen wird. Sie, mein Herr, werden dadurch dem Staate einen sehr grossen Dienst leisten, und sich bey der Nachkommenschaft den Ruhm des Sully erwerben, der so würdig war dem guten Heinrich IV. zu dienen ꝛc.

77. Brief.

77. Brief.

An den Herrn Rouille.

1752.

Sie sagen, mein Herr, der König habe gegenwärtig funfzig Schiffe von der Linie, und dreißig Fregatten; ist aber wohl diese Rechnung nicht ein wenig zu groß gemacht? Haben Sie etwan die mit dazu gezählt, die Sie noch wollen bauen lassen, welche aber noch nicht fertig sind? Wenn Ihre Rechnung richtig ist; so versichert man, Frankreich werde im Stande seyn, den Engländern die Spitze zu biethen, wenn diese es angreifen sollten; und ich hoffe es.

Der gute Albemarle beobachtet alle ihre Unternehmungen mit einem unruhigen und eifersüchtigen Auge; er hat aber das Herz nicht mehr, sich zu beklagen. Es ist auch in der That lächerlich, es übel zu nehmen, daß ein Mensch bauet und sein Haus vergrössert. Ich weis nicht, wer dem Könige die neue Promotion der Admirale und der andern Seeofficiere gerathen hat. Ich dächte, man machte nicht so viel Lärmen; das heißt die Augen des ganzen Europa auf sich ziehen, welches nicht ermangeln wird deswegen Verdacht zu schöpfen. Uebrigens haben wir uns weiter vor niemand, als vor den Engländern, zu fürchten.

Aber, mein lieber Herr, wenn Sie nun endlich Schiffe haben, haben Sie denn auch Matrosen? Das ist d.. Hauptpunct, und der allerschwe-
reste

reste. Die Franzosen lieben weder das Meer, noch den Dienst in den Colonien; welches mich schon zum voraus in Furcht setzet, und ich unterstehe mich zu sagen, Frankreich wird sich niemals als eine Seemacht hervorthun. Der Herr von Argenson hat die Hälfte der Officiere von dem Regimente von Guienne, die nicht mit nach Canada haben gehen, und sich, wie sie sagen, von den Wilden fressen lassen wollen, abgedankt; diese Denkungsart verspricht eben nicht viel Gutes. Ich halte also dafür, es sey das vornehmste, den Dienst zur See zu ermuntern, welches aber sehr schwer seyn wird.

Der alte Maurepas ist eifersüchtig. Er sagt öffentlich: "Mein Nachfolger wird nicht eher ruhen, als bis er die französische Marine zu Grunde richten wird". Ich hoffe, Sie werden ihn zum Lügner machen. Wenigstens ist der König sehr zufrieden, und die Nation liebet Ihren Eifer. Ludwig XIV. hat nur vier Jahre auf dem Ocean eine Figur gemacht. Wenn Sie es dahin bringen, daß Ludwig XV. länger eine macht; so werden Sie ein grosser Mann seyn. ɾc.

78. Brief.
An den Herzog von Mirepoix.

Ihre Briefe, mein Herr Herzog, sind mir, wie Sie wissen, allezeit angenehm. Die Kleinigkeiten, die Sie für mich ausgesuchet und mir über-

überschickt haben, gefallen mir nur deswegen, weil Sie von Ihnen kommen; und sie haben auch gewiß keinen andern Werth. Die Engländer wissen weder mit Geschmack zu essen, noch zu leben, noch zu arbeiten. Ich beklage Sie vom Herzen, daß Sie in dem Lande der *Rosbif* und der Frechheit leben müssen. Ich zweifle nicht, daß Sie den bösen Chicanen und Raisonemens dieser stolzen Insulaner noch weit mehr, als wir, ausgesetzt sind. Es scheinet, als ob sie gern Krieg haben wollten; sie wissen nur nicht, wo sie einen scheinbaren Vorwand dazu hernehmen sollen. Aber das wahre und größte Verbrechen, dessen sich Frankreich in ihren Augen schuldig gemacht hat, bestehet darinnen, daß es seine Seemacht wieder herstellet.

Der Schritt, den das engländische Parlament gethan, indem es die Juden naturalisirt hat, setzt ganz Europa in Verwunderung. Der alte Marschall spricht, die Religion, die Gesetze und die Sitten der Israeliten machen sie unfähig gute Bürger und gute Unterthanen zu seyn. Es ist allezeit ein besonderes Volk, das einen Staat in dem Staate ausmacht, und welchem man nur mit Vorsichtigkeit Privilegien zugestehen muß. Man glaubt, daß das Gold, welches, wie die Liebe, alle Menschen einander gleich macht, der stärkste Bewegungsgrund ist, dessen sich die Juden bey dieser Gelegenheit bedienet haben. Frankreich weis schon seit langer Zeit, daß dieses kostbare Metall in England alles ausrichten, und

daß

daß man daselbst den Frieden, den Krieg, die Gerechtigkeit und die Tugend kaufen kann. Sie sind mit der Höflichkeit der Minister des Königs George zufrieden; aber wir sind es mit ihrer Politik nicht. Sie begehen, wie der Cardinal Mazarin, einen grossen Fehler bey den Unterhandlungen, welcher darinnen bestehet, daß sie allzeit betriegen wollen. Nehmen Sie sich in Acht, daß Sie nicht auch betrogen werden, und denken Sie allzeit an Ihr Vaterland und an Ihre Freunde.

79. Brief.

Vom Herzoge von Mirepoix,
als die Antwort auf den vorhergehenden Brief.

den 1ten September 1753.

Frau Marquisinn,

Ich lege mich zu den Füßen der guten Freundinnen, die zu der Gnade etwas beygetragen haben, welche der Frau von Mirépoix unlängst ist erzeiget worden. Sie hatte schon seit einiger Zeit ein Recht zu diesem Platze. Ist es aber genug, ein Recht zu haben? Ich danke also eben so sehr dafür, als wenn sie keins dazu gehabt hätte, und wir wünschen gar sehr, Sie unverzüglich mit eben demselben Titel *) beehret zu sehen.

Ich kann mich nicht bereden, daß man hier im Ernste Krieg haben will. Ebendieses, daß man

sich

*) Vermuthlich einer Hofdame.

sich so stellt, versichert mich davon. Und hernach sehe ich auch nicht, daß man im Stande wäre ihn anzufangen. Der letzte Krieg hat diesem Königreiche eine tiefe Wunde geschlagen, welche seine Finanzen noch itzo empfinden. Ueberdi ses mag man immerhin sagen, die Engländer wollten Krieg haben, ihre Handlung auf Kosten der unsrigen zu erweitern; ich bleibe doch dabey, daß der Krieg die Handlung zu Grunde richtet. Man siehet also nur mit halben Augen, wenn man behauptet, sie wünschten den Krieg aus Liebe zu dieser Handlung. Sich herumschlagen, um ihr aufzuhelfen, würde in der That nichts anders heissen, als ihrem Gegenstande den Rücken zukehren. Man sagt, die Ruderknechte kämen an das Ufer, ob sie ihm gleich den Rücken zukehrten; aber ein Gleichniß wirft einen richtigen Schluß nicht über den Haufen. Der Krieg kann in England sonst niemand etwas helfen, als dem Könige. Er vermehret seine Macht; er vereiniget die Parteyen, in welche die Nation getheilet ist. Alles, was er wünschet, wird ihm zugestanden, und indem er seinen unruhigen Unterthanen auswärts etwas zu thun giebt, befindet er sich zu Hause in dem völligen Besitze der höchsten Macht und Gewalt. Ich habe aber überzeugende Beweise, daß der König von England keinen Krieg haben will, daß er ihn verabscheuet, und sich nicht im Stande zu seyn erachtet, ihn mit Vortheile zu führen. Wer wird ihn also von der Nation verlangen, wenn ihn der König fürchtet? Ueberdieses werde ich von seinen

Mini-

[137]

Ministern mit Merkmaalen der aufrichtigsten Freundschaft überhäufet. Es giebt viel Nationen, bey welchen diese äußerlichen Zeichen nichts beweisen würden; in England aber kann ich sie nicht für falsch halten.

Der Herr Green ... hat das Porcellain aus den Händen eines meiner Officiere empfangen. Er hat den Preis desselben wissen, und es sogleich bezahlen wollen. Man hat ihm zur Antwort gegeben, ich würde ihm solchen wissen lassen. Gestern nach der Mittagstafel fragte er mich wirklich, an wen er sich dieser Kleinigkeit wegen zu wenden hätte. Ich gab ihm zur Antwort, eben deswegen, weil es eine Kleinigkeit wäre, wollte der König nicht haben, daß er sie bezahlen sollte. Er machte ein großes Geschrey über diese Galanterie, weigerte sich, und sagte endlich, er müßte vorhero um Erlaubniß bitten, ehe er sie annehmen könnte. Sie sehen also, Frau Marquisinn, daß diese Sache abgethan ist. Uebrigens kann man nichts schöners sehen, als diesen Aufsatz. Besonders ist das Biscuit ganz vortrefflich. Diese Manufactur hat erst ihren Anfang genommen, und die sächsische hat es nicht weiter gebracht. Man redet bereits davon, daß man auch eine zu Windsor anlegen will. Man hat eine Erde oder einen Teig gefunden, der sich vortrefflich dazu schickt. Man hat ein grosses unbewohntes Gebäude; man hat ... Frau Marquisinn, man hat alles, nur keinen Geschmack.

J 5   80. Brief.

80. Brief.

An den Herzog von Mirepoix.
1751.

Aller Ihrer Hoffnungen und Versprechungen, wie auch der Lügen des Londner Hofes ungeachtet sehen wir den Krieg als unvermeidlich an, aber ohne deswegen unruhig zu werden. Alle Herzen der Indianer in America sind uns zugethan; wir haben Schiffe, eine gute Armee und gute Freunde. Mylord Albemarle, der sich mehr mit seinen Ergötzlichkeiten, als mit der Politik beschäftiget, hat dem ungeachtet ein weitläuftiges Memoire überreicht, in welchem er sich beklagt, es geschähe auf Anstiften der Franzosen, daß die Wilden in Amerika seine Nation angriffen. Es ist betrübt, daß sich dieses kluge Volk nicht beliebt machen kann, und es ist schändlich, sich darüber zu beklagen. Dieses Memoire verdiente keine ernsthafte Antwort, und es ist auch keine darauf ertheilet worden. Der Herr Abgesandte beklagte sich ferner, Frankreich baue Schiffe. Diese Klage verdiente ebenfalls keine ernsthafte Antwort, und es ist auch keine darauf gegeben worden. Der König verläßt sich bey diesen critischen Zeiten auf Ihren Eifer, auf Ihre Einsichten, und auf Ihre Wachsamkeit. Sehen Sie alles, haben Sie auf alles Acht, und untersuchen Sie alles. Die Engländer sind nicht fein; ich glaube nicht, daß sie Sie hintergehen können. Ich bitte

[139]

Sie der Herzoginn *) mein Compliment zu machen. Sie ist eine Frau, die ich wegen ihres Verstandes und guten Herzens liebe. Diese Charaktere sind in ihrem Lande etwas seltenes, aber eben deswegen desto schätzbarer. Leben Sie wohl, mein Herr Herzog, sorgen Sie für Ihre Gesundheit um des Dienstes des Königs, und der Zufriedenheit derer willen, die Sie lieben. Ich denke, wir werden einander bald wieder sehen. Es wird mir angenehm und auch nicht angenehm seyn; denn ich liebe den Krieg nicht. Er stiftet selten etwas Gutes, allezeit aber viel Böses. Ich bin.

81. Brief.

An die Frau Marschallinn von Etrees.

1754.

Ich sehe immer mehr und mehr ein, daß der Zustand der Könige und der Grossen gar sehr betrübt ist, und ich halte dafür, ein Stallknecht sey noch etwas glücklicher, als sein Herr. Wie theuer muß man die Pracht, die Ehre, und die prächtigen Kleinigkeiten, die der unwissende Pöbel aus Thorheit beneidet, bezahlen! Was mich anbetrifft, so muß ich gestehen, daß ich, seit dem ich hier bin, noch nicht sechs angenehme Augenblicke gehabt habe. Jedermann suchet mir zu gefallen, und es mißfällt mir doch fast iedermann.

Die

*) Von Queensberry.

Die glänzendesten Gesellschaften verursachen mir Kopfweh; ich habe bey den Festen lange Weile, und erfahre beständig, daß in der Eitelkeit kein Glück zu finden ist. Indessen muß ich den Kelch trinken, so widrig er auch immer ist, weil ich es gewollt habe. Der König befindet sich wohl, er ist aber verdrießlich wie die andern; und die Streitigkeiten der Geistlichkeit mit dem Parlemente tragen nichts bey, ihn aufgeräumt zu machen. Die Minister zerbrechen sich die Köpfe gar sehr, um sie mit einander zu vereinigen; aber die Geistlichen wollen gar nicht nachgeben. Ich kann mir indessen nicht einbilden, daß ihre Beichtzettel so gar nöthig sind, auch nicht, daß Gott einen ehrlichen Mann, der ohne ihre Pässe stirbt, verstoßen werde. Ich glaube vielmehr, daß die mehresten von ihnen eitel, ehrgeizig, keine guten Unterthanen des Königs, und schlechte Diener Gottes sind. Ihr Ansehen ist aber zum Unglücke, wegen ihres heiligen Charakters und des schönen Vorwandes der Religion, so groß, daß man sich genöthiget siehet, sie zu schonen. Der König weis wohl, daß das Parlement die Rechte seiner Krone wider die Geistlichkeit, die gern unabhängig seyn möchte, vertheidiget. Indessen ist er, so zu sagen, gezwungen, seine Freunde zu bestrafen, und seine Feinde zu liebkosen. In einem solchen Zustande befinden sich die Götter der Erde, die man zu gleicher Zeit anbetet und verachtet. Diese Streitigkeiten rühren Sie nicht, geliebte Freundinn, weil Sie von der Scene entfernt sind; mich

aber

aber betrüben sie, weil sie den besten König betrüben. Wir wollen Gott bitten, daß er seinen Dienern den Geist des Friedens und der Liebe schenken wolle. Haben Sie unsern Grafen*) gesehen? Ich habe ihm ein kleines Geschäfte aufgetragen. Kleine Geschäfte kann er vortrefflich besorgen. Nach diesem will ich ihm noch ein anderes von gleicher Wichtigkeit auftragen. Ich kenne seine Talente, und man muß sie sich zu Nutze machen. Reden Sie doch mit ihm. Ich umarme Sie zärtlich.

82. Brief.
Von der Frau Marschallinn von Etrees.
Als die Antwort auf den vorhergehenden Brief.

Montmirall, den 28 Aug. 1754.

Ich habe Ihren Brief hier erhalten, Madame, und ich habe tausend Ursachen es zu bedauren, daß ich mich hieher begeben habe. Aber ich muß Ihnen erst antworten, um von vorne anzufangen. Nein, meine Freundinn, ein Stallknecht ist in einem gemeinen Jahre nicht glücklicher, als sein Herr. Ich sage in einem gemeinen Jahre, weil mir das Glück von den guten oder bösen Umständen des Lebens unendlich abzuhängen scheinet. Ich halte sie also für eben so glücklich, das heißt, so wenig als nichts. Sie halten sich für unglücklich, sagen Sie, für weniger glücklich, als
Sie

*) Der Graf von Valbelle.

Sie geglaubt hätten. Stellen Sie sich aber einen Augenblick vor, Sie wären der Größe, die Sie umgiebt, beraubet, und sagen Sie mir alsdenn, ob Ihnen diese Vorstellung nicht schrecklich vorkömmt. Alles ist beziehend, und alles rühret uns entweder auf eine angenehme oder unangenehme Art, nach der Lage, in welcher sich unser Geist befindet. Ich bin hieher gekommen, zween Monate in der Einsamkeit der Ruhe zu genießen. Es ist einer von den schönsten Oertern in der Welt. Der Marschall hat ihn noch mehr verschönert, und ich versprach mir einen angenehmen Herbst. Aber ich fand hier einen Brief von dem Ritter von Militerni. Er berichtet mir darinnen weitläuftig die schreckliche Begebenheit des Herrn Jumanville, oder wie er heissen mag: denn der Ritter schreibt wie eine Katze. Es ist ein abscheulicher, ein schrecklicher Meuchelmord. Dieser brave Officier muß gerochen werden. Wenn wir dergleichen Verbrechen begiengen; so würden wir von der ganzen Welt verfluchet und verabscheuet werden. Aber auch Militerni siehet nichts als Krieg um sich herum. Er hält ihn für eine ausgemachte Sache. Er brennet vor Begierde die Mörder des armen Jumanville zu bekriegen. Ach! meine Freundinn, der Krieg wird angehen, und Sie wissen, daß zwischen dem Minister und dem Herrn Marschalle eine große Kaltsinnigkeit herrschet. Wenn er das Commando nicht bekömmt; so habe ich das Herz nicht mich sehen zu lassen. Denn der Krieg ist beschlossen, ich weis es, man
hat

hat es mir von andern Orten her geschrieben, er wird gewiß angehen. Madame, ich überlasse Ihnen mein Interesse; ich reise übermorgen ab. Montmirail ist für mich weiter nichts mehr, als eine Thebanische Wüsteney, wo mir diese zween Tage wie zwey Jahre vorkommen werden. Ich habe sogar die Nacht vor meiner Abreise Ahndungen von einem Kriege gehabt. Ich bin fest entschlossen, mich meinen Ahndungen nicht mehr zu widersetzen.

Ich sage Ihnen nichts von den Unruhen der Geistlichkeit. Mein Gott! wie elend kömmt mir das vor. Was den Grafen anbetrifft; so ist er auch sogar kleine Geschäfte zu besorgen nicht so geschickt, als Sie glauben. Ich hatte ihm aufgetragen, mir einen schönen Sapalou *), wie der Prinzeßinn Talmond ihrer ist, zu verschaffen. Es kam nur auf ihn an, ich habe aber bis itzo noch keinen bekommen können.

Der Krieg kömmt mir nicht aus dem Kopfe.

83. Brief.
Vom Herrn Diderot.

Madame,

Ich habe mich gar sehr gewundert, daß ich zu einer Zeit, da ich gewiß wußte, daß Sie Leute vor sich ließen, nicht habe vor Sie kommen können. Wir sind eine solche Strenge von Ihnen

---
*) Eine Art Affen.

nen nicht gewohnt. Ich habe mich auch dadurch
nicht abschrecken lassen. Die Prinzeßinn von
B... hat Ihnen bereits gesagt, was für einen
Dienst wir von Ihnen hoffen. Ich habe es nicht
verlangt, daß sie Sie hat bitten sollen, und ich
will Sie nur mit wenig Worten an dasjenige
erinnern, was Sie Ihnen gesagt hat.

Eine Gesellschaft arbeitsamer Männer, die
nichts anders suchen, als ihres gleichen nützlich
zu seyn, ist seit vielen Jahren mit der Verfertigung eines Werks beschäfftiget, das den Schatz
menschlicher Kenntnisse und Wissenschaften aufbewahren soll. In allen Classen der Gesellschaft
tragen die rechtschaffensten und gelehrtesten Männer zu dieser wichtigen Arbeit das ihrige begierig
bey. Alle Mitarbeiter lassen um die Wette einen
Eifer von sich blicken, aus welchem man ihnen,
wie sie gewiß versichert zu seyn glauben, niemals
ein Verbrechen wird machen können. Sie trachten nach nichts; viele unter ihnen wollen aus Bescheidenheit nicht einmal bekannt seyn, und ihre
Uneigennützigkeit gehet so weit, daß sie sogar die
Ehre verachten, die ihnen aus ihrer Arbeit zuwächst, welche die einzige Belohnung ist, die
sich für die Tugend schickt. Das Gebäude entstehet, und Europa bewundert es. Auf einmal
wird es von unbekannten Verfolgern angegriffen,
die ihm Streiche versetzen, welche um so viel gefährlicher sind, weil sich die Arbeiter, aus einem
vielleicht zu weit getriebenen Stolze nicht die Mühe

nehmen,

nehmen; ihre Angriffe abzulehnen. Indessen
fängt man an unsere Mäßigung für eine Schwachheit auszugeben. Wir müssen uns rechtfertigen,
es muß aber mit sehr vieler Vorsichtigkeit geschehen. Wir befürchten eine Parten gegen uns zu
erregen, wenn wir uns die Mühe geben, uns gar
zu öffentlich zu vertheidigen. Wir verlangen keine Vertheidiger, sondern nur Richter. Seyn
Sie der unsrige, Madame; seyn Sie aber auch
zu gleicher Zeit unser Advocat, wenn Sie meynen,
daß sich dieses für Sie schickt, es scheinet mir
aber nichts schicklicher zu seyn. Die Wahrheit
und die Philosophie werden keine Gegner mehr
haben, wenn der Verstand und die Schönheit sie
vertheidigen werden.

84. Brief.

An den Herrn Diderot.

Als die Antwort der Frau von Pompadour auf den
vorhergehenden Brief.

Mein Herr, ich kann in der Sache, die das
Dictionnaire Encyclopedique betrifft, nichts
thun. Man sagt, es befänden sich in diesem Buche Grundsätze, die wider die Religion und Autorität des Königs wären. Wenn es an dem ist,
so muß man das Buch verbrennen. Aber zum
Unglücke ist es die Geistlichkeit, die Sie anklagt,
und diese will nicht unrecht haben. Ich weis
nicht, was ich von diesem allen denken soll; aber
ich

ich weis, was ich thun werde; mich auf keine
Weise in diese Sache mischen. Die Geistlichen
sind gar zu gefährlich. Indessen sagt mir jedermann Gutes von Ihnen; man schätzet ihre Verdienste hoch, und ehret ihre Tugend. Wegen
dieser Zeugnisse, die Ihnen so viel Ehre machen,
glaube ich fast, daß Sie unschuldig sind; und ich
werde mir ein Vergnügen daraus machen, mich
Ihnen bey einer andern Gelegenheit gefällig zu
erzeigen. Das Verbot der *Encyclopædie* ist auf
die Aussage der Andächtigen, welche nicht allemal richtig urtheilen und die Wahrheit reden, beschlossen. Ist das Buch nicht so beschaffen, wie
sie sagen; so kann ich weiter nichts thun, als daß
ich Sie beklage, und die Heucheley und den falschen Eifer verabscheue, bis Sie mir eine andere
Gelegenheit an die Hand geben, Ihnen nützlich
zu seyn. ꝛc.

85. Brief.
An die Marquisinn von Breteuil.
März 1754.

Ich bin Ihnen eine Antwort schuldig; und ich
gebe sie Ihnen mit vielem Vergnügen. Sie
sehen, daß ich in dem Lande, wo man gemeiniglich ein so kurzes Gedächtniß hat, dennoch meine
Freunde nicht vergesse. Es giebt Leute, die sich
ein Vergnügen daraus machen, mich für eine stolze,
eigennützige und solche Frau auszugeben, die
nicht

nicht im Stande wäre, die Verdienste einzusehen und zu lieben. Sie wissen, ob es wahr ist, oder nicht. Ich gestehe es Ihnen aber, dergleichen Urtheile betrüben mich, weil sie ungerecht sind; und vielleicht würden sie mich noch mehr betrüben, wenn sie es nicht wären; denn in dem Falle beunruhiget die Wahrheit mehr, als die Lügen. Ich bin nicht stolz, denn ich gehe mit denen, die ich hochschätze, vertraut um. Was die andern anbetrifft; so bekümmere ich mich nicht darum, ob ich sie betrübe, oder ihnen misfalle. Ich bin nicht eigennützig, weil ich viel Geld verschwende, mir oft meine Feinde, und noch öfter Undankbare verbindlich zu machen. Ich bin nicht unfähig die Verdienste zu lieben, weil ich Sie zärtlich liebe, und alle Gelegenheiten, die sich mir darbiethen, eifrig ergreife, um Sie davon zu überzeugen. Ich schätze mich glücklich, eine neue gefunden zu haben. Wissen Sie aber wohl, Madame, daß ich sehr böse bin? Warum erinnern Sie mich denn an die bey der Königinn ledige Stelle? Denke ich etwan nicht beständig an Sie? Ich sollte Sie bestrafen, und das, was geschehen ist, vor Ihnen verhehlen. Aber mein Herz, welches ich allezeit um Rath frage, läßt es nicht zu. Ich melde Ihnen also, daß Sie zu dieser Stelle waren ernennet worden, ehe ich Ihren Brief erhielt. Ich werde Ihnen nicht sagen, wer Sie vorgeschlagen hat, und dabey glücklich gewesen ist. Sie sollen nur wissen, daß es eine Person ist, die Ihnen ganz ergeben ist, und keinen Dank annehmen will.

will. Ich glaube, es wird wohl gethan seyn, wenn sie sogleich kommen, dem Könige Ihre Danksagung abzustatten, und mich zu umarmen.

Sie werden hier einen langen hagern Mann*) antreffen, der schwarz, wie ein Teufel, ist, und wie Carl XII. die Frauenzimmer und Ergötzlichkeiten hasset, aber auch, wie er, den Krieg und den Ruhm bis zum Unsinne liebet. Er hat uns im letzten Kriege viel Schaden zugefüget, und ist gekommen, uns seine Dienste anzubiethen, um den Engländern bey der ersten Gelegenheit, die sich vielleicht nur mehr als zu bald zeigen wird, eben so viel Schaden zu thun. Ich schliesse hier meinen Brief, um zum Abendessen zu gehen, und hernach lange Weile zu haben. Leben Sie wohl, meine schöne Marquisinn. Lieben Sie alle Menschen, und mich mehr als alle andere.

86. Brief.
An die Gräfinn von Brancas.

Ich habe über Ihren kleinen Bischof lachen müssen. Ist es also wirklich an dem, daß er sich in seinem Wagen das Vergnügen gemacht hat, der schönen Herzoginn Schönpflästerchen aufzulegen? Ich halte nicht dafür, daß dieses eine bischöfliche Verrichtung ist; aber sie ist angenehm, und es wäre zu wünschen, daß die Geistlichen niemals etwas schlimmeres thäten. Aber wir
wollen

*) Der Herr Courtin, ein berühmter Parteygänger.

wollen von diesem in Gott andächtigen Vater weiter nichts sagen, meine geliebte Freundinn, und von uns reden. Lieben Sie mich itzo noch mehr, als die vergangene Woche? Was mich anbetrift, so merke ich wohl, daß ich Sie alle Tage mehr liebe, und daß ich Ihre Liebe nöthig habe; denn ich bin verdrießlich, wenn ich Sie nicht sehe.

Die bösen Männer, welche behaupten, die Frauenzimmer könnten einander nicht lieben, mögen zu uns kommen; so werden sie etwas neues erfahren. Ich habe viel Bekanntschaften, viel gehorsame Diener und Dienerinnen, die ich ohne Vergnügen sehe, und ohne Betrübniß verlasse. Wer mir gefallen will, muß ein gutes Herz und einen aufgeweckten Geist, wie Sie, haben. Der König ist bey dem schlechtesten Wetter von der Welt auf die Jagd gegangen; er macht sich nichts draus, denn er hat einen eisenfesten Körper. In Ansehung seiner kleinen papiernen Herren aber ist es eine ganz andere Sache; indessen muß man seinen Herrn begleiten, und vergnügt zu seyn scheinen. Da ich unterdessen etwas thun muß; so gehe ich auf meiner Galerie spatzieren, ich betrachte meine Gemälde, gähne, und schreibe. Halten Sie mich nicht für sehr glücklich? Man hat hier das neue Trauerspiel vom Voltaire vorgestellet. Es ist zu verwundern, daß dieser Alte noch so schöne und muntere Kinder zur Welt bringet. Es ist nur ein Voltaire; und es kann niemand besser zum Lachen und Weinen bewegen, als er.

Haben Sie doch die Gütigkeit, Madame, und bringen Sie Ihre kleine Tochter zu mir; ich will sie küssen, und verheurathen, wenn Sie es zufrieden sind. Ich liebe sie gar sehr, weil ich alles liebe, was Ihnen angehört und ähnlich ist. Aber ich höre ein Geräusche. Es sind Leute, die mich gerade zur unrechten Zeit zu einem kleinen Soupee abrufen, und mich nöthigen, meinen Brief und mein Vergnügen zu unterbrechen. Ich werde ihn morgen wieder vor die Hand nehmen.

Indem ich aus dem Bette aufstehe, wünsche ich Ihnen zuvörderst einen guten Morgen. Ich hatte es voraus gesehen, daß ich gestern würde lange Weile haben, und meine Muthmaßungen sind eingetroffen. Was für eine wohl ausgesonnene Sache ist nicht der Wohlstand der Welt! Die Gesellschaft gefiel mir nicht. Es waren sehr höfliche, aber dabey sehr abgeschmackte Leute, bey deren Schmeicheleyen einem ganz übel wurde. Sie lachten über alle Bonsmots, die ich nicht gesagt hatte, und wollten mich zu meinem Verdrusse überreden, ich wollte mich nebst ihnen hervorthun. Glauben Sie mir, meine Liebe, alle Schmeichler sind Narren, die sich einbilden, andere wären ihnen ähnlich. Es waren auch schöne, aber lächerliche Frauenzimmer zugegen, die zu den Mannspersonen zu sagen schienen, betrachtet mein Gesicht, und bewundert es. Was für eine Quaal, meine liebe Gräfinn, sind nicht diese kleinen Soupees, an welchen man so viel Vergnügen und Geschmack findet. Ich bin fast überzeugt, daß niemand

mand zu finden ist, der nicht gähnen möchte, ob gleich ein jeder spricht, er wäre sehr vergnügt. Ich für meine Person finde kein Vergnügen daran; sondern habe allemal viel lange Weile, und ziemliches Kopfweh dabey. So ist das angenehme Leben, das ich führe, und welches ich allen meinen Feinden wünsche, beschaffen. Es giebt itzo keine Staatsneuigkeiten, aber viel Ebentheuer, Intriquen und besondere Kleinigkeiten. Ich höre die, so sie mir erzählen, noch an; aber ich mache mir nichts draus, und sie gefallen mir nicht mehr, wie sonst; weswegen ich glaube, daß sich mein Herz bessert. Aber warum sagen Sie mir nicht, daß ich schliessen soll? Ich glaube, mein Brief ist lang genug, ob gleich für mich nicht, die ich gern an Sie schreibe, aber doch für Sie, die ich verdrießlich mache. Ich fange an ihn noch einmal durchzulesen. Mein Gott! welcher Mischmasch! Ich finde nur etwas darinnen, das Ihren Beyfall erhalten wird; nämlich die Merkmaale der Freundschaft, die ich Ihnen gebe. Alles dieses ist gut und wahr. Was das übrige anbetrift; so wollte ich Ihnen rathen, ihn nicht zu lesen, wenn Sie ihn nicht schon gelesen hätten. Ich bin ꝛc.

87. Brief.

An den Herzog von Mirepoix.

1755.

Sie sind ein vortreflicher Correspondent für ein Frauenzimmer, mein Herr Abgesandter;

aber

aber man befürchtet, daß Sie nicht aufmerksam genug sind, die Unternehmungen der Engländer zu beobachten. Es scheinet gewiß zu seyn, daß sie etwas wichtiges vorhaben. Sie machen grosse Zurüstungen in ihren Häven, und schicken Truppen und allerley Munition nach America. Indessen ist doch wunderbar, daß Sie in allen Ihren Depeschen unaufhörlich wiederholen, der König von England wäre allzeit unser Freund, und habe nichts Böses wider uns im Sinne. Sie wissen besser, als ich, daß das ganze Geheimniß der Staatsklugheit darinnen bestehet, zu rechter Zeit zu lügen, und daß die Könige so gut lügen können, als andere. Es würde eine Schande seyn, wenn in dergleichen Sachen ein Franzose von den Engländern hintergangen würde, und ich befürchte gar sehr, daß Sie werden hintergangen werden, wenn Sie nicht um Ihrer eigenen, und um der Ehre Ihrer Freunde willen, gar sehr auf Ihrer Hut sind. Es hat z. E. ein gewisser General Braddock Feindseligkeiten in America angefangen; er kann es unmöglich ohne Befehl gethan haben. Wenn er aber Befehl dazu gehabt hat; so können Sie sehen, daß Ihre guten Freunde in England Betrüger sind, und ihren Spott mit Ihnen treiben. Die Sachen können nicht so bleiben, wie sie sind; und wir werden gar bald wissen, woran wir sind. Indessen befürchte ich, Sie werden plötzlich zurückkommen, und die Schande haben, in der Politik von den schlechtesten Staatsleuten, die auf der Welt sind, betrogen zu seyn.

Wenn

Wenn das geschähe; so würde ich mich um Ihrent- und meinetwillen gar sehr betrüben; denn Sie wissen, wie eiferig ich Ihnen zu dienen allzeit bereit gewesen bin, und es auch allzeit seyn werde. Ich grüsse Sie von ganzem Herzen; sorgen Sie für Ihre Ehre und unser Interesse. Ich bin ꝛc.

88. Brief.
Vom Herzoge von Mirepoix.
Londen, den 25 Jänner 1755.

Madame,

Ich bin einigermassen wegen des Compliments verlegen, das Sie mir in Ansehung des Talents machen, welches ich, Ihrem Vorgeben nach, besitze, mit Frauenzimmern einen Briefwechsel zu unterhalten. Es hat dieses zwar seinen Werth; ich will mich aber doch dieses Vorzugs gegen Sie nicht bedienen. Um Ihnen einen Beweis davon zu geben, will ich mit Ihnen nur von öffentlichen Angelegenheiten sprechen. Es wird dieses ein kurzer Auszug meiner gestrigen Depesche seyn, deren Inhalt aber, wie ich vermuthe, für Sie kein Geheimniß mehr seyn wird.

Ich habe gar sehr auf den gemäßigten Vorschlägen bestanden, die mir der König zu thun befohlen hat. Ich habe vornehmlich verlangt, daß die gegenseitigen Anforderungen der zu Paris errichteten Commißion sollen übergeben werden, und daß man sich wegen der Bestimmung der neuen Kriegsrüstungen deutlicher erklären soll.

Nachdem man unsere Vorschläge verworfen, hat man mir ziemlich laconisch zur Antwort gegeben, Sr. Großbritannische Majestät verlangten ihres Orts, daß der Besitz des Landes an der Seite des Ohio wieder in den Stand gesetzet würde, in welchem es sich befunden, als der Utrechter Friede wäre geschlossen worden. Man hat sich die Wege der angezeigten Unterhandlungen gefallen lassen, und durchgehends gesagt, die Vertheidigung der engländischen Besitzungen wäre der einzige Bewegungsgrund der nach dem mitternächtigen America geschickten Rüstungen zur See. Endlich hat man, auf eine ziemlich hochmüthige Art, eine Erklärung wegen der grossen Seemacht, die wir zu Brest und Toulon zubereiten, von mir verlanget. Ich habe ihnen ihre eigene Antwort wiederholet.

Die Wendung, welche die Sachen bekommen, bringt mich fast auf die Gedanken, daß ich mich in Ansehung des Characters dieser Leute gar wohl könnte geirret haben. Der Herr R..... hat eine Million mehr angewendet, als sein Gegner; und ich halte dafür, daß sich die durch seine Guineen bestochene Ueberlegenheit öffentlich für den Krieg erklären wird. Er ist selbst so unvorsichtig gewesen, zu sagen, er könnte gar leicht alle Stimmen haben, wenn er sie bezahlen wollte; er kaufte aber deren gerade nur so viel, als er zu seinem unumgänglichen Gebrauche nöthig hätte. Wenn der Friede noch einige unbekannte Anhänger hat; so kömmt es daher, weil sie böse sind,

sind, daß man sie nicht einmal zu bestechen gesucht hat, da sie sich wollten bestechen lassen. Was für Leute!

Ich werde Ihnen nicht mehr sagen, daß der König von England unser Freund ist. Die Sachen, die das Gegentheil beweisen, liegen gar zu deutlich am Tage. Ich bin aber gegen die unanständigen Lügen, mit welchen man mich so lange einzuschläfern gesucht hat, desto mehr aufgebracht.

Erlauben Sie, Madame, daß ich Ihnen widerspreche; ich muß es thun, um mich zu rechtfertigen. Nein, ich kann es nicht glauben, daß das Geheimniß der Politik darinnen bestehet, zur rechten Zeit zu lügen. Ich halte vielmehr dafür, daß der Betrug in dem Munde der Könige tausendmal entsetzlicher und schrecklicher ist, als bey einem iedweden andern Menschen. Ich gestehe es, daß es wehe thut, wenn man ist hintergangen worden. Es ist aber weit schimpflicher, ein Betrüger zu seyn. Wenn ich das Unglück gehabt hätte, in dem Lande eines Prinzen gebohren zu werden, der im Stande gewesen wäre, mir die Lügen zu befehlen; so würde ich mich niemals haben entschliessen können ihm zu dienen. Aber, dem Himmel sey Dank! diese verächtliche Politik ist die Politik meines Monarchen nicht. Er befiehlt mir nichts, das mir die Ehre untersagt, und ich kann es bezeugen, daß, seit dem ich in Diensten bin, ich in allem, was der Hof gethan hat, nichts gesehen habe, das nicht von Seiten der

größten

größten Rigoristen eine scharfe Untersuchung aushalten könnte. Wir wollen also unsern Nachbarn
erlauben, sich etwas darauf einzubilden, daß sie
besser betrügen können, als wir. Sie mögen,
wenn es seyn muß, durch unverschämte Lügen
Reiche an sich bringen; aber glauben Sie mir,
sie werden über kurz oder über lang, Opfer ihrer
Ungerechtigkeit werden, und der Schimpf und
die Schande sind nicht die einzige Strafe, die sie
zu gewarten haben. Das Maaß der Ungerechtigkeit ist immer wankend, und gehet, so bald es
voll ist, über. Ich halte indessen nicht dafür,
daß wir die Hände in den Schooß legen, und
uns, als Apostel der Gerechtigkeit martern lassen
sollen, indem wir sie ruhig anrufen. Betrüger
fallen uns unvermuthet an. Es ist ein Unglück;
es ist aber nichts so verzweifelt böse, daß kein
Mittel darwider zu finden wäre. Wir haben
grosse Hülfsmittel. Wir können eine Partey ergreifen, welche wir wollen. Und wenn der Ehrgeiz unserer Nebenbuhler über unsere Mäßigung
eine Zeit lang die Oberhand bekommen kann; so
werden wir doch wenigstens das Vergnügen haben, daß wir nichts sträfliches wider die Ehre begangen haben. Wir wollen uns im stillen zubereiten, und einen günstigen Augenblick erwarten,
um uns auf eine vortheilhafte Art zu rächen.

89. Brief.

89. Brief.

Vom Herzoge von Mirepoix.
London, den 9. Februar, 1755.

Madame,

Es ist Ihnen nicht unbekannt, was für Befehle ich von dem Könige erhalten, ich will Ihnen also nur kürzlich melden, auf was für eine Art ich sie vollstrecket habe.

Nach Chicanen wegen der Beschaffenheit meiner Vollmachten sind sie angenommen worden, und die Minister sind gar sehr zufrieden damit gewesen. Wir haben so gar einen vorläufigen Vergleich geschlossen. Den 8. dieses Monats sagte mir der Herr Robinson als Minister, Sr. großbritannische Majestät wäre entschlossen die Sache wegen des Ohio also beyzulegen, daß das Gebirge die Gränzen der engländischen Colonien ausmachen, und das ganze Land von da an bis an den See und Fluß Ohio und Onabache den Landeseingebohrnen und den Franzosen und Engländern frey bleiben sollte, um nur durch dasselbe zu gehen und mit den Wilden zu handeln. Er sagte ferner, man wolle auf beyden Seiten aus allen neuen Festungswerken die Besatzungen herausziehen und sie niederreissen; alsdenn wollte man die übrigen Schwierigkeiten zu heben suchen. Ich habe gefragt, ob man es bey diesen wörtlichen Erklärungen bewenden zu lassen gedächte, und ob man nicht auf das am 6. Jänner übergebene Memoire schriftlich antworten wollte; worauf man mir zur Ant-

Antwort gegeben, es wäre nicht nöthig, die Sache zu Pappiere zu bringen. Dieses ist, Frau Marquisinn, eine kurze Nachricht von dem Zustande, in welchem sich unsere Sachen befinden. Nach den bisherigen Betrügereyen, kann ich nicht glauben, daß man itzo redlichere Absichten hege. Ich wende alle nur ersinnliche Mittel an, um mehr davon zu entdecken, als man mir sagt. Es sind zwar viele Personen geneigt und Willens zu verrathen; aber die Absichten des Cabinets sind bis itzo auch denen noch ein Geheimniß, die doch darum wissen könnten. Alles, was man mit Gewißheit sagen kann, bestehet darinnen, daß die Nation Krieg haben will. Die Mittel sind noch unbekannt. Der König, sein Minister und ein mächtiger Bundesgenoß, den er, wie man vermuthet, im Reiche hat, sind die einzigen, die um das Geheimniß wissen. Aber ebendieses grosse Geheimniß ist mir verdächtig. Wenn ihre Absichten rein und lauter wären, warum suchten sie sie so sorgfältig zu verhehlen? Aber die Verrätherey will verborgen bleiben, und diese scheinet mir von einer rechten Meisterhand angesponnen zu seyn. Ich halte gewiß dafür, daß sich der König von England, während seines Aufenthalts zu Hannover, mit dem Könige von Preussen besprechen wird. Bey einer solchen Unterredung sagt man viele Dinge, und fasset auch viele Entschliessungen. Die Kühnheit des einen macht den andern schlüssig, und wir werden nicht zu viel Maaßregeln ergreifen

greifen können, um zu erfahren, was auf dieser Reise vorgehen wird.

Die Engländer sagen, die Unterhandlungen wären unsre beste Artillerie. Ich befürchte gar sehr, die meinige werde sie eines andern belehren.

Die Beförderung des Herrn von Sechelles habe ich mit einem wahren Vergnügen vernommen. Er ist mein Freund; ich weis, Frau Marquisinn, wie viel Sie beygetragen haben, ihm die Gewogenheit des Königs zu verschaffen, und ich stehe dafür, daß Sie Ursache haben werden, sich darüber zu freuen.

90. Brief.
An den Herzog von Mirepoix.
Als die Antwort der Frau von Pompadour auf die beyden vorhergehenden Briefe.

1755.

Sie haben uns endlich betrogen, mein Herr Herzog, weil Sie zuerst sind betrogen worden; es befremdet uns aber gar sehr, daß Sie sich haben betrügen lassen. Wie ist es möglich, daß der König von England einen so unbilligen Befehl, der sich für die Zeiten des Attila schicken würde, gegeben hat, ohne daß Sie deswegen den geringsten Verdacht gehabt haben? Es sind also zwey Kriegsschiffe, und mehr als dreyhundert Kaufarteyschiffe mitten im Frieden, und ohne eine Kriegs-

Kriegserklärung, weggenommen worden. Nun
rühmen Sie die Gerechtigkeit der Engländer noch
ferner. Der König ist erstaunet, und die ganze
Nation ist unwillig. Es würde niemals jemand
geglaubt haben, daß sie den Krieg wie die algie-
rischen Seeräuber anfangen würden. Unsere Minister merken wohl, daß alle ihre Vorstellungen
am londner Hofe vergebens seyn werden. Die
Räuber nehmen niemals, um wiederzugeben.
Indessen wird man diesen Schritt um der Ehre
des Königs willen thun müssen, und damit man
die in den Rechten gewöhnlichen Regeln auch so
gar gegen die Ungerechten beobachten möge. Europa wird alsdenn seine Mäßigung, und das
schändliche Verfahren seiner Feinde mit Erstaunen ansehen.

91. Brief.
Vom Herzoge von Mirepoix.
London, den 25 Jun. 1755.

Madame,

Sie werden es ohne Zweifel nicht mißbilligen,
wenn ich die überhäuften Geschäfte als die
Ursache anführe, warum ich den Brief, mit welchem Sie mich beehret, noch nicht beantwortet
habe. Es liegt nur gar zu klar am Tage, daß
wir sind hintergangen worden, obgleich das, was
der Admiral Boscawen gethan, nach dem Vorgeben der Engländer, nur ein Mißverständniß ist.
Aber

Aber die Augen noch nicht aufthun wollen, würde die größte Blindheit seyn.

Ich will Sie nicht lange mit allen den Reden unterhalten, mit welchen mich der Herr Robinson abspeisen will. Ich sehe, daß er sich selbst der schwachen und unzulänglichen Mittel, deren er sich bedienet, schämet. Er bleibt beständig bey seiner Lieblingsidee, auf der Landkarte eine Linie zu ziehen, die den mitternächtigen Theil des Flusses St. Laurenz in zween Theile theilet, von welchen der eine nach Quebec zu, und der andere an das Meer gehen würde. Er schlägt dieses in einem Lande vor, das voller Berge, Flüße, Seen und Wälder ist, fast eben so, als ob man einen Garten abzeichnen wollte; ich gebe mir aber nicht die Mühe auf einen Vorschlag zu antworten, der weit mehr entscheidend, als zubereitend ist, und überdieses keine andere Absicht hat, als unsre Handlung in America zu Grunde zu richten. Er verlangt ferner die Freyheit, auf den großen Seen in Canada Handlung zu treiben, welches eben so gut seyn würde, als wenn sie ganz Canada selbst hätten. Es wird also ein etwas größerer oder kleinerer Umfang in den Besitzungen der beyden Nationen in dem mitternächtigen America zu einem Kriege Gelegenheit geben, der im Stande ist, ganz Europa zu zerrütten; und dennoch besitzen die Engländer in demselben, gleichwie wir, mehr Land, als man in kurzer Zeit bauen kann. Die Handlung auf dem Ohio, welche die gegenwärtigen Unruhen veranlasset hat, trägt vielleicht

ℓ das

das Jahr lang nicht tausend Pistolen ein, und man hat doch darüber ein Geschrey angefangen, als ob wir die ganze Handlung der engländischen Colonien an uns ziehen wollten. Es hat nichts geholfen, daß ich gesagt habe, wir wollten auf diesen ganzen Handel Verzicht thun; es hieß aber zu viel fordern, als man verlangte, wir sollten ihn England überlassen, welches ihn zu unserem Schaden würde treiben können. Man hat sich zum Kriege entschlossen, und die gemäßigtesten Vorschläge werden durch Anforderungen, die alle Tage immer ausschweifender werden, beständig verworfen. Ich habe also endlich gesagt, der König hielte einen jeden neuen Versuch für unnütze; Europa würde mit Verwunderung sehen, daß die Engländer, um einer so mittelmäßigen Sache willen, wider alle Regeln der Billigkeit verstießen; und daß sie, um Absichten des Ehrgeizes und der Eroberung zu vergnügen, in der neuen Welt das Gleichgewicht der Macht zu zernichten suchten, welches dort zu erhalten eben so nützlich, als in Europa wäre.

Der Herr Robinson hatte mich versichert, Boscaven hätte keinen Befehl, Feindseligkeiten gegen uns auszuüben, und seit dem hat er sich nicht geschämt, mir zu sagen, der Herr Hoquart hätte es sich durch seine hochmüthigen Antworten, und seine ausgestoßenen Drohungen selbst zugezogen, daß ihm von der engländischen Flotte so wäre begegnet worden; gleich als ob es wahrscheinlich wäre, daß ein einziges Schiff, das von einer

zahl-

zahlreichen Flotte umgeben ist, im prahlenden Tone redete; und als ob, wenn man auch dieses voraussetzte, Drohungen hinlänglich wären, es mit Canonen beschießen zu lassen. Uebrigens denket man weder an eine Wiedererstattung, noch an eine Schadloshaltung, noch auch an die Freyheit der Gefangenen. Diese Entschuldigungen sind also weiter nichts, als eine unanständige Verspottung, die zu einer empfindlichen Beleidigung hinzugesetzet wird.

Meines Erachtens kann ich nicht länger auf eine anständige Art hier bleiben. Ich halte auch dafür, man müsse den Herrn von Bußi eilend zurück rufen, den man vielleicht niemals hätte sollen abreisen lassen. Ich halte es für unnöthig, daß er sich die Mühe giebt, Abschied zu nehmen. Ich für meine Person werde den Ministern dieses Hofes von meiner Abreise keine Nachricht ertheilen. Schenken Sie mir ferner Ihre Freundschaft, Madame, und suchen Sie es dahin zu bringen, daß man mir nicht Unglücksfälle zuschreibet, welche die menschliche Klugheit unmöglich vorhersehen konnte.

92. Brief.

An den Herzog von Mirepoix.

Als die Antwort der Frau von Pompadour auf den vorhergehenden Brief.

1755.

Ich halte, wie Sie, mein Herr Abgesandter, dafür, daß Sie nicht länger auf eine anständige Art in Londen bleiben können, und man hoffet Sie bald hier zu sehen. Ich weis nicht, was dieser Krieg für einen Ausgang nehmen wird. Wenn sich aber das Glück auf die Seite derer, die gerechte Sache haben, schlägt; so haben wir nichts zu befürchten. Unser Seewesen ist, wie man sagt, in einer guten Verfassung, und im Stande, den Engländern die Spitze zu biethen. Gott gebe es! Indessen ist der König bey den Versprechungen und dem Vertrauen unserer Minister doch nicht ohne Unruhe, und das Volk ist es eben so wenig. Wir werden einen Krieg zur See bekommen, und das Wasser scheinet das Element der Franzosen nicht zu seyn; man kann sogar sagen, daß sie es nicht lieben. Dem sey nun aber, wie ihm wolle; so wird man thun, was man kann. Unterlassen Sie nicht, ein genaues Verzeichniß von der engländischen Seemacht, von der Anzahl ihrer Schiffe, ihrer Matrosen, und ihrer Truppen zu Wasser und zu Lande mitzubringen. Erkundigen Sie sich genau nach ihren Absichten, nach ihren Unterhandlungen mit den Prinzen auf dem festen Lande, nach ihren Hülfsmitteln, und nach ihren Projecten ic. Jedermann schmeichelt sich, daß wir die Oberhand auf dem festen Lande behalten werden, und es hat auch ein gutes Ansehen dazu; so daß uns, was für einen Verlust wir auf dem Wasser auch immer leiden, das feste Land dafür schadlos halten wird. Das schlimmste aber ist, daß wir werden einen Frieden machen müssen, wie der zu Aachen war; vermöge

wel-

welchem sich alle Mächte, nachdem sie sich an Leuten und Gelde erschöpfet hatten, fast in eben den Umständen befanden, in welchen sie sich vorher befunden hatten. Denn die Zeit, Eroberungen zu machen, ist vorbey. Man glaubet, der König George habe sich genöthiget gesehen, diesen gewaltsamen Schritt, der seiner Ehre so zuwider ist, zu thun. Die Londner Kaufleute führen ihren König mit ihrem Credite, mit ihrem Gelde, und mit ihrem Geschrey bey der Nase herum, und nöthigen ihn Krieg zu führen, so große Neigung er auch immer zum Frieden hat. Sie sehen, mein Herr Herzog, daß es überall Inconvenienzien giebt. In den unumschränkten Monarchien können die Könige alles Böse thun, das sie thun wollen; in den gemischten Monarchien können sie nicht einmal das Gute thun. Wir wollen uns allzeit bemühen, es zu thun, indem wir unsern König und unsre Freunde lieben und ihnen dienen. Ich bin, ꝛc.

93. Brief.

Von der Herzoginn von Aiguillon.

den 15 Febr. 1755.

Beklagen Sie mich, Madame; ich habe meinen Freund verlohren. Es fesseln mich so viele Pflichten noch an das Leben, daß ich das Herz noch nicht habe, es öffentlich zu verabscheuen. Ich will aber meinen Abscheu vor den niederträchtigen

tigen Verfolgern, deren Bedrückungen sein Ende beschleuniget haben, vor einem ledem, der es hören will, öffentlich bekannt machen. Es ist, als ob ich ihn noch zu mir sagen hörte: „Diese Be„unruhigungen sind meiner Gesundheit nachthei„lig; ich sehe, daß sie Eindruck bey Leuten ma„chen, deren Hochachtung oder Freundschaft mir „schätzbar ist. Man hat dem Könige üble Be„griffe von mir beygebracht. Ich bitte aber um „Gottes willen, man lasse mich meine Tage in „Ruhe beschliessen. Ich verehre den Gottesdienst „meines Landes; ich habe es hundertmal öffent„lich gesagt. Das Evangelium ist das schönste „Geschenk, das die Menschen von Gott erhalten „konnten. Aber die Jesuiten ... aber der Vater „Routh, ... nein, meine Freundinn, ich kann „ihnen meine Schriften nicht aufopfern. Be„sprechen Sie sich mit meinen Freunden, und „geben Sie mir einen Rath. Habe ich etwas ge„schrieben, das wider die Vernunft ist; so wie„derrufe ich es auf die förmlichste Art und Weise.„ Einen solchen Freund habe ich verlohren. Und mein Sohn! mein Sohn! was für einen Lehrmeister verliert er nicht, und zwar zu einer Zeit, da sich der Präsident, welcher sich freuete, daß seine Mühe nicht vergeblich war, ein Vergnügen daraus machte, ihn zur Regierungswissenschaft anzuführen; eine Wissenschaft, welche, wie dieser berühmte Mann zu mir sagte, so simpel ist, die aber von ihren Lehrern verwirrt wird. Sie war für ihn simpel, wie die Bewegungen dieser

Welt-

Weltgebäudes für das Wesen, welches es geschaffen hat, simpel sind. Es ist nicht ein einziger Mensch mehr auf der Welt, mit welchem ich einen Umgang haben möchte, den die Frauenzimmer gemeiniglich nicht haben, oder den man lächerlich zu machen sucht. Ich schütte mein ganzes Betrübniß vor Ihnen aus, Madame, weil Sie den Werth der Freundschaft kennen. Trösten Sie mich nicht. Ich habe meinen Freund verlohren. Beklagen Sie mich.

94. Brief.
An die Herzoginn von Aiguillon.
1755.

Ich betrübe mich nebst Ihnen über den Tod des Herrn von Montesquieu. Er war ein großer Mann, ein guter Bürger, und werth Ihr Freund zu seyn. Ich glaube, die Sorbonne wird seine Asche in Ruhe lassen; denn es ist niederträchtig und schändlich, die Todten anzutasten. Der P. Castel rühmet sich, es dahin gebracht zu haben, daß er als ein guter Christ gestorben, gleich als ob er vorher keiner gewesen wäre. Ich für meine Person glaube, daß ehrliche und verdienstvolle Leute gute Christen sind, ob sie gleich nicht so viel Aufsehen machen, als andere, bescheidener, nicht von Vorurtheilen eingenommen, und keine Schwärmer sind. Der König schätzte diesen berühmten Mann hoch, und er ist über seinen Verlust gerührt. Seine kleinen Schriften, z. E.

le templs de Gnide und andre, habe ich mit Vergnügen gelesen. Was seinen *Esprit des Loix* anbetrifft; so hätte ich weder Zeit, und vielleicht auch nicht die Fähigkeit ihn zu lesen. Dergleichen tiefsinnige Bücher sind nur für wenig Frauenzimmer. Man sagt, er habe Ihnen einige interessante Papiere hinterlassen. Ich zweifle nicht, daß Sie sie dem Publicum mittheilen werden, wenn die Zeit Ihren Schmerz in etwas wird gelindert haben. Die Art, wie Sie Ihre Freunde beweinen, giebt zu erkennen, wie würdig Sie sind, welche zu haben. Ich habe das Glück, unter denselben zu seyn, und es ist dieses ein Gut, welches ich vor andern hochschätze. Wenn ich Ihnen bey dieser Gelegenheit nützlich seyn kann; so entziehen Sie mir das Vergnügen nicht, Madame, mich Ihnen gefällig zu erzeigen.

95. Brief.
An die Herzoginn von Charost *).

1755.

Sie fragen mich, Madame, was wir zu Versailles machen. Wir reden von Staatssachen; schlagen die Engländer, und denken auch an den Frieden. Da Sie dergleichen Materien lieben, und ich zum Unglück den Kopf davon voll habe; so will ich eine Viertelstunde freundschaftlich mit Ihnen davon schwatzen; alsdenn können Sie, meine schöne Herzoginn, in die Comödie gehen,

*) Ehrendame bey der Königinn.

hen, wenn Sie Kopfweh haben. — Zum ersten will ich Ihnen sagen, daß der König friedfertig ist. Er hat niemals die Lehren vergessen, die ihm, als er noch ein Kind war, sein Großvater in diesem Stücke gab. Indessen siehet er sich itzo genöthiget, den Degen zu ziehen, um seine Ehre und die Ehre seiner Krone zu rächen. Wenn man in einer Geschichte diese Worte läse: „Der „König dieses Volks nahm und zog zu seinem „Vortheile dreyhundert Schiffe einer benachbar„ten Nation ein, welche unter dem Schutze der „Tractaten auf der See Handlung trieben, und „allen, die sich auf denselben befanden, wurden „Ketten angelegt, und in tiefe Gefängnisse ge„worfen;„ so würde man sogleich fragen, ob das nicht bey den Cannibalen geschehen wäre? Indessen hat es der leutselige König einer leutseligen Nation gethan. Es scheinet, daß die Wilden in England eine besondere Gerechtigkeit, wie eine besondere Religion haben, welches sie aber nicht hindert, sich auf die allgemeine Gerechtigkeit zu berufen. Man würde indessen sagen können, diese so verwegenen Menschen wären gleich Anfangs in Verwirrung gerathen. Sie machen in Norden viel Cabalen, um uns Feinde zuzuziehen, und das Hannöverische zu vertheidigen. Was das schöne Land Hannover anbetrifft; so sagte einsmals der Herr von Maurepas scherzweise, es wäre ohne Zweifel aus Freundschaft gegen die Franzosen geschehen, daß die Engländer das durchlauchtige Haus Hannover auf den

L 5 Thron

Thron erhoben, und den letzten von den neun grossen Vasallen des heiligen römischen Reichs zu ihrem Könige gemacht hätten. Vorhero konnten sie fast sagen, sie hätten nichts, als den Einfall des Himmels, zu befürchten; itzo aber müssen sie auf dem lande streiten, die Wüsteneyen dieses elenden Churfürstenthums zu vertheidigen. Sie müssen sich durch die Kriege und Bündnisse auf dem festen Lande erschöpfen, bis sie endlich unter der Last ihrer Schulden und Unglücksfälle unterliegen werden. Der König hat beschlossen, den Engländern ein Beyspiel der Gerechtigkeit und Mäßigung zu geben. Man wird die Wiedererstattung unserer Schiffe verlangen, und wenn sie sie abschlagen; so wird man das letzte Hülfsmittel der Könige ergreifen. Man glaubt, die Holländer werden die Neutralität, die man ihnen anbiethen wird, annehmen. Ihre Tractaten mit unsern Feinden verbinden sie nur in dem Falle, wenn man in ihr Land einfällt; wir denken aber gar nicht daran, einen Einfall in ihre Insel zu thun. Es giebt genug andere Oerter, wo wir sie finden können.

leben Sie wohl, meine liebe Herzoginn, ich bin mit meiner Politik zu Ende; dergleichen Sachen schicken sich nicht gar zu wohl für eine schöne Frau; für mich aber, bey der die Zeit zu gefallen fast vorbey ist, ist eine jede Beschäfftigung gut, wenn sie nur dafür hilft, daß mir die Zeit nicht lang wird, und mir Gelegenheit giebt, mich denen, die ich liebe, gefällig zu machen. Ich bin &c.

96. Brief.

96. Brief.

Von der Herzoginn von Ch**
Als die Antwort auf den vorhergehenden Brief.

Paris den 16** 1755.

Ich werde nicht in die Comödie gehen, Madame. Ich werde mich einen Augenblick mit Ihnen unterhalten, und hernach das Vergnügen fortzufahren dem kleinen Herzoge überlaßen. Er siehet mit Verdruße, daß ein artiges Frauenzimmer auf eine so angenehme Art und so richtig von den öffentlichen Angelegenheiten schreibet. Ich habe ihm gesagt, er soll es nachthun. Er hat eine vortheilhafte Mine angenommen, als ob er schon längst Beweise davon abgelegt hätte. Itzo sitzt er an meinem Clavecin, wo er mit einer verdrießlichen Mine die Scene der Egle wiederholet. Er kann nicht begreifen, durch welche Zauberkunst die verführerischste unter allen Schäferinnen heute in die Minerva ist verwandelt worden. Ist es wirklich eben die Schäferinn, um welcher willen Apollo den Aufenthalt des Donners, und seinen Rang im Himmel verläßt? Er siehet, er höret Sie noch, und ich für meine Person halte ihm die abgeschmackten Dinge, die er vorbringt, zu gute, weil sie wirklich aufhören in Ansehung Ihrer abgeschmackt zu seyn. Eben itzo hat er mir im Vertrauen gesagt, der Marschall wäre aufgebracht, seit dem Sie ihm hätten zu verstehen gegeben, Sie könnten die wohlriechenden Sachen nicht leiden. Er weis nicht, wie er es anfangen soll,

soll, um es Ihnen zu sagen; ich erspare Ihm diese Mühe, wie Sie sehen.

Aber das Betragen der Engländer gegen uns ist etwas abscheuliches; es schreyet um Rache. Ja, ohne Zweifel, man muß ihnen das Hannöverische wegnehmen. Alsdenn werden sie uns unsere Schiffe schon wiedergeben müssen. Leben Sie wohl, meine schöne Marquisinn. Ich verstehe nicht viel von politischen Sachen; fahren Sie indessen aber nur fort, mir etwas davon zu schreiben. Es belustiget mich, und schmeichelt meiner Eitelkeit. Wie können Sie mir schreiben, die Zeit zu gefallen wäre bey Ihnen vorüber. Sagen Sie lieber, es wären Ihnen alle Mittel dazu bekannt, es wäre nichts, dessen Sie sich nicht bedienet hätten, um dazu zu gelangen, und es wäre Ihnen alles gelungen, auch sogar die Politik. Ich umarme Sie von ganzem Herzen.

(Das Folgende ist von einer andern Hand.)

Nein, Frau Marquisinn, ich bin nicht verdrießlich, und wundere mich auch nicht, zu sehen, daß Sie alle angenehme und nützliche Kenntnisse mit einander vereinigen. Ich weis von guter Hand, daß nichts über Ihre Sphäre ist. Ihre schöne Freundinn will haben, ich soll auch von politischen Dingen reden, und meine Politik soll so angerichtet seyn, daß sie sie verstehet. Sie sagt mir dieses auf eben die Art, wie sie zu ihrem lieben la Planche sagen würde: Machet mir eine Schnür-

Schnürbrust, die mir gut paſſet, und mich nicht drückt. Und ich werde eben ſo gehorſam ſeyn, als ihr Schneider, ob ich gleich keinen Lohn erwarte.

Brama aſſai, poco ſpera, e nulla chiede.

Ich kann als Soldat nicht ſo viel von groſſen Begebenheiten ſagen, als ich wünſche; ich hoffe aber eine in die Augen fallende Rache, als ein in der Nation beleidigter Franzos; und verlange aus allen meinen Kräften, als ein guter Diener des Königs Theil daran zu haben. Der Krieg ſcheinet mir wirklich ſo gut, als beſchloſſen zu ſeyn. Es fehlet unſern Feinden nur noch an guten Urſachen und Vorwänden. Aber das iſt ein wahres Elend. Unſere Beſitzungen ſtehen ihnen an. Gut, ſie werden einem Rechtsgelehrten auftragen, ein ſchönes Manifeſt zu machen, um zu beweiſen, wie viel Recht ſie dazu haben, da ſie indeſſen noch überzeugendere Beweiſe aufſuchen werden, als die Beweiſe eines gelehrten Publiciſten ſind. Dieſer wird auf das deutlichſte darthun, daß ſich der König von England aus ſehr vielen Bewegungsgründen genöthiget ſiehet, dieſen Schritt zu thun. Er wird Gott und die ganze Welt zu Zeugen der aufrichtigen Geſinnungen ſeines Fürſten anrufen. Er wird ihm ſeine Schrift zu leſen geben. Dieſer wird ſie leſen, aber nichts davon verſtehen; er wird ſie drucken laſſen, und hernach an alle Höfe herum ſchicken. Wir werden einen andern Rechtsgelehrten in unſerm Solde haben;

haben; wir werden proteſtiren, wir werden beꝛ
weiſen, daß man nicht berechtiget ſey, ſich unſerer Beſitzungen auf eine ſolche Art zu bemaͤchti-
gen; und unſere Gelehrten werden groſſe Igno-
ranten ſeyn, wenn ſie in ihren Buͤchern nicht etwas finden, womit ſie alles beweiſen koͤnnen, was
ſie nur beweiſen wollen. Indeſſen werden nach
allem dieſen unnuͤtzen Gewaͤſche die Armeen oder
Flotten nicht weit von einander ſeyn; man wird
ſich herumſchlagen, man wird einander umbrin-
gen, und am Ende wird man demjenigen Recht
geben, welcher der tapferſte, oder der gluͤcklichſte
geweſen iſt.

Sollten Sie es wohl glauben, Frau Marquiſinn, daß es Leute giebt, die noch zweifeln, daß
wir Krieg bekommen werden, und daß der Koͤnig
von England ſo ungerechte Abſichten hege? Sie
verlaſſen ſich auf die Froͤmmigkeit einer groſſen
Prinzeßinn und auf ihre Liebe zur Gerechtigkeit.
Dieſe verehrungswuͤrdige Freundinn der Tugend,
ſagen ſie, vermag etwas bey dem Koͤnige. Sie
thut ihm beſtaͤndig die nachdruͤcklichſten Vorſtellungen. Er hat, bis itzo, eine gewiſſe Art von
Enthuſiasmus fuͤr die Gerechtigkeit von ſich blicken
laſſen. Er wuͤrde ſich alſo nur deswegen hinter
die Masque der Tugend verſteckt haben, damit er
von den Laſtern, die er nicht merken ließe, mehr
Nutzen haben moͤchte. Er wuͤrde die Welt war-
nen, ihm nicht zu trauen. Er wuͤrde beſonders
zu uns ſagen, ich war nur ein Betruͤger, der ſich
eure Aufrichtigkeit zu Nutze machen wollte, euch

zu

zu hintergehen. Ich habe euch beständig von der Redlichkeit meiner Absichten versichern, und euch sagen lassen, wegen meiner Rüstungen keinen Argwohn zu schöpfen. Aber dieses ist nur geschehen, um euch desto gewisser in die Falle zu locken, euch zum Opfer eurer Aufrichtigkeit zu machen, und euch in dem Augenblicke zu überfallen, in welchem ihr meinen Unternehmungen keinen kräftigen Widerstand thun könntet. Das würde man aus dem Betragen dieses Prinzen schliessen können. Und ob er gleich im Begriffe ist, seine Laufbahn zu beschliessen; so würde ihm doch ein solches Verhalten in einem gewissen Verstande eben so nachtheilig seyn, als einem Monarchen, der die seinige nur erst angefangen hätte.

Sie wollen gern wissen, wovon gesprochen wird, Frau Marquisinn. Ob nun aber gleich das, was man sagt, nicht den geringsten Grund hat; so giebt es Ihnen doch Gelegenheit, von den Neigungen oder Abneigungen des Publikums zu urtheilen. Nur in dieser Absicht habe ich Ihnen von dergleichen Reden, welchen ich gar keinen Glauben beymesse, Nachricht geben wollen.

Mein Vater bestehet darauf, mir die Anwartschaft auf seine Bedienung, nebst der Erlaubniß sie zu verwalten, zu verschaffen. Aber mich dünket, man muß um dergleichen Gnadenbezeigungen nicht bey dem Anfange eines Kriegs anhalten, und ich weis nicht, ob ich Sie bitten soll, mir dabey behülflich oder zuwider zu seyn.

Ihre

Ihre schöne Freundinn wollte diesen Abend nach Versailles gehen; aber ein kleiner Zufall, der fast gar nichts bedeutet, hält sie davon ab. Ihre Kammerfrauen haben in der Lotterie gewonnen; sie hat sie nicht erhalten können; sie sind auf dem Markte, sie sind in dem Pallaste, sie sind überall. Sie läßt sie indessen suchen, und wird sich alle Mühe geben, daß sie wenigstens um die Zeit, wenn bey der Königin gespielt wird, da seyn kann. Sie hat eine Ahndung glücklich zu seyn, der sie nicht widerstehen will. Wenn sie etwan zu spät kommen sollte; so bittet sie Sie, den Prinzen von S.... für funfzig Louis looſe für sie nehmen zu lassen. Er gewinnet in den Hazardspielen, was er nur will. Weil Sie, Frau Marquisinn, eine glückliche Hand haben; so werden Sie so gütig seyn, und für sie ziehen. Ich für meine Person habe in diesem dummen Spiele (Cavagnol) sehr viel verlohren. Ich werde es in meinem Leben nicht wieder spielen. Ich bin ꝛc.

97. Brief.

Von dem Marquis von Aubeterre.

Wien, den 25. Dec. 1755.

Madame,

Es sind alle Befehle ertheilet, und diejenigen, welche sie vollstrecken sollen, werden sehr geschickt seyn, wenn sie durch alle die Decken, in welche ich sie eingehüllet habe, das Geheimniß eines Verständnisses einsehen können, welches wir

aus

aus gewissen Ursachen noch einige Zeit geheim halten wollen. Der österreichische Minister siehet die Nothwendigkeit dieses Geheimnisses ein, und ich habe ihn beredet, das wichtige Wahlgeschäfte nicht mehr zu betreiben. Ich habe ihm gesagt, nachdem wir ihm alle nur mögliche Hindernisse in den Weg gelegt hätten; so würde man sich über unsere Gleichgültigkeit oder über unsere Gefälligkeit gar sehr wundern, und die Wahrheit gar leicht errathen können. Man hat mir geantwortet, wie könnten fortfahren eben das zu thun, was wir vor der Vereinigung gethan hätten, aber nur etwas langsamer, und nicht hitzig. Ich habe geantwortet, ein solches Betragen würde sich nicht wohl zu der Aufrichtigkeit, deren sich der König rühmte, und zu seiner Liebe zur Wahrheit schicken. Man hat nachgegeben, und diese Sache, die so viel Aufsehen gemacht hat, wird von sich selbst ins stecken kommen.

Die grosse Revolution, die bald ausbrechen wird, kochet schon ingeheim. Ich wundere mich darüber gar nicht. Eine solche Geburt kann nicht ohne Schmerzen geschehen. Ueberdieses irret man sich in Ansehung unsers Plans so sehr, daß ich wegen des Geheimnisses sicher bin, wenn es nicht von Seiten einiger Mächte ein verstellter Irrthum ist. Dem sey nun aber, wie ihm wolle, so sagt man doch, es wäre unter den catholischen Gliedern des deutschen Reichs eine Ligue im Werke, die Protestanten zu unterdrücken. Man giebt den Wienerischen Hof als das Haupt

M   dieser

dieſer Parthey an, und ſagt, der König werde ſie aus allen Kräften unterſtützen. Dieſe lächerliche Einbildung iſt ein Werk der politiſchen Schwärmerey oder der Unwiſſenheit. Der Grund davon, und das beſte iſt dabey dieſes, daß das wichtige Werk der Bekehrung des Prinzen von Heſſen endlich iſt gekrönet worden. Der kleine Spion des Vater Stadler hat in ſeiner bayriſchen Uniform Wunder gethan. Für gewiſſe Perſonen iſt nichts abſtract, und ich will Ihnen meine Gedanken von dieſem kleinen Siege gerade herausſagen. Sie werden mich verſtehen, Frau Marquiſinn, oder die Schuld liegt an mir.

Man muß von Seiten der proteſtantiſchen Partey allerley Gewaltthätigkeiten vermuthen, um den guten Wirkungen zuvorzukommen, die wir mit Recht von dieſer Veränderung hoffen können. Sie werden den Erbprinzen zwingen, ſich von der Regierung der heſſiſchen Lande loszuſagen, und Verträge und Verbindungen einzugehen; ſie werden ihm ſeine Kinder nehmen, um zu verhindern, daß ſie nicht in der Religion erzogen werden, die er angenommen hat. Kein Geſetz rechtfertiget dieſe Gewaltthätigkeit. Indeſſen iſt doch viel daran gelegen ihr zuvorzukommen. Man muß zu verhindern ſuchen, daß der Prinz und ſeine Kinder nicht in die Hände der evangeliſchen Partey gerathen. Die Unterthanen ſind wie eine Heerde Vieh. Eine Losſagung, wenn ſie auch gleich erzwungen wäre, würde ſie auf immer von

ihrem

ihrem rechtmäßigen Herrn trennen. Sie würden glauben, es wären alle Verhältnisse der Unterthanen gegen den Oberherrn aufgehoben, und alle gute Wirkungen, die wir von dieser glücklichen Bekehrung erwarten, würden für uns verlohren seyn. Es ist also viel daran gelegen, diesen Prinzen der protestantischen Partey so geschwind und einmüthig zu entreissen, als die catholische Partey langsam und getheilt ist. Von diesen letztern darf man keine Uebereinstimmung, keinen kühnen Schritt, und keine geschwinde Ausführung erwarten. Man muß sich anderer Mittel bedienen; und ich zeige sie dem Herrn Roulle in einem Briefe an, den er zu eben der Zeit, wenn Sie diesen bekommen, erhalten wird. Ich zweifle nicht, daß er Ihnen meine Gedanken mittheilen wird. Eben dieser Courier überbringet Ihnen auch einen Brief von einer grossen Dame aus diesem Lande. Ich glaube, Frau Marquisinn, Sie werden mit den Ausdrücken, und mit der Art, wie sie ihn eingerichtet hat, zufrieden seyn. Die Strenge der Etiquette hat bey dieser Gelegenheit dem Verlangen, Ihnen eine ausserordentliche Achtung zu bezeigen, nachgeben müssen. Aber man hat mir zu verstehen gegeben, dieses wäre ein besonderer Vorzug, den man wenig Personen zugestünde.

98. Brief.

An den Marquis von Aubeterre. *)
Als die Antwort der Frau von Pompadour auf den vorhergehenden Brief.

1755.

Sie haben uns eine gute Neuigkeit gemeldet. Die Bekehrung des Prinzen von Hessen ist ein Wunder der Gnade und der Politik. So bedienet sich Gott, bey seiner unerforschlichen Weisheit, bisweilen menschlicher Mittel, um übernatürliche Wunder zu thun. Dieser gute Prinz konnte nicht zu gelegnerer Zeit, so wohl für uns, als für ihn, catholisch werden. Die Engländer werden darüber murren, und wir den Himmel preisen. Man sagt aber, der alte Herzog, der bey seinem alten Glauben sehr andächtig ist, habe über den Schritt, den sein Sohn gethan hat, keine Freude, und man befürchtet, er werde es dahin zu bringen suchen, daß er keinen Nutzen davon habe. Wird aber bey dem allen der junge Prinz nach dem Tode seines Vaters nicht Herr seyn, und wird man ihn wohl zwingen können, seine Soldaten, und sein Gewissen, den Feinden seiner neuen Religion zu verkaufen? Die Engländer und die P....
werden ohne Zweifel einen grossen Lärmen machen, und sich des wichtigen Vorwandes der protestantischen Religion bedienen, ob sie sich gleich, um es im Vorbeygehen zu sagen, gar wenig aus der

Reli-

*) Gesandter zu Wien.

Religion machen. Man wird sie aber müssen schreyen lassen, und sich alle Gnaden der Vorsehung zu Nutze machen.

Ich denke allzeit an Sie, mein Herr Marquis, und Sie können versichert seyn, daß ich keine Gelegenheit vorbeylassen werde, mich Ihnen gefällig zu erzeigen, weil Sie dem Könige und Ihren Freunden gute Dienste leisten. ꝛc.

99. Brief.
Von dem Grafen von Affry.
Haag, den 25. Dec. 1755.

Madame,

Es giebt in Europa ungefähr eine Million Leute, die ihre Zeit mit schreiben zubringen, und unter diesen befinden sich höchstens dreyhundert, welche es in der Absicht thun, durch angenehme und anständige Schriften entweder zu unterrichten oder zu belustigen. Die übrigen schreiben nur ums Brods willen. Aus der Feder eines von diesen ist die schändliche Rapsodie gekommen, die ich mir Ihnen zu überschicken die Freyheit nehme. Der hungrige Schriftsteller ist so frech gewesen, ihr Ihren Namen vorzusetzen, um ihr einigen Werth zu geben. Aber alles, was sie in sich enthält, ist so offenbar falsch, daß Sie nicht einen Augenblick darüber gerührt werden dürfen; und ich hoffe Ihnen weder zu mißfallen, noch mich bey Ihnen beliebt zu machen, indem ich sie Ihnen zukommen lasse. Ich wollte wohl ihren Verkauf zu verhindern suchen, oder alle Exemplarien wegnehmen lassen. Aber man muß denken, daß eine unterdrückte Auflage zehn andere hervorbringen würde.

Ich habe dem Minister des Königs verschiedene Nachrichten mitgetheilet, die ich von den Unterhandlungen der Engländer in Deutschland, und von den Maaßregeln erhalten habe, die sie nehmen, um eine beträchtliche Anzahl Truppen auf dem festen Lande zu haben. Ich bin überzeugt, daß zwischen England und den Russen ein Subsidientractat ist geschlossen worden, und ich habe einigermaßen Hofnung eine Abschrift davon zu erhalten. Die letztern versprechen den Engländern funfzigtausend Mann auf eine gewisse Zeit in Sold zu geben. Der Landgraf von Hessencassel ist im Begriffe einen gleichen Handel zu schliessen; und ich kann es nicht beschreiben, in welcher Sicherheit man in Ansehung seiner lebt. Ich weis, daß verschiedene Bischöffe und Fürsten des Reichs Willens sind diesem Beyspiele zu folgen. Mit dem Bischoffe von Würzburg hat die Sache beynahe ihre Richtigkeit, gleichwie auch mit dem Markgrafen von Anspach, der eben zu der Zeit, da er uns dienen soll, die erstaunlichen Subsidien vergißt, die wir ihm, als er uns nichts helfen konnte, thörichter Weise bezahlten. Ich würde glauben, der wienerische Hof hätte vielen Antheil daran, wenn ich nicht von einer andern Seite her heimlich von einer Operation hätte reden hören, die mir die sonderbarste dieses Jahrhunderts

hunderts zu seyn scheinet. Sie bringet mein politisches System ganz aus der Ordnung. Ich werde also mein Urtheil nicht eher fällen, als bis man mich von dem, was vorgehet, unterrichtet hat. Ich kann allzeit glauben, daß die Partey des Hauptsystems, welche dieses Bündniß, wenn es statt hat, am wenigsten empfinden wird, gerade diejenige ist, an deren Spitze ich mich befinde, und daß ich werde fortfahren können, nach ebendemselben Plane zu handeln. Ich habe grosse Hofnung, daß sich die Generalstaaten zur Neutralität entschliessen werden. Das ist alles, was wir vernünftiger Weise von ihnen verlangen können.

Der Herr von York, ausserordentlicher Gesandter bey Sr. großbritannischen Majestät, ist mir, wo er nur kann, zuwider. Ich zweifle aber, daß er seinen Zweck erreichen wird. Er hat den Staaten mit allem, was die Rache und der Zorn seiner Nation zu thun fähig ist, gedrohet, wenn sie nicht sechs Regimenter in das Hannöverische schickten, und zehn ausgerüstete Schiffe bereit hielten. Diese Drohungen machen aber bey den mehresten keinen Eindruck. Ich gebe zu, daß diejenigen, die Capitalien in England haben, in den Gedanken stehen, das Wohl der Republik verlange, daß man sich wider uns erkläre. Ich hoffe aber, es den mehresten begreiflich zu machen, das wahre Interesse der Republik erfordere, eine Neutralität zu beobachten, bey welcher sie mit den kriegführenden Mächten in Ruhe und mit

mit Nutzen handeln kann, da indessen diese einander zu Grunde richten.

Ich habe Ihre Commißionen nicht vergessen, Frau Marquisinn; aber man muß nicht damit eilen. Ich sehe, daß ein grosser Kaufmann bald Banquerot machen wird; er hat ein prächtiges Cabinet, und bey diesen schlechten Zeiten werden wir Stücke, die viel kosten, um die Hälfte ihres Werthes bekommen. Er hat vornehmlich zwey Tenlers und vier Rembrands, die mir sehr wohl gefallen. Haben Sie Lust zu drey kleinen antiquen Bronzen? Kurz, Sie sollen das Verzeichniß davon bekommen, und alsdenn dürfen Sie nur befehlen. Der Prinz von Eldorado erkundiget sich bey mir immer nach Neuigkeiten von Ihnen, und thut dabey, als ob ihm recht viel daran gelegen wäre. Wenn Sie ihn recht glücklich machen wollen, Madame; so schreiben Sie mir etwas, das ich ihm zeigen kann.

100. Brief.

An den Grafen von Affry.

Als die Antwort der Frau von Pompadour auf den vorhergehenden Brief.

1755.

Man hat hier die Unterhandlungen der Engländer in Rußland längst vermuthet, und unsere Minister scheinen eben nicht unruhig darüber zu seyn. Was wird wohl der König mit den

funfzig-

funfzigtausend Soldaten, um die er handelt, machen können? Ueberdieses haben wir hier ganz andere Absichten, und man kann drauf wetten, daß Rußland, ehe noch sechs Monate vergehen, seinen Tractat, den es mit dem König Georg gemacht hat, brechen wird. Wir leben nicht mehr in den Zeiten, da die Bündnisse dauerhaft waren, und das Interesse der europäischen Prinzen verändert sich itzo fast alle Monate. Man macht sich allemal Rechnung, daß der Prinz von Hessen, weil er seine Truppen abgeben muß, sie an eheliche Leute abgeben wird; und wer wird ihn daran hindern können? Man ist mit Ihnen und den Einrichtungen der Holländer in Ansehung unser allzeit gar sehr zufrieden. Wenn sie einiges Mißtrauen hegen sollten; so ist der König Willens, ihnen Dünkirchen zur Versicherung seines Wortes, bis zum Frieden zu übergeben. Wenn sie es ausschlagen, und mit seinem Worte zufrieden sind; so werden sie ihm Gerechtigkeit wiederfahren lassen; und das wird beweisen, daß sie keine üble Meynung von uns hegen. Ich habe schon von der schönen *Histoire de Madame la Marquise de Pompadour*, die in Holland verkauft wird, reden hören. Ich vermuthe, wie Sie, daß sie ursprünglich aus England kömmt, weil sie voll handgreiflicher Lügen, Thorheiten, und grober Schimpfreden ist. Die Engländer sind nicht im Stande etwas zu schreiben; sie haben mehr Leidenschaft, als Vernunft. Dem sey nun aber, wie ihm wolle; so würde ich doch, wenn es möglich

lich wäre, dieses schöne Buch zu unterdrücken, aus Liebe zu mir, und aus Liebe zur Wahrheit, die man überall in Betrachtung ziehen muß, nicht böse darüber seyn. Es ist wahr, es können diese Geschichte nur Engländer und Laquayen lesen, oder glauben. Es ist aber doch unangenehm, Engländern und Laquayen zum Zeitvertreibe zu dienen. Sehen Sie zu, mein Herr Abgesandter, was dabey zu thun ist, und was man thun kann. Ich muß Ihnen allzeit für Ihre Briefe und für Ihren Briefwechsel danken. Es kann mir in der Lage, in welcher ich mich befinde, nichts angenehmer und nützlicher seyn. Der König hat allzeit viel Achtung für Sie. Sie haben ihm mit Eifer und gutem Erfolge bey sehr critischen Umständen gedienet; seyn Sie versichert, daß Sie nicht Ursache haben werden, es zu bereuen. Der holländische Abgesandte spricht sehr gut von Ihnen, und sagt, man hielte Sie in seinem Lande für einen ehrlichen Mann und für einen grossen Minister. Das ist für die Geschäfte des Königs ein grosses Glück; und macht allen denen viel Vergnügen, die, wie ich, Ihnen wohl wollen, und keine Gelegenheit verabsäumen, Ihnen Beweise davon zu geben. Ich bin rc.

101. Brief.
An die Frau von Bocage.

Ich habe das schöne Gedichte, welches Sie mir überschickt haben, mit vielem Vergnügen und
vieler

vieler Erkenntlichkeit erhalten. Wenn die Entdeckung des Christoph Colomb sein Andenken nicht schon verewiget hätte; so würden ihn Ihre Verse unsterblich machen. Sie machen ihn verliebt, wie es Aeneas in seine Dido war. Das ist galant und natürlich. Die Liebe ist die Eigenschaft grosser Männer, wenn sie ihnen nur den Kopf nicht verrücket. Ich glaube, daß Colomb niemals so schön, und auch nicht von einen schönern Munde, ist besungen worden. Sie machen ihn anderswo zu einen vortreflichen Christen. Es fehlet ihm also an keinem Verdienste. Ich weis nicht, was unser guter Freund Voltaire sagen wird. Er hat irgendwo geschrieben, die Frauenzimmer könnten alles thun, was die Mannspersonen thun, und der einzige Unterschied, der unter beyden Geschlechtern wäre, bestünde darinnen, daß das unsrige liebenswürdiger wäre. Ich möchte fast glauben, er hätte recht, besonders nachdem ich Ihre *Colombinde* gelesen habe; und ich bilde mir ein, er ist ein wenig eifersüchtig darüber; denn ich habe darinnen mehr, als tausend Verse bemerkt, die er ohne Zweifel wünschen würde gemacht zu haben. Ich bitte Sie, Madame, mir Gelegenheit, Ihnen zu dienen, an die Hand zu geben.

Ich bin ꝛc. ꝛc.

102. Brief.

102. Brief.

An den Herrn Rouille *).

1756.

Sie wissen, mein Herr, was für einen Entschluß der König gefaßt hat, man muß sich ohne Zweifel darnach richten. Ich gebe zu, daß das Verfahren ein wenig demüthigend und unnütze ist. Die Engländer haben unsere Schiffe nicht weggenommen, um sie uns wieder zu geben. Es ist wahr, die Privatpersonen haben bisweilen Gewissensbisse; aber die Könige haben gar keine. Schreiben Sie indessen an den Minister Fox. Man sagt, dieses Wort hieße auf französisch Fuchs. Ich wünsche, daß er nicht als ein Fuchs handeln möge. Wenn man sich weigert dem Könige Gerechtigkeit wiederfahren zu lassen; so wird es ganz Europa mit Unwillen vernehmen, und wir werden uns an den Seeräubern rächen, und versichert seyn können, daß uns alle Völker und Prinzen, welche die Gesetze des Völkerrechts, und der Ehre kennen, ihren Beyfall geben werden. Schreiben Sie gelassen, aber nachdrücklich, und so, wie es sich für den König, dem Sie dienen, schickt. Der Herr von Affry meldet mir, der engländische Abgesandte im Haag gäbe sich viele Mühe, den Holländern begreiflich zu machen, sie wären verbunden, die Parten wider uns zu ergreifen; er giebt sich deren nicht weniger, um sie von dem Gegentheile zu überzeugen, und es

schei-

*) Minister der Marine.

scheinet, daß man ihn lieber höret, weil er die Gerechtigkeit und Vernunft auf seiner Seite hat. Die guten Gevattern Heinrichs IV. sind viel zu klug, als daß sie sich in einen Krieg einlassen sollten, von dem sie weder Ehre, noch Nutzen haben würden. Sie denken ausserdem noch an den letzten Krieg, der ihnen so theuer zu stehen gekommen ist, und man glaubet nicht, daß sie von dem weisen Entschluße, den sie in diesem Stücke gefaßt haben, abgehen werden. Vergessen Sie indessen, mein Herr in Ihrem Departement, welches ohne Widerspruch das küßlichste ist, nichts, ihrer zu schonen. Versichern Sie sie in allen Ihren Depeschen und Instructionen von der Achtung und Freundschaft des Königs. Diese kleinen Höflichkeiten sind an und für sich nichts; indessen thun sie allemal eine gute Wirkung. Der Marquis von Louvois hat Ludwig XIV. durch sein stolzes und hochmüthiges Betragen gegen die fremden Prinzen zwanzig Feinde zugezogen. Seyn Sie allzeit bescheiden, ohne niederträchtig und furchtsam zu seyn. Leben Sie wohl, mein Herr, ich denke und rede allemal Gutes von Ihnen.

103. Brief.

103. Brief.

Von dem Herrn Rouille, Minister der auswärtigen Geschäffte.

als die Antwort auf den vorhergehenden Brief.

Versailles den 3 Jan. 1756.

Frau Marquisinn,

Ich habe die Befehle des Königs vollstrecket, und zwar auf eine Art, wobey alles wegfällt, was der Schritt, den Ihro Majestät haben thun wollen, in den Augen übelgesinnter Leute demüthigendes an sich haben konnte; denn an und für sich selbst macht er ihm Ehre. Ich habe dem Herrn Fox ein Memoire überschickt, in welchem Ihro Majestät, ehe sie sich zu rächen suchen, von dem Könige in England wegen aller der Seeräubereyen, so die engländischen Schiffe begangen haben, Genugthuung, und alle sowohl Kriegs- als Kaufarteyschiffe, die den Franzosen sind weggenommen worden, verlangen. Ich habe hinzugesetzt, man würde eine abschlägliche Antwort für eine förmliche Kriegserklärung ansehen. Ich verspreche mir zwar von diesem letzten Schritte nichts. Ob nun aber gleich unsere Feinde nichts von dem, was in dergleichen Fällen gewöhnlich ist, beobachten; so berechtiget doch dieses uns nicht ein gleiches zu thun.

Man muß glauben, daß es nicht möglich war, dem zuvorzukommen, was in Berlin vorgehet, weil der Herzog von Nivernois daselbst nichts ausgerichtet

gerichtet hat. Aber auch diese Revolution kann uns nützlich seyn, weil sie die Engländer zu einem Kriege zu Lande nöthigen wird. Sie wird ihre Macht theilen, und sie werden einen erstaunlichen Aufwand machen müssen, dessen bloße Perspective ein Mißtrauen gegen die Sicherheit der Nationalschulden erregen, und ihren Credit ganz zu Grunde richten kann. Der König von Preußen, der sich immer verstellt, giebt vor, er wolle nur deswegen keinen Tractat mit den Engländern schliessen, damit er den traurigen Folgen zuvorkommen möge, womit ihm die Annäherung der Russen drohete. Aber das würde nur ein politischer Irthum seyn, den ich nicht von ihm vermuthe. Die Sache ist schon lange überlegt. Wenn sie aber, wie er versichert, ist übereilet worden; so antworte ich, daß er dabey doch auch auf seinen Vortheil denkt, wozu er auch seine falschen Operationen anzuwenden weis. Er hat uns seine Vermittelung beständig angebothen. Aber meiner Meynung nach würden die guten Anerbiethungen, die der König von Preußen den Engländern thut, bey gegenwärtigen Umständen etwas sonderbares seyn. Der Madrider Hof ist von der Unmöglichkeit, das großbritannische Ministerium und die Nation zu einem Vergleiche zu bringen, so sehr überzeugt, daß er erkläret hat, er wolle dem Könige von Preußen alle Ehre überlassen, die man von den Folgen dieser Unterhandlung zu erwarten hätte. Wir haben auch beschlossen, diesem Prinzen in dieser Sache weiter
keine

keine Mühe zu machen. Indessen wird der Herr Valori unverzüglich Vollmacht erhalten. Ich glaube zwar nicht, daß wir viel Nutzen davon haben werden; man muß sich aber doch nichts vorzuwerfen haben. Er ist ein verdienter Mann, und es ist wenig daran gelegen, ob er sich den Ruhm eines grossen Unterhändlers erworben hat, oder nicht; denn dieser Ruhm ist so gar bey den Unterhandlungen gemeiniglich schädlich. Ich will Ihnen, Frau Marquisinn, lieber von Zeit zu Zeit einen kurzen Abriß von dem Zustande der Sachen vor die Augen legen, als mich mündlich mit Ihnen davon unterhalten. Sie sind so wenig Herr über Ihre Zeit, daß es wirklich unmöglich seyn würde, so lange, als es dergleichen Materien erfordern, ununterbrochen davon zu sprechen. Ich bin mit aller Hochachtung 2c.

104. Brief.

An den Marschall, Herzog von Belle-isle.

März, 1756.

Sie sehen, mein Herr Marschall, daß die pariser Narren, bey ihrem Geschwätze in müßigen Stunden auch einen guten Einfall haben, und einen guten Rath geben können. Sie billigen die Unternehmung gegen Minorca, und es wird auch wirklich lustig seyn, an einen Ort zu gehen, wo uns die Engländer nicht erwarten, an statt nach London zu gehen, wo sie sich vor unserem Besuche so sehr fürchten. Ich kenne die Minister des Königs wegs Georgs nicht; es scheinet aber, daß diese Leute den Verstand verlohren haben, und höchstlächerlich sind. Sie wissen nicht, was sie thun, oder was sie lassen sollen; und anstatt sich zu einem Angriffe vorzubereiten, weil sie zuerst angegriffen haben, denken sie weiter an nichts, als wie sie sich gegen einen Einfall, welchen sie befürchten, vor welchem sie sich aber erst nach einem langen unglücklichen Kriege fürchten sollten, vertheidigen wollen. Es giebt jedermann zu, daß der Herr de la Gallißonniere am geschicktesten ist, die Flotte zu Toulon zu commandiren, und überdieses ist auch keine grosse Gefahr dabey. Dank sey es der tiefen Weisheit der engländischen Minister, es giebt auf dem mittelländischen Meere keine Feinde. Man hat den Herrn von Richelieu zur Belagerung von Porto-Mahon vorgeschlagen. Dieser Mann glaubt zu allem geschickt zu seyn, er biethet sich zu allem an, und erhält auch alles. Er ist intriguant, kühn, und spricht gut; man liebt ihn, und braucht ihn. Gott gebe, daß er glücklich ist, ob es gleich viel Leute giebt, die darüber erstaunen und verdrießlich seyn würden! Sie haben wohl Recht, wenn Sie sagen, daß sich der arme Prinz von Hessen in verdrießlichen Umständen befindet. Die Engländer haben ihn also durch ihre Intriquen, und durch die Schwärmerey seiner eigenen Unterthanen gezwungen, ihnen seine Truppen zu überlassen. Vermittelst dieser Hülfsvölker und ihrer Hannoveraner werden sie eine Armee in Deutschland haben, welche, wie man sagt, der

N Her-

Herzog von Cumberland anführen wird. Das ist ein gar schlechter General, der niemals mehr, als eine Hand voll Schottländer, geschlagen hat. Ich hoffe, er wird in Deutschland nicht geschickter seyn, als er im letzten flandrischen Kriege gewesen ist. Man versichert, unser guter Freund, der König von P.... wäre im Begriffe das Geld anzunehmen, welches ihm die Engländer anbiethen, um sich zu seinem eigenen Nutzen herum zu schlagen. Er hat es niemals anders gemacht. Man muß gestehen, Herr Marschall, daß es ein sehr seltsamer Krieg ist, der sich anspinnet. Es war ein besonderer Zwist zwischen Frankreich und England, und dieser Funke setzet ganz Europa in Feuer und Flammen. Es scheinet, als ob die Gerechtigkeit und Redlichkeit nur eine Sache für das gemeine Volk wären; die Prinzen setzen sich darüber weg. Fahren Sie mit Ihren Lehren über diese elende Politik gegen mich fort, weil mich mein seltsames Schicksal nöthiger, Theil daran zu nehmen, und etwas davon zu wissen. Der König setzt viel Vertrauen in Ihre Einsichten, und die Nation verehret Sie. Leiten Sie uns bey diesen critischen Zeiten, und erfüllen Sie unsere Hoffnungen ꝛc.

105. Brief.

105. Brief.

Von dem Marschalle, Herzog von Belle-Isle.
Als die Antwort auf den vorhergehenden Brief.

Paris, den 27 März, 1756.

Ich soll Sie unterrichten, Madame! In Wahrheit, ob ich gleich beynahe der Aelteste in der Politik dieses Landes bin; so würde ich mir doch eine Ehre daraus machen, von Ihnen unterrichtet zu werden. Ich werde Ihnen also bloß melden, was vorgehet; denn um das übrige bekümmere ich mich nicht gar zu viel. Man wird mit den Speculationen niemals fertig, und ich kann sie nicht leiden, ob man mir gleich Schuld giebt, ich machte gern Projecte. Ich mache eben so wenig daraus, als ein anderer; es kann sich aber wohl zutragen, daß unter funfzigen eins gut ist, und wenn ich sie alle verwerfe, so ist das funfzigste auch mit verworfen. Sie wissen, daß der ein Projectmacher ist, der uns den Gedanken von Minorka eingegeben hat. Ich wiederhole Ihnen nochmals, was ich Ihnen schon gestern zu sagen die Ehre hatte; es ist dieses ein sehr glücklicher Gedanke. Ich habe es denen gar keinen Dank gewußt, welche eine Landung zu Jersey in Vorschlag gebracht haben. Man wollte mir schmeicheln, weil diese Insel zu meinem Seedepartement gehöret; es ist aber weit vortheilhafter, und vielleicht auch weit leichter, zu Mahon seinen Zweck zu erreichen. Ich habe also mit Vergnügen zu diesem Entschluße etwas beygetragen. Ich halte dafür, der Herr von Richelieu ist der Mann, der dabey gebraucht werden muß. Ich bin sehr geneigt zu glauben, daß er ein besonderer Mann ist; denn ich weis nicht, daß etwas von dem, was er unternommen hat, übel abgelauffen wäre; er ist aber doch so bescheiden, es seinem Glücke zuzuschreiben. Hätten Sie wohl gedacht, daß der Herr von Richelieu an das Glück glaubte? Es schickt sich nicht wohl, daß ich ihm einen Rath gebe; aber Sie, Frau Marquisinn, Sie können alles sagen, ohne daß es Folgen hat. Empfehlen Sie ihm doch, sich mit vielen Dingen zu versehen, an die man gar nicht denkt. Stricke, Leitern, Säcke, Fackeln, Sägen, Hacken. Man giebt mir auch Schuld, ich bekümmerte mich um Kleinigkeiten. Ich gestehe es Ihnen, daß ich selt 1747. als man mich in die Provence schickte, dieses lächerliche an mir gehabt habe. Es war ein großes Genie, welches die ganze Operation anordnete; einer von den Männern, die nur im Grossen arbeiten, und sich um die Kleinigkeiten nicht bekümmern. Ich kam an den Gränzen von Piemont an; Ich fand weder Munition, noch Zelte, noch Fourage, noch sonst etwas von allem, was man nicht entbehren kann, wenn man ins Feld gehet. Seit dieser Zeit... Verzeihen Sie, Frau Marquisinn, ich höre Sie ganz leise sagen, wie der alte Marschall plaudert, und Sie haben Recht.

[197]

Ich höre von einem großen Spione, den ich zu Portsmuth habe, daß die Engländer durch die großen Zurüstungen, die man zu Havre macht, oder wenigstens zu machen scheinet, wirklich beunruhiget werden. Sie befürchten einen Einfall in eins von den dreyen Reichen; und die engländischen Spions haben die Landung selbst, als eine beschlossene Sache angekündiget. Der König von England, der von der Gewißheit dieser Nachrichten überzeugt ist, hat der Kammer der Gemeinen den 23 dieses Monats Nachricht davon gegeben; und alle Maaßregeln, die sie nehmen, geben zu erkennen, daß sie wegen Minorka nicht den geringsten Verdacht hegen.

Es ist Ihnen, Frau Marquisinn, die ehrerbiethige Ergebenheit bekannt, die ich Ihnen, so lange ich leben werde, gewidmet habe.

N. S. Es ist sieben Uhr und vierzig Minuten, und ich öffne meinen Brief, um Sie zu fragen, ob Sie ein Erdbeben gewahr worden sind. Ich habe eine Erschütterung empfunden, die meinen Stuhl bewegt, und verschiedene Bilder, die auf meinem Camine stunden, umgeworfen hat. Sie befanden sich gestern nicht recht wohl; lassen Sie mir doch wissen, Madame, wie Sie sich itzo befinden.

N 3   106. Brief.

106. Brief.
Von der Marschallinn von Etrees.
Paris, den 29 März 1756.

Ich hatte es wohl vorhergesehen, Madame, daß der Herr Marschall der Gunst würde aufgeopfert werden. Ich verabscheue die Höfe; ich entsage ihren Wohlthaten; sie sind ungerecht. Wenn sie Gnaden und Ehre zugestehen; so geschiehet es allzeit auf Kosten der Gerechtigkeit und Billigkeit, indem sie ohne Ursache eine nützliche und ehrwürdige Person beschimpfen. Ja, Madame, ja, der Herr Marschall ist beschimpft. Es giebt keine Freunde mehr in der Welt, weil Sie diese Beschimpfung nicht von ihm abgewendet haben, Und wer wird ihm denn vorgezogen? Ein Mann, der sich durch seine nichtswürdigen Thaten, und durch seine Liebe zur Zerstreuung einen Namen gemacht hat; gleichwie sich andere durch ihre Verdienste, oder durch ihre schönen Handlungen einen machen. Ein listiger Wollüstling, der keine andern Talente besitzt, als eine ausserordentliche Kühnheit, eine fruchtbare Einbildungskraft, wenn Ergötzlichkeiten sollen erfunden werden; eine natürliche Leichtigkeit, auf eine angenehme Art nichts zu sagen; der sich die wichtigsten Sachen nicht so angelegen seyn läßt, als die Verführung eines Frauenzimmers, der ein vortrefflicher Beurtheiler der Talente unserer Actricen und der kleinen Tageverse ist; der sich den größten Lastern ergeben hat, um sich in Ansehen zu bringen; dessen
größter

größter Ruhm darinnen bestehet, daß er die Ergötzlichkeiten unserer unnützen Leute anordnet, unsern artigen Leuten den Ton angiebt, und sich besser, als irgend ein Franzos, auf die Pracht und Galanterie verstehet. Das ist also unser Mitwerber! das ist der Mann, dem der Herr Marschall nachstehen muß! In Wahrheit, ich möchte ersticken. Aber der Erfolg wird die Sache entscheiden. Sie werden den Herrn von Richelieu von Minorka zurück kommen sehen, ohne daß er seinen Zweck erreicht hat. Ich zweifle aber, daß er zurückkommen wird. Sie werden ihn auf den engländischen Schiffen im Triumphe nach London führen sehen, nachdem vorher alle die seinigen in Grund sind geschossen worden. Sie werden sehen, daß der Pöbel in London seinen Spott mit ihm treibet, und er wird so wenig Herz haben, daß er nicht einmal vor Schande crepiren wird. Ich sehe diese Unglücksfälle ungern, und wünsche, daß sie nicht kommen mögen. Aber sie werden gewiß kommen, Madame, oder der Herr von Richelieu ist der größte General dieses Jahrhundertes.

Was will man denn aber aus dem Herrn Marschalle machen? Siehet man nicht deutlich, daß man nichts gutes thun will, wenn man ihn nicht braucht? Er läßt bey diesem allen eine Gelassenheit von sich blicken, über welche ich ganz ausser mir bin. Er spricht, der Herr von Richelieu wäre älter, als er, und es wäre nichts natürlicher, als dieses. Sprechen Sie mir doch einen
Trost

Trost zu, Madame, Sie müssen wissen, daß ich mich in einem sehr betrübten Zustande befinde, und ich höre doch nichts von Ihnen.

107. Brief.
An die Marschallinn von Etrees.

März. 1756.

Glauben Sie mir, meine verehrungswürdige Freundinn, ich bin nicht Schuld daran, daß dem Herrn Marschalle die Unternehmung gegen Minorca nicht ist aufgetragen worden. Aber diejenigen, welche sehr listig sind, laufen denen, die nur viele Verdienste besitzen, fast allzeit den Rang ab. Der Herzog von Richelieu hat alles versprochen, und man hat alles geglaubt. Indessen ist dieses eine kleine Sache von höchstens zween Monaten. Man wird den Herrn Marschall bey einer andern noch wichtigern Gelegenheit brauchen. Er ist bestimmt, bald eine Armee in Deutschland zu commandiren. Er wird mit einem alten Bekannten, dem Herzoge von Cumberland zu thun haben; und ich glaube, daß er sich nicht vor ihm fürchtet. Der Graf von Sachsen sagte, dieser Herzog wäre ein Windbeutel, der niemals Wort gehalten hätte. Er hatte auch wirklich versprochen, im Jahre 1715. nach Paris zu kommen, oder seine Stiefeln zu fressen. Er ist aber nicht nach Paris gekommen, und hat auch seine Stiefeln nicht gefressen; und wir erwarten ihn noch.

Ich

Ich habe mich über den Tod ihrer Nichte gar sehr betrübet. Eine so schöne und so tugendhafte Person hätte länger leben sollen, wenn anders das Leben etwas gutes ist, welches ich aber nicht glaube. Ich sehe den Schmerz, den Ihnen ihr Verlust verursachet hat, ein, und nehme Theil daran. Möchte ich Sie doch trösten können! Man hoffet Sie bald zu Versailles zu sehen; und ich wünsche es mehr, als jemand, sowohl um Ihres eigenen Interesse, als auch um meiner eigenen Zufriedenheit willen. Ich grüße Sie zärtlich, Madame; glauben Sie, daß ich weiter an nichts denke, als Ihnen zu dienen und Sie zu lieben ꝛc.

108. Brief.

Vom Grafen von Stahremberg, Bothschaftern des wienerischen Hofes zu Paris.

Paris, den 20 April, 1756.

Madame,

Sie haben von dem Bündnisse, welches seinem Schluße nahe ist, viel zu deutlich mit mir gesprochen, als daß ich mich nicht bemühen sollte, die Zweifel zu heben, die man Ihnen in Ansehung der Vortheile, die Frankreich davon haben wird, in den Kopf setzen will. Ich bin versichert, daß, wenn ich Sie überzeugen kann, Sie von dem, was ich Ihnen sagen werde, guten Gebrauch machen werden. Ich will alles dasjenige wiederholen, was der Herr von *** wider das wegen des Bündnisses gemachte Project einwendet, indem er von der Nothwendigkeit einer Vereinigung oder eines Bruchs zwischen den beyden Mächten redet.

Das Bündniß, spricht er, veränderte das System von Europa schlechterdings. Da sich nun Frankreich bisher bey diesem Systeme ganz wohl befunden hätte; so wäre es wenigstens für dasselbe gefährlich, sich den Folgen einer Revolution auszusetzen, deren Vortheile nicht so gewiß wären, als der Schade, den sie nach sich ziehen würde, weil sie Frankreich seiner vornehmsten Bundsgenossen beraubete. Wenn man die Lage bedächte, in welcher sich Frankreich in Ansehung Spaniens befände; so könnte es wegen Italiens Schicksal vollkommen ruhig seyn, wo das Haus Oesterreich wider die vereinigte Macht der beyden bourbonischen Häuser nichts ausrichten würde. Es bliebe also den Oesterreichern weiter nichts übrig, als Elsaß oder die Niederlande, wohin sie ihre Waffen richten könnten. Aber das hiesse den Stier bey den Hörnern angreifen, und Frankreich könnte versichert seyn, daß es auch bey einer kleinen Anzahl Truppen in einem Belagerungskriege die Oberhand behalten würde. Ueberdieses, wo nähme der Wienerische Hof die Mittel dazu her? Könnten nicht die Franzosen beynahe den ganzen Occident von Deutschland wider ihn aufwiegeln? Folglich hätten sie von den Oesterreichern nichts zu befürchten, und sie bürdeten sich eine schwere Last auf, indem sie das

vor-

vorgeschlagene Bündniß eingiengen, ohne einigen Vortheil davon zu haben, weil wir darauf bestünden, daß der gegenwärtige Krieg davon sollte ausgenommen werden. Da wir hingegen von dem Könige von Preussen bedrohet, und von Seiten des Großherrn beunruhiget würden, auch in Italien nicht gar zu fest sässen; was könnten wir also bessers thun, als uns mit einer Macht verbinden, die uns zu Grunde richten könnte, wenn sie sich mit unsern Feinden vereinigte? Die viele Mühe, die sich der Herr Graf von Kaunitz gegeben, es zum baldigen Schlusse zu bringen, bewiese vornehmlich, wie vortheilhaft und nützlich uns dieses Bündniß wäre.

Wir wollen zu dem geheimen Tractate fortgehen. Wenn die in diesem Tractate enthaltenen Entwürfe nicht zur Wirklichkeit kommen könnten; so würde sich Frankreich der einzigen Vergrösserungsmittel, die ihm übrig blieben, berauben, weil es in Deutschland keine Eroberungen mehr würde machen können. Man will auch noch unter der Hand mit zu verstehen geben, es könnte sich zutragen, daß wir in Ansehung der Ausführung dieser geheimen Artikel nicht Wort hielten, und daß wir uns in den Niederlanden niemals würden schwächen lassen, um uns in Italien zu verstärken; besonders indem wir versprächen, daß die Souverainität, die wir für den Infanten bestimmten, wenn seine Linie ausstürbe, an Frankreich zurückfallen sollte. Wenn die Zeit der Ausführung würde herbeygekommen seyn, wenn

sie

sie anders jemals herbeykäme; so würden wir unvermuthete Schwierigkeiten machen; indessen würden wir, vermittelst der Truppen und beträchtlichen Summen, die uns Frankreich geben sollte, wiederum zum Besitze Schlesiens gekommen seyn. Wir würden unsere Absicht erreichet haben, und uns alle Mühe geben, Frankreich nicht zu befriedigen, welches alsdenn nicht im Stande seyn würde, sich deswegen zu rächen. Ueberdieses hätte man bey diesem Bündnisse zum Theil die Absicht, den König von Preussen zu schwächen; da doch keiner Macht mehr, als dem allerchristlichsten Könige, daran gelegen wäre, den Einfluß zu erhalten, den dieser Prinz erlanget hat. Wenn man endlich auch gleich voraussetzte, daß wir die beste Gesinnung von der Welt hegten; so würden sich doch in Zukunft sehr viele Dinge eräugen können, die uns auf andere Gedanken brächten. Der Eifer, uns erkenntlich zu erzeigen, würde ganz erloschen seyn. Es wäre nur mehr als zu bekannt, wie leicht wir unsere Verbindungen unsern Vortheilen aufopferten. Wir würden mehr Nutzen davon haben, wenn wir unser Wort nicht hielten, als wenn wir es hielten, und wir würden also meineidig werden.

Dieses ist, Frau Marquisinn, das wichtigste, was mir der Herr von *** in der Unterredung, bey welcher Sie zugegen gewesen sind, eingewendet hat. Die Ankunft des Königs verhinderte mich, ihm zu antworten. Ich will es aber jetzo thun;

thun; denn ich wünsche vornehmlich Sie zu überzeugen.

Ich gebe zu, daß das Bündniß das System ganz und gar ändert; es macht aber dasselbe einfach. Statt der vielen kleinen Bundesgenossen, die nach Subsidien, Jahrgeldern und Geschenken dürsten, haben sie einen einzigen Bundesgenossen, von welchem sie gegenseitige Hülfe erhalten werden, die eben so groß seyn wird, als diejenige, die er von ihnen wird erhalten haben. Sie können versichert seyn, daß sie einen Krieg zu Lande mit Vortheil führen werden, wo sie ganz unfehlbar den kürzern würden gezogen haben, wenn das Bündniß nicht statt gehabt hätte. Bis auf die Zeit, da der Cardinal von Richelieu Minister wurde, sind wir Frankreich allzeit überlegen gewesen. Die gegenwärtigen Umstände sind den Umständen der Zeiten, welche vor der Staatsverwaltung dieses grossen Mannes hergiengen, gar sehr ähnlich. Wir haben unser altes Uebergewichte in Deutschland wieder erhalten, und wie würden uns schmeicheln können, wieder so glücklich zu seyn. Aber die beyden Mächte haben keine Ansprüche gegen einander zu machen. Die Feindschaft hat aufgehört; es steht ihrer Vereinigung nichts im Wege. Spanien, welches in Ansehung des Schicksals Italiens ruhig ist, kann an dem Kriege Theil nehmen, und sich diese Gelegenheit zu Nutze machen, um sich an den Engländern zu rächen. Holland, welches wegen der Erhaltung seiner Barriere beruhiget ist, verspricht

neu-

neutral zu bleiben. Frankreich kann also alle seine Macht ganz sicher wider Engeland richten. Da es mit der fürchterlichsten Macht von Europa verbunden ist; so wird die Herrschaft, die es über seine Nachbarn wird ausüben wollen, bloß von seiner Mäßigung abhängen. Es wird es dahin bringen können, daß die Verräther und Meineidigen das, was sie gethan haben, bereuen; oder wenn sie ihnen vergiebt, so wird es Großmuth und nicht Schwäche seyn.

Hiernächst sucht man die Aufrichtigkeit unsers Versprechens zweifelhaft zu machen. Nach diesem Grundsatze würde man allem, was in der Welt am heiligsten ist, nicht trauen dürfen. Ich für meine Person mag die Sache ansehen, von welcher Seite ich will; so erblicke ich in diesem Bündnisse nichts anders, als sehr große Vortheile für Frankreich. Ich will nichts von dem Vertauschungsprojecte sagen, weil man noch nicht wissen kann, ob sich keine Hindernisse dabey eräugen werden. Aber England wird zu Wasser und zu Lande gedemüthiget werden. Spanien, an dessen Glücke Frankreich Theil nehmen muß, kann die Portugiesen zwingen, sich wider die Engländer zu erklären, die sie durch ihre Handlung reich machen, welche sie der französischen Nation wieder werden zuwenden müssen. In Italien kann man viele kleine sächliche Einrichtungen machen, wovon ich den Ministern des Königs meine Gedanken eröfnet habe. Die Türken müssen sich über eine Vereinigung freuen, die ihnen

nen für das Haus Oesterreich Bürge zu seyn scheinet, so lange sie dasselbe nicht angreifen. Sie können in Ansehung ihrer europäischen Besitzungen sicher seyn; die wir nicht würden begehren können, ohne eine niederträchtige Verrätherey gegen Frankreich zu begehen. Eben so viel ist auch den Polen an der Fortdauer des Bündnisses gelegen. Es setzt sie wider die Unternehmungen Rußlands in Sicherheit; denn diese Macht würde in Zukunft nicht anders, als zu unserm Nachtheile, einen Einfluß in die polnischen Angelegenheiten haben können; man müßte denn voraussetzen, wir wären mit der Czaarinn verstanden, um uns die Uneinigkeiten, welche diese unglückliche Republik zu Grunde richten, zu Nutze zu machen. Ein schimpflicher Verdacht, der auf den wienerischen Hof nicht fallen kann, als welcher seit so vielen Jahren keinem andern Systeme, als der Billigkeit und Mäßigung, gefolget ist. Man höre also auf, uns eines Ehrgeizes zu beschuldigen, den wir nicht würden befriedigen können, ohne höchstungerecht zu handeln. Der König von Preussen wird wegen seiner geheimen Tractaten auf gemeine Kosten bestrafet werden. Die Staaten des Reichs werden an dem Könige einen mächtigen Beschützer neben dem Oberhaupte des Reichs haben, welches bereits eine entschiedene Neigung gegen die französische Nation zu erkennen giebt. Was die beyden nordischen Kronen anbetrift; so wird Frankreichs vermehrtes Ansehen sie nur noch genauer mit ihm verbinden,

und

und es bey ihnen dahin bringen, daß sie sich im Nothfalle wider Rußland erklären. Auf allen Seiten biethet das Bündniß den beyden Mächten unschätzbare Vortheile dar, und ich zweifele nicht, Frau Marquisinn, daß Sie nicht davon sollten seyn gerühret worden. Die Wichtigkeit der Sache ist Schuld daran, daß ich so weitläuftig gewesen bin.

Das ist ein Morgenbriefchen von einer ganz neuen Art, um an die Toilette eines artigen Frauenzimmers geschickt zu werden; ich weis aber, daß sich die kleinen Schriften des Crebillon eben so wenig wundern, sich in ihrem Schreibepulte neben einem Montesquieu oder Buffon zu befinden. Fahren Sie fort, Madame, uns dieses gute Beyspiel zu geben. Ein liebenswürdiges Frauenzimmer verschaft der Philosophie und den schönen Wissenschaften, wenn es dieselben mit Verstande liebet, mehr Proselyten, als alle Professoren der ganzen Welt.

109. Brief.
An den Grafen von Stahremberg.

Als die Antwort der Frau von Pompadour auf den vorhergehenden Brief.

1756.

Der Herr Rouille hat mir den Brief eingehändiget, mit welchem Sie mich beehret haben. Ich hege gegen Sie alle Hochachtung, die dem

Mi-

Minister einer großen Königinn, deren Vertrauen Sie sich durch Ihre Redlichkeit und Einsichten erworben haben, gebühret. Die viele Mühe, die Sie sich geben, es dahin zu bringen, daß die itzige wichtige Unterhandlung einen guten Ausgang gewinnen möge, wird Ihnen die Erkenntlichkeit und den Dank Ihres Vaterlandes und Frankreichs zuwege bringen. Die hohen Häuser Oesterreich und Frankreich sind seit länger, als dreyhundert Jahren, Feinde. Der Cardinal Richelieu hatte das Uebel ärger gemacht; ihr Interesse hat sie getrennet, es wird sie aber auch wieder vereinigen. Carl VI. der Frankreich so sehr haßete, hätte sich wohl niemals eingebildet, daß seine Tochter mit ihm ein Bündniß schließen würde. Aber dieses neue, obgleich ausserordentliche System, ist billig und natürlich, weil es nöthig ist; und dieser Prinz würde es auch gebilliget haben. Was den Fortgang unserer Waffen anbetrifft; so stehet er in den Händen der Vorsehung. Wenn aber der Himmel die Gerechtigkeit und Redlichkeit beschützet; so wird er sich für uns erklären. Und da man sich selbst helfen muß; so werden wir uns alle Mühe geben, unsern Freunden zu dienen, und unsre Feinde zu Schanden zu machen. Ich habe die Ehre ꝛc.

110. Brief.

An den Grafen von Treſſan*).

6 May 1756.

Ich habe Ihren Brief und Ihre ſchönen Verſe mit Vergnügen geleſen. Ich würde Ihnen dafür danken, wenn ich ſie werth wäre. Ich wußte wohl, daß Sie in ungebundener Rede vortrefflich ſchrieben; aber Ihre Talente, ſich in der Sprache der Götter und der Schmeicheley auszudrücken, waren mir unbekannt. Sie ſind indeſſen ein gar angenehmer Schmeichler; man kann Ihnen nicht glauben, und doch auch nicht böſe auf Sie werden. Was Sie von dem Könige Stanislaus ſagen, iſt wahr und rührend. Er iſt ein großer Mann, weil er wohlthätig und leutſelig iſt. Das Bild der Tugend leuchtet ihm, wie ſeiner würdigen Tochter, aus den Augen heraus. Die Lothringer bethen ihn an, die Fremden bewundern ihn, und wünſchen vergeblich, daß ihm ihre Herren ähnlich ſeyn möchten. So oft ich dieſen guten Prinzen geſehen, habe ich eine gewiſſe Ehrerbiethung gegen ihn bey mir verſpüret, welche ohne Zweifel der natürliche Tribut iſt, den auch ſogar die Gottloſen der Tugend entrichten. Ich habe gegen die Frau Marquiſinn von Bouſler allezeit viel Hochachtung gehegt, und ich werde allemal gar ſehr gerührt, wenn ſie an mich benkt. Ich bitte Sie, mein Herr Graf, ihr mein Compliment

*) Commendant zu Lothringen.

plöment zu machen, und meine Dienste anzubiethen.

Man sagt, der König von Polen habe einen Zwerg, der ein Wunder wäre, und tausenderley witzige Possen machte, ob man ihm gleich nicht begreiflich machen könnte, daß ein Gott sey. Ich möchte ihn gern sehen. Weil es aber unmöglich ist; so darf ich nicht daran denken. Ich bitte Sie mir das nächstemal etwas von ihm zu melden. Ich umarme die Frau Gräfinn, und ihre artigen Kinder von ganzem Herzen. Glauben Sie, daß ich Sie niemals vergessen werde; wenn ich Ihnen werde nützlich seyn können ꝛc.

III. Brief.

Von dem Grafen von Tressan.

Als die Antwort auf den vorhergehenden Brief.

Toul, den 15 May 1756.

Madame,

Schmählen Sie nicht auf mich; ich habe aus Unvorsichtigkeit dem Könige *) die Stelle aus Ihrem Briefe, die ihn betraf, vorgelesen. Ich habe ihm das Vergnügen, welches er darüber empfand, an den Augen angesehen. Die Hochachtung und die Lobsprüche schöner Seelen sind die Belohnung der Tugend. In dem Leben dieses Prinzen sind alle Tage mit einer Handlung der Wohl-

*) Stanislaus, König von Polen, Herzog von Lothringen.

Wohlthätigkeit bezeichnet. Ich will Ihnen eine davon erzählen, die ich selbst mit angesehen habe. Vor drey Tagen hatte ich die Ehre mit ihm in dem Gehölze von Chantcheu spazieren zu gehen. Er kam an ein Kiosque, das von einem heftigen Sturmwinde war beschädiget worden, und welches er in aller Eil wieder ausbessern läßt. Ich muß Ihnen, Frau Marquisinn, im Vorbeygehen sagen, daß dieses Kiosque etwas ganz ausserordentliches und bezauberndes ist. Die Zeichnungen sind vom Könige, und Micque hat nur einige geringe Veränderungen daran gemacht. Alle Arbeiter hörten bey seiner Ankunft auf zu arbeiten, bis auf einen alten Mann, der immer fort arbeitete, ohne sich sogar die Mühe zu geben, seinen Hut abzunehmen. Du bist sehr fleißig, sagte der Prinz auf eine gnädige Art zu ihm. Ich kann nichts bessers thun, sprach der Alte, welcher immer fort arbeitete. Wie! auch nicht einmal, wenn ich mit dir rede? Gut, gnädiger Herr, würde mich aber das auch nur einen Masson*) helfen? Woher weißt du es? Woher ich es weis, (hierbey muß man merken, daß der cynische Tagelöhner beständig fortarbeitete, und daß sich der König kaum des Lachens enthalten konnte;) woher ich es weis? Ich weis es daher: Als Sie einsmal an einem Pfingstfeyertage in dem Holze von Comercy spazieren giengen; so sagten Sie zu mir: Mein Freund, was ist das für eine weisse Blume, die auf diesem Baume stehet?

*) Eine lothringische Münze.

stehet? Ich kletterte hinauf, einen Ast davon abzubrechen, und überreichte Ihnen denselben. Es war eben keine wichtige Sache. Aber indem ich vom Baume herunter stieg, verwundete ich mich am Arme; und wenn sich ein rechtschaffener Diener verwundet hat, um seinem Herrn ein Vergnügen zu machen, so muß das ein Glück für ihn seyn; Sie aber, gnädiger Herr, haben mir nichts dafür zu gute gethan. Sie sagten zwar zum Herrn Intendanten, der bey Ihnen war, er sollte mich belohnen; er ist aber ein gar zu guter Wirth. Seit der Zeit bin ich auf alle große Herren böse. Ich will Ihnen nicht sagen, Madame, wie groß die Freude dieses guten Mannes war, als der König diesen wider seinen Willen begangenen Fehler wieder gut gemacht hatte. Ich wurde aber noch weit mehr von dem Betrübnisse dieses guten Prinzen, und von allem demjenigen gerühret, was er, indem wir unsern Spatziergang fortsetzten, zu mir von den öftern Fehlern, welche die Monarchen begehen können, sagte. Das ist einer, den ich wieder gut mache, sagte er mit betrübtem Herzen zu mir; es hat mir aber ein ungefährer Zufall die Gelegenheit dazu verschafft. Wie viel andere Fehler habe ich nicht gegen meine Unterthanen, entweder selbst, oder durch die, so sich um mich befinden, begehen können, die aber niemals wieder gut gemacht werden. Graf, das ist eine Quelle von traurigen und betrübten Anmerkungen, die ich in langer Zeit nicht erschöpfen werde.

O 3   Alles,

Alles, was man Ihnen, Frau Marquisinn, von dem Zwerge Bebe gesagt hat, ist vollkommen gegründet. Er besitzt so gar Verstand, und er hat mir einen Beweis davon gegeben. Ich sagte, Sie nähmen vielen Antheil an ihm, und er sollte Ihnen etwas sagen lassen, das sich auf seine kleine Person bezöge. So sagen sie denn der Frau Marquisinn, ich hätte diesen Morgen gelesen, die Sybariten hätten vor langer Zeit ein Vergnügen an den Zwergen gefunden, und alle Oberste dieser Nation hätten einen gehabt, der ihnen ihren Degen getragen hätte. Von ihnen hätten die Römer diese schöne Gewohnheit angenommen, welche hernach von da, man weis nicht wie, nach Polen gekommen, wo die Natur ausser dem diese unvollkommenen Geschöpfe gar sehr vermehret hat, und diese Gewohnheit ist, zu meinem großen Verdrusse, in Frankreich eingerissen, wo ich mich gar sehr darüber betrübe, daß ich bald, wie ein Caninchen, in eine Pastete, bald in eine Baßgeige, und wer weis wo sonst noch hin gestecket, und allemal als eine Seltenheit gezeiget werde. Ich will zu der Gelehrsamkeit des Bebe noch hinzusetzen, daß die Zwerge in Deutschland noch gar sehr gemein sind. Es giebt wenig Höfe, die nicht ihre Zwerge hätten. Sie haben so gar ihren Hofnarren. Einige haben indessen diesen für eine rechtschaffene Seele so betrübten Anblick eines Geschöpfs abgeschaft, das unsers gleichen war, und mit welchem wir auf eine grausame Art umgehen, weil es ein Fehler an seinen Werkzeugen, oder ein

ein anderer Zufall, der Kräfte seines Verstandes beraubet hat. Ich habe niemals einen gesehen, ohne mit diesen Unglückseligen Mitleiden zu haben, und die, so sich damit belustigten, gar sehr zu verachten. Man hat aber an verschiedenen Höfen weit gefährlichere, und meines Erachtens sehr schlechte und nichtswürdige Geschöpfe an ihre Stelle gesetzt. Diese sind die Spötter von Profeßion, die den Prinzen, und die Müßiggänger, die um ihn herum sind, auf Kosten einiger Narren, oder einiger rechtschaffener, aber furchtsamer Leute belustigen, welche die Einfälle eines bösen Menschen, der Witz besitzt, aus ihrer Fassung bringen, daß sie ihnen nicht antworten können. Ist dieses, Frau Marquisinn, nicht ein Ungeziefer, das man ausrotten sollte, und habe ich nicht auch sehr oft gesehen, daß Sie über zwo oder drey solche Personen, die ich auch noch von hieraus wahrnehme, sind aufgebracht gewesen?

Meine Frau und meine Kinder sind gar sehr davon gerühret, daß Sie sich ihrer erinnern. Einer von meinen Töchtern sind die Blattern mit dem besten Erfolge eingeimpfet worden. Ich höre schon das Geschrey der Narren. Aber, ausser der Gesundheit, schätze ich die Schönheit an einem Frauenzimmer sehr hoch. Nach den Vorzügen der Seele, ist sie das schönste Geschenk des Himmels. Meine Söhne mögen es machen, wie sie wollen. Wenn ich ihnen die Blattern einimpfen lasse; so thue ich es deswegen, weil ich von

der Wichtigkeit dieser Sache für das Leben und
das Gesicht überzeugt bin. Wenn sie übrigens
gut gebauet sind, und nur nicht wie der Teufel
aussehen; so bin ich zufrieden.

112. Brief.
An den Marquis de la Galißionniere.
May, 1756.

Ich bin Ihnen, mein Herr Marquis, für die
Aufmerksamkeit, die Sie gegen mich hegen,
gar sehr verbunden, und freue mich um Ihrent-
und meinetwillen über den Sieg, den Sie über
die Engländer erfochten haben. Die Wassergöt-
ter sind nicht gewohnt, in ihrem eigenen Elemen-
te dergleichen Niederlagen zu erleiden; Sie werden sie aber daran gewöhnen. Kommen Sie,
mein Herr, und genießen Sie die Ehre und die
Belohnungen, die Sie verdienen. Es wird Sie
niemand mit mehrerem Vergnügen sehen, als ich.
Ich bin ꝛc.

113. Brief.
Vom Grafen vom Affry.
Haag, den 27 May, 1756.

Madame,

Es wird Ihnen unfehlbar lieb zu vernehmen seyn,
daß sich die Generalstaaten vorgestern erklärt
haben, während des Krieges eine genaue Neutralität

lität zu beobachten, jedoch ohne Nachtheil der bereits eingegangenen Verbindungen. Ich hoffe, der König wird mich unverzüglich bevollmächtigen, ihnen zu sagen, daß das Gebiethe der Republik von Seiten seiner Truppen vor allen Anfällen sicher seyn werde, und ihnen eben diese Versicherung in Ansehung der österreichischen Niederlande, welche ihre Barriere ausmachen, zu geben.

Die Staaten haben ohne Streit die Partey ergriffen, welche für ihr Interesse die beste und schicklichste ist. Sie würden an dem politischen Plane einer der kriegführenden Mächte nicht anders, als ihre Schatzmeister, haben Theil nehmen, und es schwerlich verhindern können, ein Raub der andern zu werden. Diese Republik ist weiter nichts, als eine Gesellschaft von Kaufleuten, die nur Gold, aber kein Eisen mehr hat; der kaufmännische Geist ist der einzige, der bey ihr herrschet. Sie werden daselbst nicht einen einzigen holländischen Soldaten antreffen. Alle ihre Vertheidiger sind Fremde, die in ihrem Solde stehen. Sie kann also nicht besser thun, als daß Sie die Neutralität, zu welcher sie sich entschlossen hat, so genau, als es ihr nur immer möglich ist, beobachtet. Wenn sie iemals gezwungen ist, ihr System zu ändern; so sehe ich ihren Untergang beynahe als gewiß an.

Es befindet sich itzo ein dicker deutscher Prinz hier, der sich viel darauf einbildet, Sie vor einigen Jahren gekannt zu haben. Dieser Herr hat verschle-

verschiedene vollkommen köstliche Soupees in
der Vorstadt St. Germain mit Ihnen gehalten.
Sie haben damals, wie er hinzusetzt, viel zu viele Freundschaft für ihn gehabt, als daß es nöthig
wäre, Sie an seinen Namen zu erinnern.

Das Schiff, die Syrene, soll die Gemälde
und Bronzen, die Sie mir angezeiget haben,
nach Rouen bringen. Wenn es guten Wind gehabt hat; so kann es bereits angekommen seyn.
Ich wünsche gar sehr, daß Sie damit zufrieden
seyn mögen. Ich hätte sie Ihnen gern selbst
überbringen wollen, und meine Gegenwart ist
auch meiner Geschäfte und Angelegenheiten wegen
in Frankreich sehr nöthig; ich befürchte aber, meine Bitte möchte mir bey den gegenwärtigen Umständen abgeschlagen werden.

Ich habe nicht gewußt, daß Sie, Frau Marquisinn, mit dem Herrn Baron von Reischach,
Minister des wienerischen Hofes bey Ihro Hochmögenden, einen Briewechsel unterhalten. Er
hat mich gar sehr gebethen, Ihnen den beyliegen-
den Brief zukommen zu lassen, welches Auftrags
ich mich hiermit entledige. Ich bin mit aller
Ehrerbiethung ꝛc.

114. Brief

114. Brief.

An den Grafen von Affry.
Als die Antwort der Frau von Pompadour auf den vorhergehenden Brief.

1756.

Sie sind ein sehr glücklicher Abgesandter, weil Sie uns lauter angenehme Sachen zu berichten haben. Ihre Holländer gefallen mir; sie haben also die sechs tausend Mann, die man von ihnen verlangte, gerade zu abgeschlagen. Sie haben sehr wohl daran gethan, und es ist desto besser für uns. Man glaubet indessen, diese Sache würde nicht so leichtdahin gediehen seyn, wenn der alte Statthalter noch gelebet hätte. Er war engländisch gesinnt; er hatte eine engländische Gemahlinn, und man würde sich vor der grossen Macht, die ihm die letzte Revolution verschaffet hatte, zu fürchten gehabt haben. Er ist aber gestorben, sein Sohn ist noch ein Kind, und die Holländer verstehen sich auf ihr Interesse. Ich bin um Ihrent- und meinetwillen sehr wohl damit zufrieden.

Ich kenne den dicken deutschen Prinzen nicht, der so vertraut von mir redet, und mich so gut kennen will. Ich habe mit der deutschen Nation niemals grosse Bekanntschaften gehabt, und noch weniger mit den deutschen jungen Herren. Wenn er mich aber durchaus kennen, und sich meiner Bekanntschaft rühmen will; so muß man es ihm erlau-

erlauben. Sie sehen, daß es auch ausserhalb Frankreich Leute giebt, die keinen Kopf haben.

Die Schweizer haben Befehl bekommen sich bereit zu halten, nach Deutschland zu gehen, sie murren aber darüber. Man muß sich wundern, daß sie fast allzeit dieselben Einwendungen machen, wenn sie über den Rhein gehen sollen. Der letzte König hatte sie recht gut daran gewöhnet; sie erinnern sich aber dessen nicht mehr. Wenn sie übrigens gut dienen; so werden sie auch gut bezahlet. Der letzte Marschall von Noailles sagte, sie hätten in den französischen Diensten mehr Louis d'or gewonnen, als sie Tropfen Blut verlohren hätten. Da Sie, mein Herr Graf, ein Schweizer sind; so werden Sie es nicht glauben. Reden Sie indessen aber doch Ihren Landsleuten zu, daß sie vernünftiger werden; Sie werden ohne Zweifel eben so viel Macht über sie haben, als über die Holländer.

Die Gemälde, die Sie mir gekaufet haben, sind vortreflich, besonders der veronesische Paulus. Der König hat sie, wie billig, zuerst bewundert; und nun werden sie von andern bewundert. Aber durch was für einen Zufall sind diese Meisterstücke nach Holland gekommen, um wie Ballen Seide von Kaufleuten ohne Geschmack verkauft zu werden? Ich danke Ihnen für Ihre Bemühung, und ich bitte Sie, darinnen für mich fortzufahren. Sie möchten gern, wie Sie schreiben, in Ihren Angelegenheiten eine Reise nach Frankreich

reich thun. Der König würde es Ihnen auch gern erlauben, er hält aber diese kleine Reise, bey den itzigen Umständen in Ansehung seiner nicht für rathsam. Warten Sie noch ein wenig, und seyn Sie versichert, daß ich die erste Gelegenheit, die sich zeigen wird, Ihnen eine Gefälligkeit zu erweisen, nicht vorbey lassen werde.

Man will mit den Holländern wegen einiger Kriegsbedürfnisse einen Contract schliessen. Es wird nicht schwer halten, Kaufleute zu finden, aber Mühe kosten, die Sache mit vieler Klugheit und recht geheim zu Stande zu bringen. Ich glaube es ohne viele Mühe, daß die holländische Nation über die Neutralität, die ihr angebothen worden, und die sie angenommen hat, gar sehr vergnügt ist. Ein Staat, der sich aus dem Gelde mehr, als aus der Ehre macht, kann seine Neigung befriedigen, da unterdessen seine Nachbarn einander die Hälse brechen, und sich zu Grunde richten. Die Holländer theilen mit den Ueberwindern den Nutzen, ohne mit den Ueberwundenen die Gefahr und den Verlust zu theilen. Wer ist denn der Herr von Reischach, der an mich schreibet? Ich weis nicht, warum dieser Herr von Reischach an mich denket. Indessen werde ich ihm höflich antworten, weil sein Prinz ein guter Freund von uns ist.

Wie bringen Sie denn Ihre Zeit bey den guten Holländern zu? Wissen sie angenehm zu leben? Können sie lachen, sich belustigen, und ihr
Geld

Geld auf einige Augenblicke vergeſſen? Ich glaube, daß man ſeine Zeit in dieſem Lande auf eine ſehr verdrießliche Art zubringt, und es iſt mir deßwegen leid um Sie, wenigſtens wenn Sie die Geſchäfte nicht mehr lieben, als das Vergnügen, welches zwar etwas ſehr ſeltenes, aber auch etwas ſehr lobenswürdiges iſt. Ich grüſſe Sie herzlich, mein Herr Abgeſandter, und empfehle Ihnen allzeit die Geſchäfte des Königs.

Ich bin ꝛc. ꝛc.

115. Brief.
An die Gräfinn von Brionne *).

1756.

Meine liebe Freundinn, wir leben alle in Freuden, und Sie müſſen Theil daran nehmen. Die Unternehmung auf Minorca iſt anfangs für etwas verwegenes gehalten worden; iƺo aber, da ſie gelungen iſt, ſiehet man ſie als einen Vorboten neuer glücklicher Unternehmungen und als eine ganz natürliche Sache an. Der Marquis de la Galliſſoniere hat die Engländiſche Flotte zerſtreuet, und der Herzog von Richelieu hat das Fort St. Phillppe mit Sturme eingenommen. Das ſind glückliche Begebenheiten, die wir bey unſern See-

kriegen

*) Gemahlinn des Grafen dieſes Namens, aus dem Hauſe Lothringen, und Großſtallmeiſter von Frankreich.

kriegen mit den Engländern nicht gewohnt, welche aber eben darum desto angenehmer und wichtiger sind. Unsere Soldaten haben eine erstaunenswürdige Unerschrockenheit und Begierde nach Ehre von sich blicken lassen. Als der Marschall von Richelieu sah, daß ihm das liederliche Leben viel Leute hinriß, und unter der Armee eine grosse Verwüstung anrichtete; so ließ er bekannt machen, wer sich in Zukunft betrinken würde, sollte die Ehre nicht haben, in die Laufgräben zu gehen, das heißt, die Ehre sich todt schiessen zu lassen. Diese Drohung machte einen solchen Eindruck in diese tapfere Leute, daß man von der Zeit an keinen betrunkenen Menschen mehr gesehen hat. Wo wird sich die Ehrbegierde nicht noch einnisten? würde Moliere gesagt haben. Die Stadt Paris wird grosse Freudensbezeugungen anstellen, und ich werde mein möglichstes thun. Man hat mir ein sehr artiges Lied vom Coller auf diese Eroberung überbracht; ich habe ihm fünfzig Louis, und der König eine Pension von 400 Franken gegeben. Bey der allgemeinen Freude muß ein jeder, auch so gar die Poeten, glücklich seyn. Sagen Sie doch dem grossen Manne, er könnte diese Woche zu mir kommen, wenn er aufgeräumt wäre, und mir etwas zu lachen machte. Leben Sie wohl, meine geliebte Freundinn, ich küsse Ihre schönen Hände, und Ihre Tochter.

Ich bin, ꝛc.

116. Brief.

116. Brief.
Von der Gräfinn von Brionne.
Als die Antwort auf den vorhergehenden Brief.

Paris, den 12. Jul. 1756.

Ich sage Ihnen tausendmal Dank dafür, meine schöne Freundinn, daß Sie mir die angenehme Nachricht haben mittheilen wollen. Der Courier hat fünf Minuten bey mir zugebracht. Vielleicht speisen wir diesen Abend mit einander; ich habe wohl hundert Fragen an ihn zu thun. Die in den Felsen hinein gehauenen Schanzen, die Mienen, die Gegenmienen, die gar zu kurzen Leitern, wobey aber doch nichts fehlgeschlagen ist, die vier Bomben, der Canonschuß, so in der Nacht zum Zeichen gegeben worden; der tapfere Officier, der, ungeachtet ihm ein Arm abgeschossen worden, dennoch mit Sturm gelaufen ist; alles dieses muß er mir ausführlich erzählen. Ich kann es kaum erwarten. Wie gut sah er nicht unter dem Staube und Schweisse aus! Wie viel Vergnügen hat mir die Nachricht verursacht! Ich hätte ihn beynahe umarmet. Leben Sie wohl, meine geliebte Freundinn; Sie wissen, daß sich der Prinz von Beauveau als ein Alexander verhalten hat. Man erzählet auch von dem Herrn von Maillebois unendlich viel gutes. Was den General anbetrift; so ist von ihm nichts zu sagen. Er ist allzeit derselbe, und ich bin gewiß versichert, daß Sie itzo nicht ungehalten auf ihn sind.

117. Brief.

117. Brief.

Vom Grafen von Broglio.

Dreßden, den 13. September, 1756.

Madame,

Ich komme dem Versprechen, welches ich Ihnen im vergangenen Jahre gethan habe, sehr spät nach; ich habe aber nicht eher schreiben wollen, als bis ich Ihnen etwas gewisses melden könnte. Zum Unglücke sind die Nachrichten, die ich Ihnen zu ertheilen habe, nicht angenehm. Indessen hoffe ich noch, die Folgen davon werden nicht so verdrießlich seyn, als man anfangs befürchtet hat.

Es ist Ihnen nicht unbekannt gewesen, Madame, daß der König von Preussen nur auf die Antwort des Wienerischen Hofes wartete, um an der Spitze seines Kriegsheers, durch Sachsen, in Böhmen einzudringen. Er war mit dieser Antwort nicht zufrieden, und zu Ende des Augustmonats ließ er bey dem Könige von Pohlen um den freyen Durchzug anhalten, indem er hinzusetzte: Er würde mit Vergnügen die Zeit herbeykommen sehen, da er Sr. polnische Majestät wieder in den Besitz ihrer Länder setzen könnte. Diese gar sehr nachdrückliche Wendung brauchte keine Erklärung.

Der König von Polen, welcher sich zur Neutralität entschlossen, hat den Durchzug der Armee,

P welche

welche so gleich in Sachsen eingebrungen ist, auf alle Art und Weise zu erleichtern versprechen lassen. Der Prinz Ferdinand hat, nachdem er die Festungswerke von Wittenberg schleifen lassen, Leipzig besetzt. Alles Geld, so sich in den kurfürstlichen Cassen befunden, ist aus denselben herausgenommen, und bey Lebensstrafe verbothen worden, etwas an den Kurfürsten zu bezahlen, man hat auch die obrigkeitlichen Personen gezwungen, dem Könige von Preussen den Eid der Treue zu schwören.

In diesen bedenklichen Umständen hat sich der Dreßdner Hof entschlossen, ihn fragen zu lassen, wohin seine wahren Absichten giengen. Man hat dem ersten Generallieutenant der sächsischen Armee aufgetragen, diese Frage zu thun. Als dieser Officier zu Leipzig angekommen, ist er entwaffnet, für einen Kriegsgefangenen erkläret, und zum Prinzen Ferdinand geführet worden, der ihn an den König von Preussen geschickt hat. Dieser Prinz hat eine sehr unbestimmte Antwort von sich gegeben, weil er ohne Zweifel den sächsischen Hof in der Verlegenheit lassen wollte, Dreßden desto leichter zu überrumpeln. Weil ein anderer Versuch, den man durch den Mylord Stormond thun lassen, eben so übel gelungen; so hat der König von Polen, mit einer ihm anständigen Standhaftigkeit, die einzige Partey ergriffen, die er zu seiner Ehre und zu seiner Sicherheit ergreifen konnte. Er hat sich in den Stand gesetzt, die

An-

Angriffe, mit welchen er bedrohet wurde, tapfer abzuwenden.

Die sächsischen Truppen sind glücklich zusammen gezogen worden, so wenig man hierzu auch Zeit hatte. Die Armee ist achtzehn tausend Mann stark befunden worden. Man hat sie, fünf Meilen von Dreßden, zwischen dem linken Ufer der Elbe, und den beyden Festungen Pirna und Königstein, ein sehr vortheilhaftes Lager beziehen lassen. Diese Lage ist sehr gut ausgesucht, und das Lager ist noch überdieses mit allem, was zu einer langen Vertheidigung nöthig ist, versehen. Am 6 dieses Monats hat der König von Polen, in Begleitung der jungen Prinzen, seiner Söhne, seine Armee gemustert, und die Gegenwart des Monarchen hat den Truppen Muth und Vertrauen eingeflösset. Der König von Preussen hat sich gar bald der Stadt Dreßden bemächtiget. Die preußischen Soldaten versehen so gar die Wache in dem königlichen Pallaste, vor den Augen der Königinn, die sich mit einem Theile der königlichen Familie daselbst befindet. Man hat den vier Conferenzministern befohlen, sich in Zukunft in nichts zu mischen, und es ist ihnen so gar verbothen worden, dem Könige in einem offenen Briefe von dem, was ihnen vorgeschrieben worden, Nachricht zu geben.

Vorgestern hat der General Wilich, der in Dreßden commandirt, gewaffnete Leute abgeschickt,

schickt, die Archive des Cabinets zu eröffnen. Er hatte schon Schildwachen dahin gestellet, obgleich die Königinn deswegen Vorstellungen gethan, die sich entschlossen hatte, ihr Siegel darauf zu drücken. Diese Prinzeßinn hat sich selbst hinbegeben, um sich der Eröffnung zu widersetzen; sie hat aber nichts ausgerichtet. Der preußische General hat zu ihr gesagt, er könnte die Sache nicht länger verschieben, und sie gebethen, sich wegzubegeben, weil er für die Grobheit der Soldaten nicht gut seyn könnte. Es ist also das Archiv durchsucht und vielleicht weggeschaft worden. Diese Handlung ist desto verhaßter, weil man nichts darinnen wird gefunden haben, das die vermeynten Verständnisse, hinter welche man kommen wollte, anzeigen, und die feindseligen Absichten, die der König von Preußen dem Wienerischen und Dreßdner Hofe Schuld gab, bestätigen könnte.

Man kann das Betragen der Königinn von Polen nicht gnugsam rühmen und loben. Diese Prinzeßinn läßt bey diesen betrübten Umständen eine Gegenwart des Geistes und eine Herzhaftigkeit von sich blicken, die ihr Geschlecht weit übersteigt. Der König von Preußen ist wegen des großmüthigen Widerstandes des Königs von Polen gar sehr verlegen, dessen gefaßter Entschluß ihm viel Ruhm und Ehre zuwege bringen, und der Macht, wider welche der König von Preußen seine Waffen vornehmlich gerichtet hat, sehr vortheilhaft seyn wird.

Der

Der wienerische Hof, der nur erst von dem Einrücken der Preußen in Sachsen benachrichtiget worden, ist sehr ungehalten darüber. Ich werde nicht unterlassen, Frau Marquisinn, Sie von dem Verfolge dieser wichtigen Unternehmungen zu benachrichtigen.

118. Brief.
An den Grafen von Broglio.
Als die Antwort der Frau von Pompadour auf den vorhergehenden Brief.

1756.

Die Nachrichten, die wir aus Sachsen erhalten, haben den König gar sehr betrübet, und ich habe sie, ohne Thränen zu vergießen, nicht anhören können. Sie melden mir, daß der Wiener Hof sehr ungehalten ist; ich glaube es gar wohl. Madame Dauphine ist untröstlich. Führen also christliche und gesittete Prinzen auf eine solche Art mit einander Krieg? Der König von Preußen, den unser Voltaire, ich weis nicht warum, den nordischen Salomo genennet hat, der auf eine so leutselige Art schreibet, und so grausame Handlungen unternimmt, ist also in die Archive zu Dreßden, wider den Willen der Königinn, die ihn selbst davon abzuhalten suchte, mit Gewalt eingedrungen, und hat diese Prinzeßinn genöthiget, in die Capelle zu gehen, in welcher er, Gott für diese schöne That zu danken, das

Te Deum anstimmen ließ! Hat in diesem artigen und philosophischen Jahrhunderte ein König, der als ein grosser Mann will angesehen seyn, ein Frauenzimmer, eine Königinn, die sich weiter mit nichts, als mit ihren Thränen und mit ihrem Schmerze vertheidigen konnte, auf eine so schimpfliche und so unnütze Art beleidigen können? Wir sind hier ihrer Gesundheit wegen alle in Furcht. Das große Herz einer Prinzeßinn aus dem österreichischen Hause muß bey solchen unanständigen Begegnungen und Demüthigungen allerdings viel leiden. Wir beklagen das Schicksal dieses hohen Hauses aufrichtig. Ich hoffe, unsere Thränen werden nicht fruchtlos seyn, und eine in die Augen fallende Rache nach sich ziehen. Sie können alle unsere Freunde davon versichern.

119. Brief.
Vom Grafen von Broglio.

Dresden, den 20 October, 1756.

Madame,

Ich will fortfahren Ihnen Neuigkeiten zu schreiben, ob ich Ihnen gleich keine andern, als höchstunangenehme zu berichten habe. Ich habe den Herrn von Willemur gebethen, Ihnen alles dasjenige mitzutheilen, was bis zum Treffen bey Lowositz vorgefallen ist. Dieses Treffen hat nichts entschieden, und ob sich gleich beyde Parteyen den Sieg zuschreiben; so hat es doch weder der einen,

noch

noch der andern die Vortheile verschaft, die sie sich davon versprachen, und es läßt sich niemand von den Freudensbezeugungen hintergehen, die der König von Preußen sogar vor den Augen der Königinn angestellt hat. Seine Reiterey ist zu Grunde, und seine Armee so übel zugerichtet worden, daß er sich nicht unterstanden hat, den Herrn Grafen von Brown auf dem Rückzuge zu beunruhigen, zu welchem sich dieser General aus Mangel des Unterhalts genöthiget gesehen hat. Dieser Prinz hat nicht in Böhmen eindringen, und sich des königgräßer Kreises, den er gern haben wollte, bemächtigen können; es hat aber auch der Graf von Brown die Vereinigung nicht bewirken können, welche zwischen diesem Generale und den in dem pirnischen Lager eingeschlossenen sächsischen Truppen war verabredet worden. Sie fiengen an, an allem Mangel zu leiden. Man suchte das Vereinigungsprojekt wieder vor, als welches das einzige war, wodurch diese zu Grunde gehende Armee konnte gerettet werden. Man hat mir gesagt, als der sächsische General von dem Könige von Polen wäre befragt worden, so hätte er Sr. Majestät versichert, die sächsische Armee, die zwanzig tausend Mann stark wäre, könnte diese Vereinigung vor dem Angesichte der Preußen bewerkstelligen. Als man aber den Herrn Chevalier von Sachsen um seine Meynung befragt; so hätte er mit seiner gewöhnlichen Aufrichtigkeit geantwortet: Er hielte nicht dafür, daß man diese Sache mit zwölf tausend Mann ausführen könnte;

er riethe aber, die Vereinigung also zu bewirken, daß man alle Truppen zusammen nähme, und sie sich, mit dem Degen in der Faust, durch die preußische Armee durchschlagen ließe. Es ist gar sehr wahrscheinlich, daß die sächsische Armee wirklich nicht über zwölf tausend Mann stark war; aber diese vielleicht gar zu versteckte Anmerkung wurde nicht eingesehen. Man wurde mit dem Marschalle Brown eins, den 12 dieses Monats die Vereinigung zu versuchen. Sie mußte natürlicher Weise großen Schwierigkeiten unterworfen seyn; aber die Anstalten waren so gut gemacht, und die Truppen so beherzt, daß sie ganz unfehlbar würde gelungen seyn, wenn sie nicht durch eine Menge verdrießlicher Umstände, die sich vereinigten, wäre vereitelt worden.

Am 10 wollten die Sachsen des Nachts ihre Schiffbrücke heraufbringen lassen, um sie unter Königstein zu schlagen. Die Nacht war stille, und nur so viel Mondenschein, als nöthig war, da sie ihr Lager verließen. Auf einmal entstund ein widriger Wind; sie wurden von einem schrecklichen Regen durchaus naß; und die Schiffer, welche über den Schüssen, welche die Preußen von ungefähr thaten, erschracken, strandeten. Man mußte wieder an das Ufer zu kommen suchen, und die Schiffe zu Lande an den Ort ihrer Bestimmung bringen lassen. Die Wege waren verderbt; die Pferde, die bishero nicht in dem besten Futter gestanden, waren schon durch Fortschaffung der Artillerie ganz entkräftet worden. Die Brücke konnte

te zur bestimmten Stunde nicht fertig werden. Der Graf Brown war schon auf dem Marsche, als er Nachricht davon erhielt. Die Preußen, welche an der Absicht der Sachsen nicht mehr zweifeln konnten, verstärkten sich unterdessen zwischen den beyden Armeen, und stellten zwey Regimenter, nebst einer vortheilhaft angelegten Batterie, hinter den Verhau, den sie in dem Walde unter dem Illensteine gemacht hatten. Endlich kam die Brücke zu Stande, und die Armee gieng in der Nacht vom 13 unter den Canonen von Königstein über dieselbe, um in die Ebene von Ebenheit zu kommen. Ein verschleimmter Weg, auf welchem man allein dahin kommen konnte, wurde gar bald von der Artillerie verstopft, welche die Pferde in einem fetten und durch den Regen verderbten Boden, nicht fortbringen konnten. Die ganze Armee und selbst die Reiterey mußte ihren Weg über einen sehr steilen und kothigten Felsen nehmen. Sie kam bey Ebenheit nicht eher, als mit Ende des Tages zusammen. Die Nachtruppen hatten schon einen Angriff ausgehalten. Obgleich die ganze Armee schon gar sehr entkräftet war; so machte man sich doch fertig, den Verhau anzugreiffen, hinter welchem sich die Preussen befanden. Die Gegenwart des Königs vermehrte das Verlangen, welches die Sachsen zu fechten hatten, gar sehr. Man mußte aber die Antwort des Marschalls von Brown abwarten. Die Armee blieb also so lange, bis diejenigen, die man an ihn abgeschickt hatte, zurück kämen, in den Waffen.

P 5   Allein

Allein die abgeschickten Personen wurden aufgefangen. Es würde ein thörichtes Unternehmen gewesen seyn, die Preussen, die wenigstens sechsmal so stark waren, anzugreiffen, ohne versichert zu seyn, daß die Oesterreicher ihres Ortes den gemeinschaftlichen Feind gleichfalls angreifen würden. Ueber dieses war er Herr von einem bergigten und waldichten Lande, in welchem man einen Weg von fünf Meilen zurücklegen mußte, ehe man sich mit den Oesterreichern vereinigen konnte. Die Preussen hatten sich des Gepäckes der sächsischen Armee bey ihrem Uebergange über die Elbe bemächtiget; man hatte weder Proviant, noch Fourage. Den König hatten die Umstände genöthiget sich nach Königstein zu begeben. In dieser äußersten Noth überschickten ihm seine Generale eine Meynung des Kriegsraths zu, welche dahin gieng, die Armee könnte weiter nichts thun, als eine so vortheilhafte Capitulation, als es die Umstände erlaubten, zu schließen. Der König, welcher sich über die elenden Umstände, in welchen er sich befand, gar sehr betrübte, ermahnete seine Generale nachdrücklich einen Angriff zu wagen. Er beschloß mit diesen Worten: „Wenn ihr euch
„gar nicht mehr zu helfen wisset, und alle eure
„Pflichten gegen euren König und euch selbst be-
„obachtet habet; so könnet ihr thun, was ihr für
„das beste haltet. Ich für meine Person will
„nicht den geringsten Antheil daran nehmen. Ich
„will frey leben und sterben. Ich werde euch
„wegen keiner Sache zur Verantwortung ziehen,
„als

„als wenn ihr wider mich und meine Bundesge-
„nossen dienet„.

Zu eben der Zeit erfuhr man, daß der Marschall von Brown, den man zu Altendorf zu seyn
geglaubt hatte, vier Meilen weiter stünde. Die
Truppen hatten seit drey Tagen nichts zu essen gehabt; man entschloß sich endlich zu capituliren.
Den folgenden Tag ließ der König von Preußen
den sächsischen Truppen Brod austheilen, die sich
zu Kriegsgefangenen ergaben.

Der König von Preußen hat nichts unversucht
gelassen, um es dahin zu bringen, daß sowohl die
Officiere, als auch die Soldaten, bey ihm Dienste nehmen möchten. Es haben sich aber alle Officiere geweigert, und die wenigen Soldaten, welche dazu sind gezwungen worden, werden bey der
ersten günstigen Gelegenheit wieder davon laufen.
Man sagt, dieser Prinz hätte seinen Soldaten
befohlen, einen jeden sächsischen Soldaten bey der
Hand zu nehmen, und sie in die Höhe zu halten,
indem man diesen indessen einen Eid der Treue
vorläse. Kann man wohl bey so grossen Eigenschaften die geheiligten Gewohnheiten so wenig in
Ehren halten, die unter den Menschen sind angenommen worden, ihr Versprechen feyerliches
und unverletzlicher zu machen?

Der König von Polen ist diesen Morgen nach
Warschau abgereiset, nachdem er einen Geleits-
brief von seinem guten Bruder dem Könige von
Preußen erhalten, der sehr sonderbar ist, wenn
man

man die Ausdrücke desselben mit dem Verfahren dieses Königs vergleicht. In der Betäubung von seinem Glücke hat er in die Neutralität des Königsteins gewilliget, der blos seiner Lage wegen nicht kann eingenommen werden; er konnte ihn aber bekommen, ohne einen Canonenschuß zu thun, weil der Kriegsvorrath dieser Festung von der sächsischen Armee ganz ist erschöpfet worden. Es kann aber auch seyn, daß er dieses aus einer blossen Regung der Menschlichkeit gethan, und weil er befürchtet hat, er möchte sonst mit einem unglücklichen Könige gar zu grausam umgehen.

Einen so sonderbaren Ausgang nahm eine Begebenheit, wovon man in der Geschichte kein Beyspiel findet*). Zwölf bis vierzehn tausend Sachsen halten lange Zeit eine Armee von sechzig tausend Mann auf. Nachdem sie keine zweydeutigen Beweise von ihrer Tapferkeit abgelegt, hat sie eine Reihe von Unglücksfällen zu einem Schritte verleitet, der für tapfere und treue Unterthanen schrecklich ist. Vielleicht ziehet er eine für die allgemeinen Angelegenheiten fatale Revolution nach sich; denn der König von Preußen ist viel zu geschickt, als daß er sich von seinen Lorbeeren sollte einschläfern lassen.

Viele Leute können kaum glauben, daß es mit dieser Sache natürlich zugegangen ist. Man vermuthet Dinge, von welchen man eben nicht viel Ehre haben würde. Ist es aber wohl zu glauben,

*) Höchstens in den Fourches Caudines.

ben, daß zwey und zwanzig Generale ihre Pflicht und Schuldigkeit in einem Augenblicke sollten vergessen haben, von welchem die Ehre des Landesherrn, die Wohlfahrt des Vaterlandes, und ihre eigene Ehre abhieng? Ohne allen Zweifel haben wichtigere Umstände die Oesterreicher abgehalten, den Sachsen zu Hülfe zu kommen, und es heißt uns alles die Uebergabe der Armee als ein Unglück ansehen, welches die menschliche Klugheit nicht hat verhüten können. Ueber dieses ist der Widerstand, den diese Armee beynahe zween Monate lang gethan hat, ein unschätzbarer Nutzen und Vortheil für die Kaiserinn Königinn. Böhmen ist beschützet worden. Man hat die österreichische Macht zusammengezogen, und dem Feinde das Eindringen verwehret.

Ich bin Willens, dem Könige von Polen unverzüglich zu folgen, und allem demjenigen zuvorzukommen, was man in diesem Stücke an mich könnte gelangen lassen, und worein ich mich nicht gern mengen möchte. So bald ich zu Warschau werde angekommen seyn, werde ich Ihnen, Frau Marquisinn, von allem, was ich wichtiges erfahre, Nachricht ertheilen.

120. Brief.
An die Gräfinn von Baschi.

Jänner 1757.

Meine liebe Freundinn, ich bitte Sie so gleich abzureisen, und zu mir zu kommen. Mein Geist

Geist befindet sich in dem schrecklichsten Zustande; ich bin bestürzt, verwirrt und ganz in Verzweifelung. Ertheilen Sie mir, wenn es seyn kann, Trost und Rath. Ein Ungeheuer, welches die Hölle ausgespien, hat die größte, schändlichste und abscheulichste Uebelthat an dem liebenswürdigsten Menschen und besten Könige verübet. Dieser gute Prinz, der von iedermann sollte angebethet werden, ist, als er in seinen Wagen stieg, um sich nach Marli zu begeben, von einem Bösewichte gestochen worden. Bey dem ersten Lärmen dieser abscheulichen Frevelthat lief ich nach dem Zimmer des Königs, den man in sein Bette gebracht hatte. Als ich hin kam, war ich ganz ausser Athem, und wie betäubt. Ich wollte hinein gehen; man stieß mich aber meines Schreyens und meiner Drohungen ungeachtet zurück, so daß ich mich genöthiget sah, mich mit verzweifelungsvollem Herzen wieder auf mein Zimmer zu begeben. Ich befürchte, die Wunde möchte tödlich seyn; denn alle meine Freunde verlassen mich, und ich bin ganz allein hier, um zu weinen. Ach! ich weine nicht um meinet- sondern um dieses lieben Prinzen willen. Ich würde mein Leben hingeben, um das seinige zu erhalten. Ich bitte Sie um Gottes willen, kommen Sie geschwind, und lassen Sie sich von seinem Zustande unterrichten. Haben Sie Mitleiden mit Ihrer Freundinn. Ich bin 2c.

121. Brief.

121. Brief.

Von der Gräfinn von Baschi.

Als die Antwort auf den vorhergehenden Brief.

Paris, den 8. Jänner, 1757.

Die abscheuliche Begebenheit hat eine so schreckliche Veränderung in mir verursachet, daß ich mir habe müssen eine Ader öffnen lassen, und diese Aderlasse hätte mich bey nahe das Leben gekostet, weil sich Dumont nicht einmal nach dem Zustande, in welchem ich mich befand, erkundiget hatte. Setzen Sie nun hierzu noch, wie verdrießlich ich darüber bin, daß ich nicht zu Ihnen kommen kann. Was ich Ihnen zu sagen habe, ist von der größten Wichtigkeit. Sie sind von Feinden umgeben. Sie sind verlohren. Ich würde meine Hand darum geben, wenn ich eine Stunde mit Ihnen sprechen könnte. Kurz, ich sehe mich genöthiget das Bette zu hüten. Ich will schreiben, und mich dabey in die Gefahr begeben, ein Opfer der Freundschaft zu werden. Mein kleiner Secretär ist diesen Morgen um sechs Uhr gekommen. Er hat hinein zu kommen gesucht, es koste auch, was es wolle; endlich hat man ihn hinein geführet. Der König hat zum Bevrier gesagt: „Aber was schreibet ihr diese fre„velhafte Unternehmung zu, da ich alle meine „Unterthanen wie meine Kinder liebe? was spricht „man? was denket man?„ Sire, ganz Paris ist in der größten Bestürzung. Man hat befürchtet,

der

der Streich möchte tödlich seyn. Das Volk ist nicht eher ruhig geworden, als bis es erfahren hat, daß Ew. Majestät sich ausser Gefahr befinden. Dieser Elende scheinet mir weiter nichts, als ein Schwärmer zu seyn, an dessen Wahnwitze niemand Theil hat. Der Herr von Argenson ist nicht so vorsichtig gewesen. Hören Sie nur, was er gesagt hat: Die Pariser sind gegen die Frau Marquisinn von Pompadour aufgebracht. Sie ist, sagen sie, an dem allgemeinen Elende Schuld. Das Volk verehret und bethet Ew. Majestät allzeit an. Opfern Sie ihm ein Frauenzimmer auf, das es, vielleicht ohne Ursache, hasset, welches es aber niemals lieben wird. Sire, ich bitte Sie um ihrer selbst willen, entlassen Sie die Frau von Pompadour von sich; so werden Sie mit ihren Unterthanen, wie ein Vater mit seinen Kindern, umgehen können. Der König hat nicht gewußt, was er thun soll; er hat von dem größten Schmerze durchdrungen zu seyn geschienen; es scheinet aber, als ob Ihre Verweisung beschlossen ist. Leben Sie wohl, meine liebe Freundinn; verlassen Sie sich allemal auf meine Freundschaft, es mag Ihnen gehen, wie es will. Es ist aber nichts verlohren, wenn Sie Herzhaftigkeit und Gegenwart des Geistes haben. Antworten Sie mir, und zwar geschwind.

122. Brief.

122. Brief.

Von der Gräfinn von Baschi.

Paris, den 9 Jänner, 1757.

Mein kleiner Secretär verläßt mich. Ihr Untergang scheinet beschlossen zu seyn. Er hat es nicht über sich nehmen, und Ihnen denselben ankündigen wollen, und dadurch haben Sie funfzehn Stunden Zeit gewonnen. Man hat dem Herrn von Machault den Vorschlag gethan, diesen Auftrag über sich zu nehmen; er hat bey sich angestanden; aber der Herr von Argenson hat ihn beredet. Erschrecken Sie nicht darüber. Sie werden meinen Brief um drey Uhr bekommen, und zwischen vier und fünf Uhr wird Machault zu Ihnen kommen, und Ihnen sagen, der König befähle Ihnen, sich in die Abtey von Pleßis, bis auf neuen Befehl zu begeben. Antworten Sie ganz gelassen, Sie wären bereit, dem Könige zu gehorchen; Sie wären aber nicht gewohnt, seine Befehle durch einen dritten zu erhalten; wenigstens lassen Sie sich das königliche Handschreiben, welches Ihnen abzureisen befiehlt, zeigen. Sie werden den bösen Mann aus seiner Fassung bringen. Er hat kein königliches Handschreiben; sie haben nicht einmal daran gedacht, oder sie haben nicht Zeit dazu gehabt. Dringen Sie darauf; so ist der Sieg unser. Man wird sich nicht unterstehen den König nochmals zu überlaufen; oder wenn man es ja thut, so wird man sehen, daß er

anderes

anderes Sinnes geworden ist. Seine Seele kann nicht mehr seyn, wie sie in der unglücklichen Stunde gewesen ist. Kurz, es ist nichts verlohren, und Ihr Verstand wird Ihnen aus diesem verdrießlichen Handel heraus helfen... Mein Postillion ist nirgends zu finden... Ich kann Ihnen noch ein paar Worte schreiben. Ich bin gewiß versichert, daß Sie nicht Ursache haben, sich Sorge und Kummer zu machen. Aber der Herr von Argenson und der Herr von Machault müssen, ehe vierzehn Tage vergehen, ins Elend verwiesen werden. Dieses ist das einzige Mittel Ihr Ansehen auf immerdar zu befestigen. Ueberdieses, was für fürchterliche Feinde sind nicht zween Männer, die Ihre Verweisung ins Elend verlanget haben, und die Sie nicht würden entfernen können. Wenn Sie ihnen auch gleich gewachsen wären; so würden Sie doch in ihren Departemens nichts thun und ausrichten können. Dieses ist so gut, als eine Verbannung. Man schicke sie auf ihre Landgüter, und lasse sie daselbst Cabalen machen. Diese einzige Gnade bitten Sie sich dafür aus, daß man mit Ihnen so hart umgegangen ist. Man bethet Sie an, man hat ein vortreflliches Herz, und eine fühlbare Seele; Sie werden in dem ersten Augenblicke viel thun können. Wenn Sie aber strafen; so denken Sie auch an das belohnen. Sie haben dem Berrier alles zu danken... Da kömmt mein Postillion. Ich werde ihm befehlen, sein Pferd eher nieder zu reiten, als zu Séve ein anderes zu nehmen.

123. Brief.

123. Brief.
An die Gräfinn von Baschi.
1757.

Man höret itzo gar nichts Neues, wir hoffen aber von Tage zu Tage etwas zu hören. Gott gebe, daß es etwas Gutes ist. Ich will Ihnen nur sagen, daß ich Sie allzeit liebe; aber das ist keine Neuigkeit. Man sagt, Damien wäre als ein Held gestorben, und er hätte die schrecklichste Lebensstrafe mit einer ausserordentlichen Standhaftigkeit gelitten. Sollte man wohl denken, daß ein solcher Mensch so herzhaft wäre? Dieser Bösewicht war für die größten Verbrechen gemacht. Man sagt ferner, er habe, ehe er nach la Greve gebracht worden, zwey Rebhüner gegessen, und eine Bouteille Wein getrunken, und alle Zubereitungen zu seiner Lebensstrafe so angesehen, als ob sie für einen andern wären gemacht worden. Man muß gestehen, daß sich das menschliche Herz auf vielerley Art zu helfen weis, und daß es viel leiden kann, ohne zu zittern. Man befürchtete, dieser Elende möchte einige verborgene Mitschuldige haben, die sich möchten einfallen lassen, ihn zu erretten. Die Garden und das königliche Haus waren in den Waffen. Ich weis nicht, ob alle diese Weitläuftigkeiten eben so sehr nöthig waren, man müßte es denn deswegen gethan haben, damit seine Todesstrafe desto mehr in die Augen fallen, und man mehr Furcht und Schrecken einjagen möchte.

Wissen

Wissen Sie es, daß der arme Baville gestorben ist? Es bedauert ihn jedermann, nur seine Frau nicht, die in gleichem Falle gewiß von niemand wird bedauret werden; sie machet sich aber nichts draus. Sie thut sogar nicht einmal, als ob sie weinen wollte; sie ist sehr aufgerdumt, und scheinet bey dem Tode dieses braven Mannes so gleichgültig zu seyn, als ob sie nur ein paar Handschuh verlohren hätte. In Wahrheit, es giebt sehr ausserordentliche Frauenzimmer, welche machen, daß ich mich meines Geschlechts schäme.

Wollten Sie sich wohl die Mühe geben, und die Sammlung des Herrn von Renece für mich ansehen? Ich habe keine Zeit dazu. Man sagt, er habe vortreffliche Gemälde von den größten Meistern. Ich werde mich auf Ihr Urtheil und auf Ihren Geschmack verlassen, wenn ich Lust bekommen sollte, welche zu kaufen. Wir leben ißo sehr einsam. Es ist alles bey der Armee; und in diesem Stücke ist der Krieg, so schrecklich er auch sonst ist, etwas Gutes, weil er uns von einer Menge niederträchtiger und kriechender Affen befreyet, die man nicht lieben kann, aber doch leiden muß. Ich nehme zwey oder drey aus, die keine Affen sind, und die man als verdienstvolle Männer hochschäßen kann. Leben Sie wohl, meine Liebe, besuchen Sie Ihre Freundinn, und küssen Sie sie auf beyde Backen ꝛc.

134. Brief.

124. Brief.

Von der Gräfinn von Baschi.
Als die Antwort auf den vorhergehenden Brief.

Paris, den 30 März, 1757.

Sie können es sich nicht vorstellen, wie verdrießlich ich bin, von diesem Elenden reden zu hören. Wo ich nur hinkomme, da spricht man von dem, was er vorgestern gesagt, gethan oder gedacht hat; von der Art und Weise, wie er gelitten hat, von dem wie, und dem warum. Sie können sich leicht vorstellen, wie erquickend diese schönen Abschilderungen für meine Nerven sind. Ich will drey Tage zu Hause bleiben, ohne eine lebendige Seele vor mich zu lassen. Alsdenn, glaube ich, werde ich nichts mehr zu befürchten haben. Ich muß indessen über gewisse Worte lachen, welche die alte Marschallinn, ohne daß ich es vermuthete, gestern in aller Einfalt zu mir sagte. Ich fragte sie, wie sich ihr Sohn befände, ich beklagte sie, und sagte zu ihr, diese Trennung hätte ihr sehr schmerzhaft fallen müssen. Ach! Madame, sagte sie zu mir, man muß sich in solchen Umständen befunden haben, wenn man davon urtheilen will. Ich bin nicht für tausend Louis losgekommen, ohne zu rechnen, was mich das Regiment, welches ich ihm gekauft habe, gekostet hat.

Ich will gern gehen, und die Sammlung des Herrn von Renecc ansehen; ich werde aber den

Herrn Remy mitnehmen. Ich muß Ihnen sagen, daß ich auf eine schändliche Art bin hintergangen worden. Der Schlaf des Endymion, der von dem Albane seyn soll, ist nur eine Copey. Der Abt Finaterie hat das Original zu Rom bey dem Cardinale Colonna gesehen.

Der Herzog von Orleans ist glücklich gewesen. Der Abt von Breteuil ist, an die Stelle des Herrn von Silhouette, zu seinem Canzler erwählet worden. Es wäre zu wünschen, daß alle Diener unserer Prinzen von der Art wären. Aber ich erzähle dem Generale die Geschichte des Treffens. Wissen Sie nicht alles dieses schon, ehe andere daran gedacht haben? Ich bin ganz die Ihrige.

125. Brief.
An den Herzog von Bouflers.

1757.

Ich habe diesen Morgen einen schönen und wichtigen Brief von Ihnen, und hernach einen andern aus Holland erhalten, in welchem man mir meldet, die Engländer hätten einen allgemeinen Fasttag ausgeschrieben, um von Gott den Segen über ihre Waffen zu erbitten. Ich weis nicht, ob das Fasten gut ist, Schlachten zu gewinnen; so viel aber weis ich, daß, wenn man Gott gefallen will, man keine Ungerechtigkeiten begehen, noch verlangen muß, daß er an unsern bösen Thaten Theil nehmen soll. Ich werde um

Frank-

Frankreichs Wohlfahrt willen nicht fasten; ich werde es aber der Gerechtigkeit des Himmels und den Armen unserer Soldaten empfehlen. Der Herr von Turenne sagte, Gott hielte es allemal mit den mehresten und stärksten Escadronen. Da also der Himmel das Gebeth der Schwachen nicht erhöret; so wollen wir uns eine gute Armee anschaffen, und einen bessern General an ihre Spitze stellen, als der Herzog von Cumberland ist, welcher, wie man versichert, wider uns soll gebrauchet werden. Ich beklage den armen Prinzen von Hessen aufrichtig; seine Bekehrung wird weiter niemanden, als ihm, etwas helfen, welches ein großer Schade ist. Ich bin über die Nachricht von dem glücklichen Fortgange Ihrer Unterhandlung über die Maßen vergnügt; sie wird ganz Europa sonderbar vorkommen; sie ist aber nöthig, und folg'ich natürlich. Es scheinet, als ob Ihre Deutschen klug würden; Gott erhalte sie bey ihren guten Gesinnungen, und schenke Ihnen die Gesundheit, die Sie nöthig haben, Ihrem Vaterlande zu dienen, und uns Freunde zu verschaffen, ꝛc.

126. Brief.
An die Marschallinn von Etrees.

August 1757.

Ich wünsche Ihnen, Frau Marschallinn, zu der Ehre, die unser Freund erlanget hat, aufrichtig Glück. Meine Freundschaft gegen Sie, und

und meine Achtung gegen ihn verdoppeln die Freude, die ich über seinen Sieg empfinde. Der Herzog von Cumberland ist gegen den Marschall von Sachsen allzeit unglücklich, und gegen seinen besten Schüler nicht glücklicher gewesen. Ich empfinde aber bey meiner Freude auch ein wahres Betrübniß, weil ich sehe, daß man ihm die Befehlshaberstelle über sein Kriegsheer gerade zu der Zeit, da er den Sieg davon getragen hat, nimmt. Ein Mann, den ich nicht liebe, der ehrgeizig und eitel ist, hat vorgegeben, der Krieg würde zu langsam geführet, man hätte ihn in einem einzigen Feldzuge endigen können, und er wäre der Held, den der Himmel dazu bestimmt hätte. Dieser Mann wird dem tapfern Etrees, zur größten Verwunderung Frankreichs und unserer Feinde nachfolgen. Unser lieber Marschall wird also zurückkommen müssen, er wird aber mit Lorbern und mit einer allgemeinen Hochachtung beehret zurückkommen; welches mehr, als hinlänglich ist, große Männer wegen der verlohrnen Gnade schadlos zu halten. Indessen kann ich mich nicht entbrechen, Frankreich zu beklagen, welches, wie ich befürchte, durch seine Entfernung viel verlieren wird. Ausser dieser Ursache, welche macht, daß ich an der Ungnade, in die er gefallen ist, so vielen Antheil nehme, ist meine zärtliche Neigung gegen Sie eine neue Quelle des Betrübnisses für mich, wenn ich an dasjenige denke, welches Sie empfinden. Trösten Sie sich, meine liebe Freundinn, Sie sehen, daß ich nicht allmächtig bin. Man hat mich in

die-

dieser Sache nicht zu Rathe gezogen, sonst würde, wie Sie leicht denken können, die Sache ganz anders gegangen seyn. Ihre Tugend und Ihr Muth werden Sie über die Ungerechtigkeiten des Glücks erheben. Was mich anbetrifft; so werde ich mein möglichstes thun, der Sache eine andere Gestalt zu geben, und ich werde allzeit Ihre aufrichtige Freundinn seyn ꝛc.

127. Brief.
Von der Marschallinn von Etrees.
Als die Antwort auf den vorhergehenden Brief.
Paris, den 3 August 1757.

Wenn etwas vermögend ist meinen Verdruß zu mindern, Madame; so ist es der Antheil, den Sie daran nehmen. Aber die wirkliche Ungnade des Herrn Marschalls ist nicht die einzige Ursache meiner Leiden. Der Graf von Gisors ist unmittelbar darauf, nachdem er mit dem Könige soupirt gehabt, noch völlig gestiefelt zu mir gekommen. Er hat mit Verdruße von den strafbaren Handlungen mit mir geredet, die den Herrn Marschall der Frucht seines Sieges beraubet hatten, und ihm denselben fast entrissen haben. Der Herr von M... besitzt viel zu viel Talente, als daß man den Rath, den er ihm gegeben hat, der Unwissenheit zuschreiben könnte, erstlich, das Treffen aufzuschieben, (ohne Zweifel bis zur Ankunft des Herrn von Richelieu,) und hernach, als er sah, daß es beschlossen war, um es verlieren zu lassen.

lassen. Der König war über die langsamkeit der Operationen ungeduldig; er gab zu erkennen, er verlangte, daß seine Armee anrücke. Der Herr Marschall hat gehorchet, und die Befehle des Königs würden mit dem besten Erfolge seyn gekrönet worden, wenn sich sein Minister nicht selbst mit den Feinden der Ehre des Herrn von Etrees vereiniget hätte, um seinen Plan fehlschlagen zu lassen. Ich verlange keine Gerechtigkeit; ich werde ihn auch nicht zu bereden suchen, darum anzuhalten. Ich bin über solche Sachen weg, und ganz kaltblütig. Ich kenne den Werth der Gunst, und thue Verzicht darauf. Ich billige die strenge Verachtung, die der Herr Marschall gegen den Hof von sich blicken läßt. Es würde Wahnwitz seyn, eine Handlung der Billigkeit von ihm zu erwarten. Wenn er sein Leben in der Stille und Einsamkeit zubringen will; so will ich sie mit Vergnügen mit ihm theilen. Die Rolle, der Name eines Hofmanns ist mir verhaßt, und Sie werden vielleicht das einzige Frauenzimmer am Hofe seyn, mit welchem ich in Verbindung bleiben werde.

Leben Sie wohl, meine geliebte Freundinn. Wenn ich immer so denken werde, wie ich jetzo denke; so werde ich keinen Trost nöthig haben. Die Schlacht bey Hastembeck macht, daß ich auf unsere Ungnade eben so stolz, als auf unsere Ehre bin. Die Beschimpfung war ohne einen so herrlichen Sieg etwas schreckliches. Nun fällt sie auf diejenigen zurück, die diese Sache angesponnen haben.

128. Brief.

128. Brief.

An den Marschall von Soubise.

November, 1757.

Sie haben nicht nöthig sich bey mir zu rechtfertigen, aber wohl bey dem Könige und bey Frankreich, welche über die unglückliche Begebenheit bey Rosbach erstaunt und aufgebracht sind. Ein geschlagener General ist in den Augen des Publicums allemal ein schlechter General. Vornehmlich sind die Pariser ganz wüthend; sie haben vor der Thüre Ihres Hauses tausend Insolenzen begangen. In so angenehmen Umständen befinde ich mich, und das habe ich davon, daß ich meinen Freunden diene. Indessen schätzet Sie der König allzeit hoch, und ich glaube, Sie werden seine Gunst behalten; aber Ihre Befehlshaberstelle werden Sie verlieren. Man giebt Ihnen viele Fehler Schuld. Man sagt, der König von Preußen habe Ihnen eine Falle gelegt, und Sie hätten sich auf eine sehr ungeschickte Art fangen lassen. Es kömmt mir nicht zu, von dergleichen Sachen zu urtheilen; aber ich glaube, daß ich, ohne mich zu irren, sagen kann, eine Schlacht sey ein Spiel, wo diejenigen, welche verlieren, fast allzeit, und vielleicht oftmals unrechtmäßiger Weise, für Narren gehalten werden. Ich hoffe, mein Herr Marschall, daß Sie bey einer andern Gelegenheit zeigen werden, was Sie thun können, damit sowohl Ihre

Feinde

Feinde Sie bewundern, als auch die Feinde Ihres Königs sich vor Ihnen fürchten müssen. Unterdessen kann ich nicht umhin, Ihnen zu sagen, daß, da der Krieg bisher glücklich geführt worden, es für Sie und für die Nation gar sehr betrübt ist, daß das Glück angefangen hat, uns durch Sie den Rücken zuzukehren, und daß Sie der Erste sind, der macht, daß wir Thränen vergießen. Lassen Sie indessen den Muth nicht sinken; Ihre Freunde werden Ihnen allzeit treu und nützlich seyn; verlassen Sie sich hierauf. Ich habe mich ein wenig mit Ihnen zanken wollen, meinen Schmerz zu lindern. Ich habe vielleicht unrecht, und die, so Sie tadeln, noch mehr. Kommen Sie, und beweisen Sie vor ganz Frankreich, daß Sie bey Rosbach gethan haben, was einem rechtschaffenen Generale zukömmt, und daß das Glück, und nicht Sie, an Ihrer Niederlage Schuld ist. Das wird das erste Vergnügen seyn, welches ich seit der Nachricht von dieser unglücklichen Schlacht empfinden werde. Ich grüsse Sie von ganzem Herzen. Trösten Sie sich, hoffen Sie und leben Sie wohl. Ich bin auf Ihren Prinzen von Hildburghausen gar sehr ungehalten. Es scheinet, als ob dieser Mann viel Einbildung, aber sehr wenig Fähigkeit besitze. Er hat das Treffen zuerst verlangt, sich aber auch zuerst davon gemacht. Der Fuchs, den er zu fangen glaubte, war listiger, als er. Ich hasse ihn, und, wie ich glaube, noch mehr, als den Fuchs, 2c.

129. Brief.

129. Brief.

Vom Prinzen von Soubise.
Als die Antwort auf den vorhergehenden Brief.
Neustadt, den 18 Nov. 1757.

Ich habe mich übel ausgedrückt, Madame, wenn ich Ihnen Anlaß gegeben habe, zu glauben, daß ich mich bey Ihnen rechtfertigen wollte. Ich habe Sie als meine Freundinn angesehen, ich habe Ihnen meinen Verdruß zu erkennen gegeben, und das ist es alles, was ich gethan habe. Ich brauche mich weiter bey niemanden, als bey dem Könige und der Nation, zu rechtfertigen; ich werde mich es aber nicht unterfangen. Ich bin unglücklich gewesen, und schlecht unterstützt worden. Ich will es gar gern erlauben, daß man glaubt, ich wäre unwissend und ungeschickt gewesen. Die Vorwürfe meiner Feinde, die bösen Reden der Hofleute, und die Insolenzen des Pöbels können mich nicht so grausam martern, als die nagenden Betrachtungen und der grausame Verdruß, die mich seit meinem Unsterne ganz eingenommen haben. Ganz Frankreich möchte mich gern entschuldigen, ich werde mich aber niemals selbst entschuldigen. Wenn ein General hinlängliche Macht hat, so muß er alle Fehler, die er begehet, oder begehen läßt, verantworten, und man hat Recht. Ich glaube bald die Ehre zu haben, Sie zu sehen. Alsdenn werde ich Ihnen Dinge sagen, die ich dem Papiere weder anvertrauen kann, noch will.

130. Brief.

130. Brief.

An den Marschall von Noailles.

1758.

Ach! Sie hatten Recht, mein Herr Marschall; es ist dem Grafen von Clermont begegnet, was jedermann vorhergesehen hatte. Man sagte, er wäre tapfer, und liebte die Ehre, wie alle Bourboner; er wäre aber kein guter General. Man redete die Wahrheit, und der Erfolg hat die allgemeine Meynung bestätiget. Man erzählet, als der König von Preußen vernommen, daß er wäre ernennet worden, unsere Armee zu commandiren; so hätte er gesagt, Frankreich müßte einen grossen Mangel an Generalen haben, weil man einen Geistlichen dazu erwählt hätte. Der Graf von Charolois, der die Menschen kennet, und welcher auch seinen Bruder kannte, sagte bey seiner Abreise nach Deutschland zu ihm: Ach! mein Bruder, ihr würdet besser thun, wenn ihr in eurem Brevier läset! Der Rath war sehr gut; aber zum Unglücke für ihn und für uns hat er ihm nicht folgen wollen. Man erzählet so gar, er hätte mit seinen Freunden in seinem Zelte geschmauset, als man ihm die Nachricht gebracht, der Feind rücke an; er hätte diese Nachricht für etwas lächerliches gehalten, ob er gleich das Donnern der Canonen gehöret hätte, und er wäre mit seinen tapfern Freunden nur vom Tische aufgestanden, die Flucht zu ergreifen. Das hat man
ohne

[255]

ohne Zweifel dem armen Prinzen zum Spotte nachgesagt; und es kann nicht wahr seyn, weil es nicht wahrscheinlich ist. Es ist unmöglich, daß ein Prinz vom Geblüte schlecht und niederträchtig gnug ist, sich selbst und sein Land muthwilliger Weise zu beschimpfen. Man muß es gestehen, mein Herr Marschall, wir fangen an, uns vor den Folgen des Kriegs zu fürchten. Wir sind überall geschlagen, und unsere ersten Siege dienen weiter zu nichts, als uns unsere gegenwärtigen Unglücksfälle noch empfindlicher zu machen; gleichwie ein reicher Mann, der arm wird, doppelt leidet, wenn er sich erinnert, daß er vorher glücklich gewesen ist. Die Plage des Kriegs ist besonders für die Ueberwundenen schrecklich. Das Geld fehlt uns, das Volk läßt den Muth sinken, und ist elend. Der Krieg richtet in Frankreich in drey Jahren mehr Schaden an, als der Friede in zwanzig Jahren gutes schafft. Indessen sind wir einmal darein verwickelt, und ob wir gleich ein sehr schlechtes Spiel haben, so muß man doch aushalten. Die elende Ehrbegierde, welche die Welt regieret, ist bey den Prinzen so stark, als bey Privatpersonen; sie richtet aber bey den großen Streitigkeiten der Völker weit mehr Schaden, als bey den Streitigkeiten kleiner Familien, an. Es ist sehr betrübt für uns, daß Sie Altershalber nichts mehr thun können, mein Herr Marschall. Geben Sie uns wenigstens guten Rath und retten Sie uns ꝛc.

131. Brief.

131. Brief.

Vom Marschalle von Noailles.
Als die Antwort auf den vorhergehenden Brief.
Paris, den 3 Jul. 1758.

Sie fragen mich um Rath, Frau Marquisinn, und ich thue mir etwas darauf zu gute; denn es ist etwas neues für mich, zu sehen, daß ein alter Mann um Rath gefraget wird. Was wird aber mein Rath helfen? Man wird ihn für den Rath eines Thoren halten; denn ich werde rathen, alle faule Glieder abzuschneiden, um nur diejenigen zu behalten, die noch gesund sind. Zum Unglücke sind die edlen Theile angegriffen, und die Cur ist schwer. Ja, Madame, das Haupt der Nation ist verderbt, und daher kömmt alles unser Unglück. Die wenigen guten Unterthanen, die wir noch hatten, scheinet uns der Himmel in seinem Zorne zu nehmen. Ich hegte viel Freundschaft für den Grafen von Gisors. Ich habe keinen jungen Menschen gekannt, der mehr Hoffnung von sich gemacht hätte. Seine Carabiner haben Wunder gethan, und sein Verhalten beweiset zur Gnüge, daß er würdig war, diesen vortrefflichen und tapfern Haufen anzuführen. Das Briefchen, welches er auf dem Tragsessel, auf welchem man ihn von dem Schlachtfelde weggebracht, mit seinem Blute an seinen Vater geschrieben hat, ist ein Meisterstück des Heldenmuthes und der kindlichen Liebe. „Ich werde bald meinen Geist auf-
„geben,

„geben, mein lieber Vater. Beweinen Sie
„meinen Tod nicht. Ich habe mit dem Haufen,
„deſſen Befehlshaber ich zu ſeyn die Ehre habe,
„den Feind dreymal zurücke getrieben. Ach!
„wenn ich Sie noch einmal umarmen könnte,„
Ich ſehe ein, wie untröſtlich ſein Vater ſeyn muß.
Was für ein Vergnügen kann dieſer unglückliche
Alte noch im Leben finden? Ein einziger Sohn,
ein ſo vollkommenes Geſchöpf! Man ſagt, der
König habe einen Beweis von ſeinem guten Her‑
zen gegeben. Er hat mit ſeiner Familie dieſen
bekümmerten Vater beſuchet; er hat an ſeinem
Schmerze Theil genommen. Er hat ihn nicht
getröſtet, ſondern beklaget. O! wie ſchrecklich iſt
es, ſein einziges Kind zu verlieren! Aber was für
abſcheuliche Dinge erzählet man! Man ſagt, dieſer
junge Held wäre das Opfer der Eiferſucht zweener
Generale, die ihn aufgeopfert hätten, damit eine
Unternehmung des Herrn von St. Germain fehl‑
ſchlagen möchte. Glauben Sie es wohl, Mada‑
me, daß franzöſiſchen Officieren ſo gräuliche Din‑
ge in die Gedanken kommen können? Seit dem
ich dem Könige diene, habe ich dergleichen nicht
gehöret, und ich glaube es nicht. Man ſcherzet
hier über die größten Unglücksfälle. Man hat mir
folgendes Epigramm überbracht, deſſen Verfaſſer
die Baſtille und eine Penſion verdienen würde.

Moitié plumet, moitié rabat,
Auſſi peu propre à l'un qu'à l'autre,
Clermont ſe bat comme un Apôtre,
Et ſert ſon Dieu, comme il ſe bat.

R.

Das

Das Epigramm ist sehr sinnreich, oder es paßt nicht; denn der Graf von Clermont ist tapfer, wie sein Degen. Der Herr von Contades ist also zu seinem Nachfolger bestimmt; wir werden sehen, ob er seine Sachen besser machen wird. Sie werden zugeben, daß es viel Ehre für diesen Officier ist, das Commando über die einzige Armee, die der König im Felde hat, zu übernehmen, da es indessen zwanzig Marschälle von Frankreich giebt, welche ihn mit niedergeschlagenen Augen und in den Schooß gelegten Händen betrachten.

132. Brief.
Vom Cardinale von Bernis.
Paris, den 30. October, 1758.

Madame,

Sie wollen mich nicht sehen; Sie sind also wirklich Ursache an meiner Ungnade, und das macht sie mir unerträglich. Was habe ich aber gegen Sie verbrochen? Bis hieher habe ich nur wahrhaftig pöbelhafte Gerüchte, und ungewisse Beschuldigungen gehöret, auf welche ich aber doch antworten will, weil sie Eindruck in Sie gemacht haben; in Sie, Madame, deren Hochachtung und Freundschaft mir weit kostbarer sind, als alle menschliche Grösse. Ich will diese vermeynten Verbrechen untersuchen, nachdem ich Ihnen meine Geschichte kürzlich werde erzählet haben Wir wollen den Wirbel der Grösse und Hoheit

einen

einen Augenblick verlaſſen, und uns unter den Haufen liebenswürdiger Leute zurücke begeben, wo ich das Glück oder das Unglück gehabt habe, Sie kennen zu lernen. Bey der Frau von Eſtiolles verſammlete ſich damals alles, was Paris verführeriſches hat; ſie vereinigte in einem vorzüglichen Grade den Witz, die Talente und die Schönheit. Einige Kleinigkeiten, aus welchen ich in Wahrheit ſelbſt ſehr wenig mache, vielleicht etwas angenehmes im Umgange, machten mich auf eine gewiſſe Art berühmt. Sie wünſchten mich kennen zu lernen. Sie können ſich erinnern, Madame, daß ich dieſen Vortheil nicht zuerſt ſuchte; nein, ich machte ſehr wenig daraus. Weil ich aber damals in eine andere Sphäre gezogen wurde; ſo dachte ich nicht ſo wohl den Zirkel meiner Bekanntſchaften zu erweitern, als mich bey meinen Bekannten beliebt zu machen, und Sie wiſſen, von was für einer Art damals mein Ehrgeiz war. Endlich wurde ich Ihnen vorgeſtellet. Es ſchien, als ob Sie wünſchten, ich möchte mich oft in Ihrer Geſellſchaft einfinden. Ich that es um ſo viel lieber, weil ich in Ihrem Umgange viel reizendes fand, und zu gleicher Zeit meine Neigung zu den Ergötzlichkeiten und der Zerſtreuung befriedigte. Es ereigneten ſich aber gar bald andere Begebenheiten. Sie wurden auf eine ſchnelle und ſonderbare Art glücklich, und, Ihrer Freundſchaft ſey es gedankt, ich war es nicht weniger. Meine Neigungen änderten ſich mit meinen Beſchäftigungen. Ich beſaß einen

nen gewissen Ehrgeiz; ich gestehe dieses um so
viel lieber, weil Sie ihn in mir erregten, und
weil er mir niemals etwas eingegeben hat, dessen
ich mich zu schämen Ursache hätte. Man hat mir
indessen Schuld gegeben, ich hätte mich einer andern, vielleicht nicht so erhabenen, aber angeneh-
mern Leidenschaft bedienet, diese zu befriedigen.
Sie können ebenfalls weit besser, als andere, wissen, was an der Sache ist. Bis hieher bin ich
nicht strafbar; aber ich fange, nach Ihrer Meynung, Madame, und nach der Meynung meiner
Feinde, an es zu werden. Der Rang, zu welchem ich bin erhoben worden, hat mich, wie man
sagt, bethöret. Ich habe unter den beyden letzten Regierungen, und unter dieser, drey Leute
gesehen, welche, ob sie gleich vielleicht von gerin-
gerem Herkommen, als ich, waren, zu eben der
Würde gelanget, und geschwind aus der Dunkel-
heit der Studirstube zum höchsten Gipfel der
Macht und des Ansehens gekommen sind. Ich
habe mich eines so grossen Glücks würdig zu seyn
erachtet. Ich habe mich aller Theile des Mini-
steriums bemächtigen, und die verschiedenen
Zweige der Macht und Gewalt in meiner Person
allein vereinigen wollen. Indessen war dieses eine unmögliche Sache, so lange Sie in Gunst
stunden. Ich hatte Ihnen alles zu danken. Weil
ich aber ein undankbarer Mensch bin; so habe ich
kein Bedenken getragen, Sie, wo möglich, meinem Ehrgeize aufzuopfern. Die Gelegenheit dazu hat sich gar bald gezeigt. Der König, der

mich

mich mit seinem Zutrauen beehrte, hat von mir einen kurzen Aufsatz der Mittel verlangt, die ich für die geschicktesten hielte, dem allgemeinen Elende ein Ende zu machen. An statt dieses Aufsatzes habe ich eine Abschilderung der wirklichen Uebel gemacht, und sie damit beschlossen, daß ich gesagt, das einzige Mittel ihnen abzuhelfen wäre, einem geschickten und verständigen Manne eine uneingeschränkte Macht und Gewalt über alle Theile der Regierung der Staatssachen zu geben, und alle diejenigen zu entfernen, welche der Ausübung dieser Macht und Gewalt würden hinderlich, oder deswegen eifersüchtig seyn können. In Ansehung der Wahl, habe ich zu verstehen gegeben, daß sie auf niemand anders, als auf mich, fallen könnte. Dieses ist, Madame, der Roman meiner Verbrechen in seinem völligen Nachdrucke; und nach dergleichen Fabeln beurtheilen Sie eine viele Jahre lang geprüfte Freundschaft, und stürzen mich in einen Abgrund von Uebeln, die alle Ihre Wohlthaten vergiften. Sollten Sie nicht einsehen, daß dieses Project viel zu abgeschmackt war, als daß es einem Manne in den Sinn kommen konnte, den man noch nicht beschuldiget hat, daß er tumm vor dem Kopfe ist, ob man mir gleich Unglücksfälle hat beymessen wollen, die sich unter meiner Ministerschaft zugetragen haben, da man mir doch vielleicht wegen aller derjenigen, die ich abgewendet habe, danksagen sollte. Ich kannte den König; ich wußte zum voraus, daß er gegen einen Unterthan,

than, der in seinem Namen regieren wollte, unwillig werden würde. Es konnte mir nicht unbekannt seyn, daß von der Zeit an, da er selbst regiert hat, niemand so thöricht hat seyn und sich einbilden können, zu dem Range eines ersten Ministers zu gelangen. Diesen Plan, der schon an und für sich selbst nicht auszuführen war, machte ich ausschweifend, indem ich ihn von Ihrem Falle abhängen ließ. Glauben Sie also, Madame, daß, indem ich dem Könige den Vorschlag gethan, mir die Verwaltung aller Staatssachen aufzutragen, ich niemals eine andere Absicht gehabt habe, als seinem Willen und Ihrem Rathe zu folgen, und daß, indem ich ihm gerathen, diejenigen zu entfernen, die deswegen eifersüchtig seyn könnten, ich nur solche Personen gemeinet habe, welche itzo zu nennen unnöthig ist; über welche Sie sich aber vielleicht mit der Zeit selbst zu beklagen haben werden. Redliche Absichten haben mich zum unglücklichsten Menschen gemacht; und an meinem Unglücke sind Sie Schuld. Sie sind daran Schuld, die am meisten zu meiner Erhebung beygetragen haben. Die Grösse ist mein Element, und ein neues Bedürfniß für mich geworden. Ich kenne die Ergötzlichkeiten nicht mehr, die ehmals mein ganzes Glück ausmachten. Wenn ich nicht in der Sphäre, in welche Sie mich erhoben haben, bleibe; so falle ich in das Nichtsseyn und das Nichts; Uebel, die ich ohne Sie niemals würde gekannt haben. Aber mein Schicksal hängt noch von

Ihrem

Ihrem Willen ab. Beruhigen Sie den König. Geben Sie ihm meine Ehrerbiethung, meine Unterthänigkeit zu erkennen. Ich verlange die Bedienungen, die er mir genommen hat, nicht wieder; sondern nur, daß ich um ihn seyn darf. Erlauben Sie auch selbst, Madame, daß ich zu Ihnen kommen, und Ihnen die einfältigsten Mittel, mich am Hofe zu erhalten, anzeigen darf. Sie sind um so viel leichter auszuführen, weil meine Ungnade noch nicht öffentlich bekannt ist, und vielleicht werden meine Rathschläge zu Ihrer Erhaltung etwas beytragen können.

133. Brief.
An den Cardinal von Bernis *).
Als die Antwort der Frau von Pompadour auf den vorhergehenden Brief.

Ihr Zustand gehet mir nahe, ob Sie ihn gleich verdienet haben; und wenn ich Ihre Glücksumstände ändern könnte, so würde ich es noch thun, als ob Sie es werth wären. Es giebt aber Dinge, um die ich eben so wenig bitten, als sie erhalten kann. Erinnern Sie sich, was Sie vor etlichen Jahren waren. Sie waren arm, aber glücklich und liebenswürdig; Ihr Ehrgeiz und meine Gütigkeit haben Sie verderbet. Kaum waren Sie in den Geschäften gebraucht worden, so

*) Anfangs Bothschafter zu Wien, hernach Staatsminister.

so merkte man, daß ein grosser Unterschied unter der Geschicklichkeit Verse zu machen, und der Geschicklichkeit zu regieren wäre. Die Fehler, die Sie alle Tage in dem Departement, welches das schwerste unter allen ist, begiengen, betrübten mich; ich hielte Sie aber doch nicht für unfähig, und schrieb dem Mangel der Erfahrung dasjenige zu, was ich dem Mangel der Einsichten hätte zuschreiben sollen. Ich machte mir immer noch Hofnung, bis man sich endlich genöthiget sah, Sie abzusetzen. Es wird Ihnen nicht unbekannt seyn, daß ich persönliche Klagen über Sie zu führen habe; dem ungeacht räche ich mich weiter nicht, als daß ich weder gutes, noch böses, von Ihnen rede. Ich habe das Stillschweigen beobachtet, welches mir zukam, und wenn Sie endlich sind aufgeopfert worden; so ist es nicht um meinetwillen, sondern um der Wohlfahrt des Staats willen geschehen. Lassen Sie uns aber ernsthaft reden. Warum führen Sie über Ihre vermeynte Ungnade so bittere Klagen? Was haben Sie verlohren? Die Unruhen und Martern des Ehrgeizes; dagegen haben Sie die Ruhe und Freyheit bey einem grossen Einkommen, und grossen Würden wieder gefunden. Sie sind in einem Stücke unglücklich, nämlich darinnen, daß Sie Ihr wirkliches Glück nicht einsehen, und die Unruhe und Mühe, die mit der Verwaltung der öffentlichen Geschäfte verbunden sind, bedauern. Alles dieses ist wahr, ob es gleich mein Herz nicht so gut, als meine Vernunft einsiehet. Und wenn

wenn ich an Ihrer Stelle wäre; so würde ich vielleicht eben so schwach, als Sie, seyn; ich würde aber davor erröthen, und niemand etwas davon sagen. Ich schäme mich, daß ich Ihnen predige; ich sollte vielmehr von Ihnen Ermahnungen erwarten, um mir Muth zu machen, die Eitelkeiten der Welt und der Grösse geduldig zu ertragen. Um wieder auf Ihren Brief zu kommen, so ist folgendes mein Entschluß, welchen ich niemals ändern werde. Ich werde mich Ihrer Zurückkunft und der Gnade, die man Ihnen wird erweisen können, und die Sie verlangen werden, niemals widersetzen. Wenn dieses aber geschiehet; so geben Sie sich nicht die Mühe, mir dafür zu danken; denn Sie können versichert seyn, daß ich keinen Theil daran haben werde. ꝛc.

134. Brief.

Vom Herrn Berrier.

Paris, den 2. November, 1758.

Frau Marquisinn,

Ich weis, wie viel Sie zu dem Merkmaale des Zutrauens beygetragen haben, womit mich Sr. Maiestät beehret hat. Ich habe es nicht anders, als mit Furcht und Zittern angenommen. Der Herr von Maßiac hat dieses Departement nicht lange gnug gehabt, um der Unordnung abhelfen zu können, die sich unter dem Herrn von

Mauras in daſſelbe eingeſchlichen hatte, und dieſe Unordnung iſt überaus groß. Die Gunſt und die Habſucht haben Mißbräuche eingeführt, welchen ich nicht abhelfen kann, ohne den Haufen derer wider mich aufzubringen, die ſich die Unordnung der öffentlichen Geſchäfte zu Nutze machen, um die ihrigen in Ordnung zu bringen. Man hat der Feder erlaubt, ſich einer Macht und Gewalt anzumaſſen, die dem Beſten des Dienſtes überaus ſchädlich iſt, und ich geſtehe, daß ich in den beyden Tagen, da ich gearbeitet, ſchon gefunden habe, daß alle Subalternen, die mir der Herr von Maßiac hinterlaſſen hat, von ebendemſelben Verderben angeſtecket ſind. Ich erſchrecke aber vor nichts. Es gehöret nur ein wenig Standhaftigkeit dazu, dieſe innern Verbeſſerungen vorzunehmen. Die Wiederherſtellung unſerer Marine iſt der weſentliche Gegenſtand, und die Summen, die der König dazu beſtimmt, ſcheinen mir hinlänglich zu ſeyn. Wenn mich die übrigen Miniſter unterſtützen; ſo bin ich gut dafür, daß die Ausrüſtung der Flotte wohl von ſtatten gehen wird. Das koſtbarſte Werkzeug haben wir ſchon, nämlich eine von Natur tapfere und kriegeriſche Nation. Dieſe iſt ein Schatz, den die Engländer nicht beſitzen. Dieſe in mancherley Betrachte ſchätzbaren Inſulaner ſind indeſſen weiter nichts, als Kaufleute, und aus Erde macht man ſein Gold. Die Engländer werden es den Carthaginienſern niemals zuvorthun, ſo lange wir, wie die Römer, mit Schaden klug werden.

Wenn

Wenn wir an den Ufern des neuen Carthago Fuß fassen können; so bin ich für seine Zerstörung Bürge. Ich werde diesen Abend für einen Thoren gehalten werden, wenn ich dem Rathe des Königs meinen Plan vorlegen werde. Ich will ihn beßwegen denen, die es gut meynen, zum voraus bekannt machen, um sie vor den übeln Eindrücken zu verwahren, die man in sie wird zu machen suchen, so bald ich meine Gedanken werde eröffnet haben. Ich will also meine Absichten in der Kürze bekannt machen, und zuerst von unsern begangenen Thorheiten etwas sagen.

Nach meiner Meynung haben wir einen wesentlichen Fehler begangen, indem wir das ganze Feuer des Krieges gegen Hannover gerichtet haben. Wir haben nichts wichtiges ausgerichtet, indem wir dieses Land eingenommen, welches uns in keinem Falle verbleiben kann. Man wird es auch als keine wichtige Sache ansehen, wenn wir, bey dem Frieden, es als ein Equivalent für das, was uns ist genommen worden, wiedergeben wollen. Indessen kostet uns der Krieg, den wir in diesem Lande führen, so wenig Nutzen wir auch immer davon haben, wenn wir ihn auch gleich mit Vortheile führen, jährlich 60 Millionen, ohne von den überaus grossen Subsidien, die wir dem Hause Oesterreich bezahlen, und den Summen, die wir an alle deutsche Höfe verschwenden, zu reden. Man muß indessen gestehen, daß sich das System seit dem Anfange des Krieges hat

andern

andern müssen, und wir handeln, als ob es nicht da wäre. Ich zweifele gar sehr, daß wir, wie wir uns geschmeichelt haben, der Kaiserinn-Königinn Schlesien werden wieder verschaffen können; wir wollen uns also auch keine Hofnung machen, den Infanten Don Philipp iemals in dem Besitze von Brabandzu sehen. Ueberdieses, glauben Sie wohl, daß das Haus Oesterreich-Lothringen selbst einen Zweig vom Hause Frankreich ganz ruhig und gelassen in dem Besitze dieser schönen Ueberreste des alten Königreichs Lothringen sehen wird? Ich kann mir es nicht vorstellen. Man ist uns für die Kaiserinn-Königinn Bürge, und ich glaube es; aber wer wird uns den für ihren Nachfolger, oder vielmehr für den Nachfolger ihres Nachfolgers gut seyn? Ich thue weiter nichts, als daß ich die Fehler des Plans, dem man itzo folge, anzeige. Lassen Sie uns sehen, Madame, ob der meinige weniger fehlerhaft ist.

An statt uns zu lande durch unnütze Operationen zu erschöpfen . . . . .

NB. Das Original dieses Briefs ist hier zerrissen, und wenn man nach dem Erfolge davon urtheilet, so war der Plan des Herrn Berrier, wenn er auch gleich wäre angenommen worden, nicht so beschaffen, daß wir Ursache hätten ihn zu bedauern.

135. Brief.

135. Brief.

An den Herrn Berrier*).

Als die Antwort auf den vorhergehenden Brief.

Wir wollen nicht von Danksagungen reden, mein Herr; wenn ich einen geschicktern Mann, als Sie, gekannt hätte; so würde ich ihn vorgeschlagen haben. Bezeigen sie dem Könige Ihre Erkenntlichkeit dadurch, daß Sie es besser machen, als Ihre Vorgänger. Das ist das schönste und einzige Compliment, das ich von Ihnen erwarte. Es wird vornehmlich ißo zu einem so wichtigen Amte viel Redlichkeit und große Talente erfordert; und deswegen sind Sie dazu erwählet worden. Es giebt Leute, welche vorgeben, Frankreich könne unmöglich ein gutes Seewesen haben, oder es lange erhalten. Sie sagen ferner, es könne dieses eine Veränderung in der Regierung nach sich ziehen, wenigstens werde das königliche Ansehen dabey leiden. Ein großes Seewesen, und ein großer Handel, welcher die Folge davon ist, setzen die Freyheit der Unterthanen, wie in einer gemischten Monarchie, dergleichen England, oder in einer Republik wie Holland ist, voraus. Wenn das wäre; so hätte man nicht das geringste darwider zu sagen; es würde mir aber doch nicht lieb

seyn,

*) Anfangs Polliceylieutenant zu Paris, hernach Generalcontroleur, und endlich Secretär der auswärtigen Geschäfte.

seyn, wenn der König seinen Thron verließe, und aus einem unumschränkten Herrn, der erste Diener des Staats würde. Glauben Sie es wohl, mein Herr, daß die Franzosen für die Freyheit geschaffen, oder daß diese schönen Raisonnemens vernünftig sind? Mir scheinet dieses eine schlechte Entschuldigung für die vorigen Minister zu seyn, und es kann auch keine sonderliche für ihre Nachfolger seyn. Geben Sie sich also Mühe, mein Herr, und suchen Sie es dahin zu bringen, daß der französische Name auf den beyden Meeren in Ehren gehalten wird. Ihr Departement ist das wichtigste, aber auch das schwerste. Wer auf dem Wasser befiehlt, befiehlt auch auf dem Lande. Sie werden sich wundern, daß eine Frau von diesem allen mit Ihnen redet; aber meine Lage ist in allem sonderbar, wie mein Glück. Ich habe mehr als einmal erfahren, daß die Weiber Vernunft haben, und einen guten Rath geben können. Ihre Erhebung ist ein neuer Beweis davon. Um Gottes und Frankreichs willen, machen Sie sich und auch mir Ehre. Leben Sie wohl, mein Herr, ich wünsche Ihnen so viel Gutes, als Ihnen Ihre und meine Feinde Böses wünschen. Ich bin ꝛc.

136. Brief.
Vom Herzoge von Broglio.
Bergen, den 14 April, 1759.

Madame,

Ich eile Ihnen einen Bericht von dem Treffen, welches gestern ist geliefert worden, zu überschicken.

schicken. Ich füge demselben bey, daß der Prinz von Ysenburg an seinen Wunden, gestorben ist. Es ist mir in der That höchstverdrießlich, daß der Herr von St. Germain keinen Theil daran gehabt hat; allein man gieng uns zu Leibe, und wir konnten nicht länger warten.

Es ist demjenigen, dem Sie Ihren Schutz angedeihen lassen, ein kleiner Zufall begegnet. Ich hatte ihn des Abends gegen eilf Uhr abgeschickt, um zu sehen, ob sich der Prinz Ferdinand wirklich zurückzöge. Er kam nach einer halben Stunde wieder, und stattete seinen Bericht auf eine Art, womit ich gar sehr zufrieden war, ab; er schien aber dabey etwas unruhig zu seyn. Ich sah so gar, daß er blaß wurde, und bemerkte, daß sich die anwesenden Officiere ein wenig darüber ärgerten. Fürchten Sie sich auch sogar mitten unter uns, mein Herr, sagte ich auf eine ziemlich harte Art zu ihm? ... Ich bitte um Verzeihung, Herr General ... Er fiel in eine Ohnmacht. Man wollte ihm zu Hülfe kommen; man sah, daß er blutete; er war, indem er meinen Auftrag ausgerichtet, in den Arm geschossen worden; es hatte ihm aber dieser Zufall nicht abgehalten, mir mit einer wahrhaftig heldenmüthigen Herzhaftigkeit, die ihn auch nicht eher, als bey dem Ende seiner Erzählung verließ, Rede und Antwort davon zu geben. Sie wissen, Frau Marquisinn, daß ich unter meiner kleinen Armee tausend solche junge Leute habe, und daß bey einem

Treffen

Treffen sehr viele eben so herzhafte Thaten verrichtet werden, von welchen man nicht einmal redet.

137. Brief.

An den Herzog von Broglio.

Als die Antwort der Frau von Pompadour auf den
vorhergehenden Brief.

1759.

Mein Herr Herzog, der König und die Nation
sind Ihnen vielen Dank schuldig. Ihr Sieg
läßt uns ein wenig Luft schöpfen, und macht uns
einige Hoffnung bey dem schrecklichen Elende und
Ungemache, welches von allen Seiten über Frankreich hereinbricht. Der Prinz Ferdinand hat
also zu Bergen gesehen, daß wir noch Leute hatten,
die streiten und siegen konnten. Der wichtige
Dienst, den Sie dem Könige geleistet haben, wird
nicht unbelohnet bleiben. Er ist mit Ihrem Verhalten gar sehr zufrieden; das Volk freuet sich,
und ich werde Ihnen, so viel ich kann, aus Billigkeit und Neigung dienen. Sie sind von einer
Familie, die mehr als Einen großen Mann zur
Welt gebracht hat. Sie ahmen dieser ihren Bey-
spielen nach, und gehen so gar noch weiter. Ich
danke Ihnen für die Nachricht, die Sie mir überschickt haben, gar sehr; sie ist sowohl was die
Sache selbst, als auch das Aeußerliche anbetrifft,
sehr schön. Der alte Marschall spricht, Sie strit-
ten und schrieben wie Cäsar. Alle unsere Marschälle

schälle sind eifersüchtig; das ist Ihr größter Lobspruch. Sie haben es auch in der That Ursache zu seyn; sie haben das Glück niemals gehabt, den Feind, und vornehmlich einen Mann, wie der Prinz Ferdinand ist, mit einer um den dritten Theil schwächern Armee zu schlagen. Man bewundert besonders Ihr kluges Verhalten nach dem Siege, um sich der Vortheile desselben zu versichern. Man gewinnet alle Tage Schlachten; es geschiehet aber gar sehr selten, daß man sie sich recht zu Nutze macht. Sie haben also den Franzosen ein Beyspiel der Tapferkeit und des Verhaltens gegeben, und wir freuen uns, daß wir Ihnen dieses zu danken haben. Ich bitte Sie, mein Herr Herzog, mich unter Ihre Freunde zu zählen, und wünsche, daß uns Gott viel solche Männer, wie Sie sind, geben möge. Ich bin, ꝛc.

138. Brief.

An die Marschallinn von Contades.

August, 1759.

Die Unglücksfälle, welche unser armes Vaterland nach einander betreffen, schlagen die ganze Nation nieder; mich aber betrüben sie, meiner Lage wegen doppelt. Es scheinet, als ob ich sie zweymal fühlte, weil ich oft an der Wahl der Menschen Theil habe, und fast allzeit betrogen bin. Das Volk gehet in seinem ungerechten und ausschweifenden Verdruße so weit, daß es mich beschuldiget, ich verkaufte dem Feinde das Blut und die

Ehre

Ehre der Nation. Ich vergebe es ihm; aber denen vergebe ich nicht so leicht, die es durch ihr schlechtes Verhalten zur Verzweifelung bringen. Die schreckliche Niederlage bey Minden ist der größte Verlust, den wir bishero im ganzen Kriege erlitten haben. Ich bin sowohl um Ihrent- als um meinetwillen gar sehr verdrießlich darüber, daß der Herr von Contades mit dabey gewesen ist. Jedermann redete gut von ihm; seine Tapferkeit und seine Talente wurden allenthalben gerühmet. Ich habe etwas weniges zu seinem Besten gesagt, und er ist mit einem Zutrauen abgereiset, woran ich Theil nahm, welches aber gar sehr fehl geschlagen ist. Es gehet ein Briefchen herum, das der Prinz Ferdinand den Tag vor der Schlacht an den Freytag, Partheygänger bey seiner Armee, geschrieben hat. Es lautet, wie man mir es gezeiget hat, also: „Ich werde morgen den Fran„zosen eine Schlacht liefern; wenn das geringste „von der Equipage davon kömmt, so sollet ihr mir „mit eurem Kopfe dafür haften„. Dieses Briefchen giebt zu erkennen, daß der Prinz von seinem Siege versichert war, und sich aus seinem Feinde nicht viel machte. Er hat wirklich einen vollkommenen Sieg davon getragen; es ist alles Gepäcke und alle Munition erbeutet worden, und wir haben fast gar keine Armee mehr. Es ist alles verlohren, auch so gar die Ehre. Ich verurtheile niemanden, lobe aber auch niemanden. Die Kriegssachen gehören nicht für mich; sondern ich beklage mich nur gegen eine Freundinn. Ich wün-

sche

sche von ganzem Herzen, daß unser Marschall sein Verhalten deutlich möge rechtfertigen können, welches ihm aber sehr schwer fallen wird. Ich bin ꝛc.

139. Brief.

(Dieser Brief ist nicht überschrieben, aber als die Antwort auf den vorhergehenden Brief der Frau von Pompadour aufgesetzt.)

den 13 August, 1759.

Ihr Brief, Madame, hat die Frau Marschallin zur Verzweifelung gebracht. Konnten Sie wohl zweifeln, daß ihr diese unglückliche Begebenheit nicht bereits einen heftigen Verdruß verursachet hatte? Alle Montmorency, die la Fayette, die Chimai, haben sie eben so wenig geschonet. Aber Sie, Madame, Sie, ihre Freundinn, schlagen sie durch demüthigende Vorwürfe ganz darnieder. Sie hat das Herz nicht Ihnen zu antworten; ich thue es also für sie, indem ich Sie um der Freundschaft willen bitte, ihrer mehr zu schonen. Ich gebe es zu, daß die Gährung sehr groß ist. Das Mißvergnügen ist aufs höchste gestiegen. Und damit man das allgemeine Betrübniß vermehren möge; so läßt man noch schreckliche Befehle ergehen.

Indessen, Madame, macht die Abreise des Herrn Marschall von Etrees einigen Schein der Hoffnung, den ein jeder begierig ergreift. Man spricht zu einander: Sehet da eine verlohrne Schlacht,

Schlacht, das ist etwas schreckliches; sehet da Befehle, das ist etwas betrübtes; aber der Marschall von Etrees reiset ab, es wird alles wieder gut gemacht werden.

Eben iho höre ich, der Graf von St. Florentin wäre diesen Morgen dreymal bey dem Herrn Marschalle von Belle-Isle gewesen. Es sind ganz gewiß einige lettre de cachet auf dem Tapete. Man versichert auch, der Marschall werde in vier und zwanzig Stunden nach Meß reisen, wohin er verwiesen worden. Seyn Sie doch so gütig, und lassen mir wissen, was an der Sache ist. Mein Läufer hat Befehl, auf eine Antwort zu warten. Die Gesinnungen, die ich gegen Sie, Madame, hege, sind Ihnen bekannt.

140. Brief.
An den Herzog von Bouillon.
1759.

Ich bitte Sie zu glauben, daß ich mir allzeit eine Pflicht und ein Vergnügen daraus machen werde, mich Ihnen gefällig zu erzeigen; aber ich verlange keine Danksagungen. Die kleinen Dienste, die ich leisten kann, leiste ich vom Herzen gern. Ich bin sie dem Verdienste schuldig, und wenn ich meine Schulden abtrage; so ist niemand verbunden, mir dafür zu danken.

Mitten unter unsern Unglücksfällen wollen unsere Minister einen kühnen Streich wagen. Es ist ein Project von dem alten Marschalle, der, wie
Sie

Sie wissen, sehr fruchtbar an Projecten ist. Ich wünsche, daß er diesmal glücklicher seyn möge. Die Unternehmung wird edel, aber vielleicht verwegen seyn. Ludwig XIV. hat ein Beyspiel davon gegeben, und es bereuet; Gott gebe, daß es Ludwig XV. nicht auch bereuen möge. Dem sey nun aber wie ihm wolle, die Sache ist beschlossen, und die Flotte wird ausgerüstet. Glauben Sie es wohl, daß uns Ihr Anverwandter, der große und unglückliche Prinz Carl Eduard, noch gnugsam liebet, um sich der Gefahr auszusetzen, bey den Engländern einen zweyten Besuch abzustatten? Die Unternehmung ist gefährlich, aber wichtig und seiner würdig. Sein Name, sein erlangter Ruhm, sein Verdienst und seine Tapferkeit machen uns große Hoffnung. Niederträchtige und eifersüchtige Leute sprengen aus, er thäte itzo weiter nichts, als daß er zu Bouillon tränke und Thorheiten begienge. Aber niederträchtige und eifersüchtige Leute verdienen keinen Glauben; ich habe es mehr als einmal erfahren. Wenn dieser Prinz sein einsames und unbekanntes Leben überdrüßig ist; so ist dieses vielleicht die letzte Gelegenheit, die er haben wird, seine Glücksumstände zu ändern. Forschen Sie ihn doch auf eine geschickte Art aus; sehen Sie, wie er in Ansehung unser gesinnet, und ob er allzeit entschlossen ist, nicht mehr, wie er gesagt hat, das Schreckbild der Engländer zu seyn. Da er einen Geistlichen von der engländischen Kirche angenommen hat, und das Pabstthum ganz abgeschworen zu haben

S. 3 scheinet,

scheinet; so würde sein Name die Engländer nicht mehr so sehr erschrecken, und vielleicht würde man ihn mit günstigern Augen, als vorher, ansehen; wenigstens hat er ihnen einen grossen Vorwand benommen. Das erstemal, so Sie hieher kommen werden, welches aber bald geschehen muß, wird man weitläuftiger mit Ihnen reden. Ich bin, mein Herr Herzog, allzeit mit der aufrichtigsten Ergebenheit, ꝛc.

Nachschrift. Ich bitte Sie, mich der Frau Herzoginn gehorsamst zu empfehlen. Lieben Sie sie allzeit so sehr, als sie es verdienet? Wenn werde ich das Vergnügen haben, sie zu umarmen?

141. Brief.
Vom Herzoge von Bouillon.
Als die Antwort auf den vorhergehenden Brief.

den 2 December, 1759.

Ich habe, Madame, den Brief, mit welchem Sie mich beehret haben, erhalten. Der Prinz Eduard ist entschlossen, alle Unternehmungen zu versuchen, die sich für seine Herzhaftigkeit und Geburt schicken; nur vor ebentheuerlichen hat er allemal einen Abscheu gehabt. Diese aber ist so beschaffen, daß sie ihn mit Ehre überschütten, und, wenn sie gelingt, seine Sachen wieder herstellen kann. Schlägt sie fehl; so ist es ein Unglück, das sie nicht schlimmer machen kann. Der Himmel

Himmel gebe, daß diese Expedition besser gelingt, als die Unternehmung des letzten Monats. Ich bedaure die schöne Escadre gar sehr, welche die Engländer zerstreuet und zu Grunde gerichtet haben. Der Gedanke, ihnen den Frieden, mit den Waffen in der Hand, in ihre eigenen Häuser zu bringen, kam mir groß und edel vor. Es würde das erstemal gewesen seyn, daß man einen Bothschafter und bevollmächtigten Minister des Königs, mitten im Kriege, von einer siegreichen Flotte an den Ufern Albions hätte ans Land setzen sehen, und es war eine rühmliche Rolle für den Herzog, nachdem er die Engländer bey St. Cast geschlagen hatte, sie zu nöthigen, den Frieden zu London anzunehmen.

Von meinem Großoheime will ich nichts sagen; ich hoffe die Ehre zu haben, Sie übermorgen zu sprechen. Ich reise diese Nacht nach Navarra, und werde mich zweymal vier und zwanzig Stunden sowohl zu Paris, als zu Versailles, aufhalten. Der Tod des Prinzen von Talmond, welcher mich nöthiget so eilfertig abzureisen, wird mir nicht erlauben länger daselbst zu verweilen. Er hat verlangt, ich möchte alle seine Pappiere in Verwahrung nehmen, und da la Trappe nicht weit von meinem Schlosse liegt; so werde ich dieser betrübten Pflicht ohne viele Mühe, und ohne fast aus meinem Hause zu kommen Gnüge, leisten können. Diese guten Väter melden mir, sie wären über seinen Tod eben so betrübt, als sie durch sein Leben erbauet

bauet worden. Die väterliche Liebe hat das Schrecken des letzten Augenblicks bey ihm zu vermindern gewußt. Der Verlust seines Sohnes hatte ihn vor zehn Jahren in diese fürchterliche Wohnung geführet. Er hat in derselben die Tage seines Lebens bis an ihr Ende in Betrübnisse und in der Stille zugebracht. Ob er gleich die Ergötzlichkeiten des Hofes gewohnt war; so hat er sich doch allen gottesdienstlichen Verrichtungen dieser strengen Regel gern und willig unterworfen. Endlich hat ihn der Tod, der für so viele andere so schrecklich ist, von allen seinen Bekümmernissen befreyet, und die Hoffnung wiederum zu seinem Sohne zu kommen, hat ihn denselben als das höchste Gut ansehen lassen. Dieser Verlust wird ohne Zweifel die Schmerzen der Prinzeßinn von Talmond erneuert haben. Man meldet mir, sie wäre Willens sich wieder zu dem Prinzen Jablonowsky zu begeben; was hat es aber wohl für ein Ansehen dazu! Ihr Gemahl ist seit zehn Jahren in Ansehung ihrer eben so, wie itzo, todt gewesen.

142. Brief.
An den Herrn Duclos, Secretär der Academie Francoise.

Sie haben mir ein schönes Geschenk überschickt, mein Herr, und ich bin Ihnen gar sehr dafür verbunden. Ihr kleines Buch ist ein güldenes Buch; es ist eine vortreffliche Abbildung eines Originals, welches ich hasse und verachte.

Sie

Sie sind glücklich, daß Sie die Welt nur als Philosoph kennen, und nur ein Zuschauer sind. Wenn die Academie einige Achtung gegen meine Empfehlung haben will; so werde ich mir die Freyheit nehmen, ihr einen Mann vorzuschlagen, den ich sehr hochschätze, der dem Könige gut gedienet, und sich einen grossen Namen in der gelehrten Welt erworben hat. Eine Stelle unter Ihnen, meine Herren, ist der blaue Cordon der Gelehrten. Sie trachten alle darnach, ob ihn gleich wenige erhalten und verdienen. Derjenige, den ich Ihnen empfehle, verdienet ihn ohne Widerspruch, und ich erwarte von Ihrer Gerechtigkeit, daß er ihn erhalten wird. Ich bin ꝛc.

143. Brief.
An die Gräfinn von Baschi.

Ich habe die Frau von Lussac gesprochen, die mir einen Kuß für sich, und einen für Sie gegeben hat. Ich habe ihr viel Liebkosungen erwiesen, weil sie Ihre Freundinn ist, und auch gern die meinige seyn will. In Wahrheit, meine schöne Gräfinn, Sie haben artige Freundinnen. Die Schönheit suchet ihres gleichen. Dieses geschiehet zwar nicht leicht unter den Frauenzimmern; aber Sie sind auch kein Frauenzimmer wie andere. Sie besitzen nebst allen Annehmlichkeiten unseres Geschlechts, alles Verdienst einer artigen Mannsperson, und deswegen liebe ich Sie besonders. Der Tod der Frau von Crassol ist sehr sonderbar. Wie! sie ist in zween Tagen durch ein kleines Fieber hinweggerissen worden? Die Liebesgötter haben ohne Zweifel viel Thränen vergossen. O wie werden sich die schönen Weiber, die sich wohl befinden, fürchten! Ich sehe mit Betrübniße, daß nichts dauerhaftes auf der Welt ist. Man bringet ein schönes Gesicht mit auf die Welt, und es wird in weniger als dreyßig Jahren runzlich; hernach taugt ein Frauenzimmer zu nichts mehr. Das betrübet mich; lassen Sie uns von etwas anderem reden. Wissen Sie wohl, daß nach dem Vergnügen Sie zu sehen, oder an Sie zu schreiben, die Lecture eine von meinen größten Ergötzlichkeiten ist? Sehen Sie, wie sich der Geschmack ändert; im achtzehnten Jahre mochte ich nicht lesen. Mein Lieblingsautor ist Voltaire. Es ist ein bezaubernder Mann, der immer gefällt, und von allem überredet, wovon er will. Ich glaube nicht, daß ein Mann mehr Geist, mehr Beredtsamkeit, und mehr Menschlichkeit besitzen könne, als er. Haben Sie seine Schottländerinn *(Ecossaise)* gelesen? Kennen Sie die zärtliche Lindane, den unglücklichen Monrose, den großmüthigen Murray, und den schändlichen Frelon? Alles dieses ist schön. Ich habe sehr geweinet. Wenn ich den liederlichen Frelon bey mir gehabt hätte; so würde ich ihm ins Gesicht gespeyet haben, denn sein Charakter ist abscheulich. Ich wundere mich, daß Voltaire in seinem Alter noch so schöne Sachen macht, und daß er so aufgeräumt und so menschenfreundlich ist;

ist; denn das Alter ist mürrisch und immer verdrießlich. Alle alte Gesichter, die ich gekannt habe, waren eigensinnig und verdrießlich, lachten niemals, und hasseten vornehmlich die jungen Leute. Weil ich glaubte, dieses wäre eine natürliche Wirkung des Alters; so fürchte ich mich gar sehr, alsdenn am Geiste eben so lächerlich, als an der Gestalt zu werden. Aber das Beyspiel des Herrn von Voltaire beruhiget mich, und giebt zu erkennen, daß dieses ein Fehler des Menschen, und nicht des Alters ist. Es ist etwas seltenes, daß man mit guter Art alt zu werden sucht. Ich will nicht dafür stehen, daß ich aufgeräumt seyn werde; aber ich will mich bemühen, zufrieden und gelassen zu seyn. Indessen unter uns gesagt, ich glaube, daß dieses einem Frauenzimmer schwerer ankömmt, als einer Mannsperson. Um wieder auf die Schottländerinn zu kommen, (denn ich bin einmal ins plaudern gekommen,) wenn Sie sie nicht gelesen haben; so lesen Sie sie noch. Wenn Sie sie aber gelesen haben; so lesen Sie sie noch einmal, Sie werden neue Schönheiten darinnen antreffen; hernach bethen Sie für die Erhaltung des Verfassers, welcher ein sehr guter Christ ist, die Unwissenden, und diejenigen, welche eifersüchtig über ihn sind, mögen sagen, was sie wollen.

Aber was die Christen anbetrift; wissen Sie wohl, daß sich die junge Marquisinn von Pecquigni nicht mehr schminket, und ihren Busen bedecket?

Sie

Sie war gestern in der Messe des Königs, schön und ehrbar, wie ein Engel, und bethete mit einer Andacht, welche die Mannspersonen aufbrachte, aber aus eben der Ursache gefiel sie andern Frauenzimmern gar sehr. Denn nun ist eine fürchterliche Nebenbuhlerinn weniger. Ich umarme Sie zärtlich, meine liebe Gräfinn, Sie sehen aus der Länge meines Briefs, wie sehr ich Sie liebe. ic.

144. Brief.
Von der Gräfinn von Baschl.
Als die Antwort auf den vorhergehenden Brief.
Paris, den 2. Febr. 1760.

Sie schreiben mir angenehme Sachen, Madame, ich höre es aber nicht gern, daß Sie mir das gar sehr schmeichelhafte Compliment machen, ich besäße das Verdienst einer artigen Mannsperson. Ich verlange dieses Verdienst nicht; sondern nur das Verdienst eines schätzbaren Frauenzimmers, und zu gleicher Zeit auch ein wenig das Verdienst eines liebenswürdigen Frauenzimers, wenn mir es anders diese Herren erlauben wollen. Daß ich hiernächst bisweilen ein bischen eigensinnig bin, nicht allemal gar zu richtig schliesse, mich über nichts ärgere, an allem, was belustiget, vielen Geschmack finde, den Puß, die Schauspiele und die artigen Feste ohne Mescolo liebe, das sind,

ſind, meine liebe Freundinn, kleine Sünden, wovon ich meinem Beichtvater niemals etwas ſagen werde. Alles dieſes iſt meinem Geſchlechte eigen, und mit einem Worte, ich will es nicht leugnen, wir müſſen bleiben, wie uns die Natur gemacht hat. Und ich glaube ganz gewiß, daß, wenn mir die Wahl frey ſtünde, ich lieber würde ein artiges Frauenzimmer, als eine artige Mannsperſon ſeyn wollen.

Ja, Madame, ich habe die Schottländerinn geleſen und aufführen ſehen. Worüber verwundern Sie ſich denn? Iſt es nicht allemal Voltaire? Aber er iſt alt, und das Alter iſt verdrießlich, es haſſet die Ergötzlichkeiten, und beſonders die iungen Leute. Wiſſen Sie wohl, Frau Marquiſinn, daß dieſes ſehr ſeltſame Begriffe ſind. Ich habe faſt allzeit geſehen, daß das Alter ſanftmüthig, menſchenfreundlich und mitleidig iſt. Ich habe alte Männer geſehen, die ſehr aufgerdumt geweſen ſind, und das waren alle dieienigen, die ehrliche und rechtſchaffene Leute waren. Sie liebten die Jugend. Und da ſie dieſelben Ergötzlichkeiten nicht mehr genieſſen konnten; ſo ſahen ſie anderer ihr Glück als ihr eigenes an. Sie theilten ſich gern mit, die iungen Leute flohen ſie nicht, und hatten allemal Nutzen von ihnen. Was dieienigen anbetrift, welche mürriſch und eigenſinnig ſind; ſo iſt ihre Anzahl nicht ſo groß, als Sie ſich einbilden, und überdieſes traue ich ihnen nicht, ich kann mir kaum
ein-

einbilden, daß sie in ihrer Jugend ehrbar gelebet haben.

Aber wovon kömmt wohl bey mir die widersprechende Gemüthsart her? denn ohne daran zu zweifeln, meine gute Freundinn, mißbillige ich alles, was Sie mir geschrieben haben. Ich glaube, der Herrendienst ist Schuld daran, den ich diesen Morgen verrichtet habe. Die Trauerrede, die der Bischoff von Troyes gehalten, hat mir äusserst mißfallen, er mag es mir nicht übel nehmen. Wozu dienen Witz und Epigrammen in einer solchen Rede? Und hernach frage ich alle diejenigen, welche die Infantinn gekannt, ob sie sie an der Abbildung, die er von ihr gemacht hat, haben erkennen können. Man konnte etwas bessers und gegründeteres sagen. Es kam indessen nur auf mich an, mich zu belustigen. Der blaue Vicomte und die neue Gemahlinn haben einander Zeichen gegeben, und durch die Auszierung des Trauergerüstes und die Kreppe des Fleischfressers vermittelst der Augen mit einander geredet. Es war ein artiger Contrast. Sie war in ihrem schwarzen Kleide so schön, als eine Andromache. Es ist Schade. Wir werden diese iunge Frau verlieren. Alles dieses will ich Ihnen morgen sagen.

145. Brief.

145. Brief.

An den Marschall von Belle-Isle.
1760.

Ich nehme an dem Unglücke des armen Thurot grossen Antheil. Man hat mir seine Familie empfohlen, und ich werde, der elenden Zeiten ungeachtet, mein möglichstes thun, um sie wegen des Verlustes dieses tapfern Mannes, der ein besseres Schickfal verdiente, ein wenig zu trösten. Er hat mit drey kleinen Fregatten Wunder gethan, und die Engländische Flotte länger, als ein Jahr, abgehalten. Ich glaube, wenn er die Brester Flotte commandirt hätte; so würden die Sachen ganz anders gegangen seyn. Er hat wie ein Held gelebt, und ist auch als ein Held gestorben. Das ist gnug zu seinem, aber nicht zu Frankreichs Ruhme. Er war die letzte Hofnung unsers Seewesens, und zum Unglücke ist er nicht mehr. Ich sage es nochmals, ich will für seine Familie sorgen. Die grossen Männer sind etwas seltenes; man muß ihr Andenken ehren, und andere dadurch einladen es zu werden. Ich wünschte keine andere Beschäftigung zu haben, als gutes zu thun; das ist das einzige, das sich für mich schickt, und mir angenehm ist. Ihr Geschäfte, mein Herr Marschall, ist, das Staatsruder mitten im Sturme und Ungewitter zu führen; es wird aber von Tage zu Tage schwerer. Retten Sie uns aus dem Schiffbruche; das ist alles, was wir hoffen und verlangen können.

Ich

Ich habe das Memoire von der neuen Auflage gelesen. Es hält, meines Erachtens viel gutes in sich; es ist aber gar zu dunkel, und nicht deutlich gnug auseinander gesetzt. Ich werde noch mit Ihnen davon sprechen. Ich bin, ꝛc.

146. Brief.
Vom Marschalle von Belle-isle.
Als die Antwort auf den vorhergehenden Brief.
Paris, den 10. März, 1760.

Madame,

Ihre Betrübniß über den Tod des Hauptmanns Thurot gereichet Ihrer patriotischen Gesinnung und ihrer Fühlbarkeit zum Ruhme. Sein Verlust gehet mir auch überaus nahe. Indessen kann ich, bey Gelegenheit eines solchen Zufalls, das Schicksal der Monarchie nicht, wie Sie, beklagen. Sie ist allzeit mächtig und fürchterlich. Kleine Unglücksfälle müssen uns nicht an dem gemeinen Wesen verzweifeln lassen, und ich kann mir nicht vorstellen, daß sich der Krieg auf eine für uns so nachtheilige Art, als Sie es zu vermuthen scheinen, endigen werde. Wenn sich auch sogar dieses Unglück eräugen sollte; so darf man deswegen doch nicht glauben, daß alles verlohren wäre. Welche europäische Nation hat so viel innerliche Hülfsmittel, als die unserige? Welches Reich ist so genau vereiniget, so gut gelegen, so durchgängig unter die Gewalt eines einzigen

Herrn

Herren gebracht, so reich an seinen natürlichen Producten und der Industrie seiner Einwohner? Wo trift man einen so zahlreichen Adel an, der von dem Geiste der Großmuth und edlen Gesinnung, der Tapferkeit und Uneigennützigkeit belebet wird, welcher die Stärke der Republiken ausmacht? Ich rede vornehmlich von dem Landadel, aus welchem unsere Gelehrten so wenig machen. Verschwindet die Leichtsinnigkeit und Weichligkeit, die man unsern Kriegsvölkern vorwirft, nicht bey Ihnen, wenn sie fechten sollen? Wird es eine gute Regierung nicht dahin bringen, daß sie auf immerdar verschwinden? Welches Volk wird arbeitsamer, geschäftiger und fleißiger seyn, wenn man, bey etwas bessern Zeiten, die Last der öffentlichen Auflagen ein wenig vermindern kann? Wenn wir von den nützlichen oder bloß angenehmen Wissenschaften reden, werden nicht unsere Schriftsteller, unsere Meßkünstler, unsere Bildhauer, unsere Maler und unsere Baumeister überall hin von den Regenten berufen, welche die Künste und Wissenschaften hochschätzen? Ist nicht unsere Sprache die Sprache von Europa? Werden nicht unsere guten und schlechten Schriften, von dem Esprit des loix an, bis auf die Opera comiques, von den Ausländern eben so stark gekauft und gelesen, als selbst zu Paris? Sind nicht unsere Tänzer, unsere Auszierer der Schaubühnen, unsere Köche und unsere Friseurs allenthalben wunderbare Leute? Unsere neuen Denker würden mich auslachen, wenn sie mir zuhörten.

Aber

Aber Sie, Madame, kennen den Werth dieser Kleinigkeiten.

Verlaſſen Sie indeſſen Paris, dieſe frembe und angeſteckte Gegend, um Frankreich ſelbſt zu durchreiſen; beſehen Sie die Provinzen, die ihrer Entfernung wegen vor der anſteckenden Seuche der Hauptſtadt ſicher ſind, und ſagen Sie alsdenn, ob irgend eine Nation ihrem Landesherrn und ihrem Vaterlande mehr zugethan, gerechter, mäßiger, menſchenfreundlicher, luſtiger und fröhlicher iſt; denn die Fröhlichkeit iſt, nach meiner Meynung, eine politiſche Tugend, die man ſorgfältig muß zu erhalten ſuchen. Ich liebe die allzuſtrengen und wilden Tugenden nur bey den Scythen. Die Natur hat ihnen die Annehmlichkeiten des Lebens verſagt; es iſt alſo eine Tugend, ſie zu verachten, und ein Glück, ſie nicht zu kennen. Aber wir, die wir den ſchönſten Strich Landes, der unter dem Himmel iſt, bewohnen, genieſſen die Güter, die wir um und neben uns finden, ohne Gewiſſensbiſſe. Die Natur iſt um uns herum angenehm und lieblich; wir wollen es alſo unſere Sitten gleichfalls ſeyn laſſen. Wenn wir unſere Unglücksfälle beklagen; ſo wollen wir auch unſere Hülfsmittel unterſuchen, und nicht alle Gegenſtände mit einer ſchwarzen Farbe überziehen, welche uns hindert, daß wir das, was ſie tröſtliches an ſich haben, nicht wahrnehmen. Wir wollen keine ſchrecklichen Begebenheiten vorherverkündigen; oder ihnen zuvorkommen, weil ſie nicht unvermeidlich ſind.

Sie

Sie sehen, Frau Marquisinn, daß die Liebe zum allgemeinen Besten Gelegenheit giebt, daß auch so gar die, so es am eifrigsten wünschen, nicht allemal eins wie das andere denken. Wenn aber alle diejenigen, die sich an der Spitze der Geschäfte befinden, sich derselben so ernstlich annähmen, als Sie und ich; so würden sie alle gar bald eins seyn, und aus dieser Einigkeit würde die allgemeine Glückseligkeit erwachsen.

Man hat in dem Rathe des Königs wirklich den Vorschlag gethan, so wie Sie mich davon benachrichtiget haben, die Subsidien, die wir den Oesterreichern bezahlen, zu vermindern. Man spricht, vier und zwanzig Millionen wären bey den gegenwärtigen Umständen eine schreckliche Summe; wir leisteten bloß durch unsere Armeen schon weit mehr, als wir versprochen hätten. Ich habe mich aber diesem Vorschlage gar sehr widersetzt. Ich habe eingeräumt, wir wären vermöge eines Tractats zu dem, was wir thäten, nicht verbunden; wir wären aber durch Versprechungen, die so gut als ein Tractat wären, vor dem Richterstuhle der Billigkeit gebunden, und meine Meynung hat die Oberhand behalten. Der König ist der gerechteste Mann in seinem Königreiche, und das erhält unsere Achtung bey den Ausländern, welche, bey der schon ziemlich langen, aber doch allzeit viel zu kurzen Dauer seiner Regierung, nicht ein einzigesmal sind betrogen worden.

'Ich muß Sie von einer Unruhe befreyen. Ich bin derjenige gewesen, der Sie gestern auf dem Balle so gefoppt hat. Gestehen Sie es nur, daß ich Grund hatte Ihnen zu sagen, Sie würden mich in hundert Jahren nicht errathen. Ich will Ihnen im Vertrauen sagen, daß Sie tausend Personen gekannt haben. Diesen Abend sollen Sie erfahren woran und wodurch. Ich habe diese Schule gemacht, vor welcher ich mich seit zehn Jahren gehütet hatte. Man sagte, es wäre jemand bey Ihnen; ich hatte aber die Ehre gehabt, mit dieser Person zwo Stunden vorher zu Versailles zu sprechen. Ueberdieses würde ich mein ganzes Vermögen verwettet haben, daß sie sich bey den gegenwärtigen Umständen dieses Vergnügen nicht machen würde.

Ich bin, Madame, mit Ehrerbiethung ꝛc.

147. Brief.
Von dem Marschalle von Richelieu. *)
Compiegne, den 30. Jul. 1760.

Ich kann, Madame, die Hindernisse, die Sie mir täglich in den Weg legen, nicht länger aus-

---

*) Wir schreiben diesen Brief dem Marschalle von Richelieu aus Muthmassung zu. Er ist sehr unleserlich geschrieben, und da er vermuthlich einige Tage auf der Toilette der Marquisinn liegen blieb; so bediente sich ein unbesonnener Friseur desselben,

sein

ausstehen. Ich habe bis anhero geglaubt, eine uneingeschränkte Ehrerbietigkeit würde mir Ihre Freundschaft wieder verschaffen. Ich mag es aber machen, wie ich will; so habe ich das Unglück, daß Sie mir im Wege sind, und meine Gedulb hat ein Ende. Wenn indessen Ihr Gedächtniß so gut, als das meinige ist; so werden Sie sich erinnern, daß wir etwas ganz anderes mit einander abgeredet hatten. Aber was für Vortheile habe ich von der Gunst gehabt, die ich Ihnen verschaffet habe? Habe ich nicht vielmehr gesehen, daß Sie sich unzähliger Personen, welchen Sie nichts zu danken hatten, angenommen und Ihnen aufgeholfen haben, da ich indessen hintan stehen mußte, und man mir höchstens nur das zugestund, was man meiner Person und meinen Diensten nicht versagen konnte? Ich gebe zu, daß Ihre Eigenschaften Ihnen alle Rechte zu dem Ansehen, in welchem sie stehen, geben. Ich kenne niemanden, der den Wiß, die Reizungen, die Schönheit und die Talente in einem höhern Grade zusammen besässe. Ich habe kein Frauenzimmer gesehen, das mit so vielen Annehmlichkeiten so gründliche Einsichten verbände. Indem ich Ihnen

kein Eisen zu versuchen, und hat gerade die Unterschrift weggebrannt. Aber der Ambra und Jasmin, wornach er noch riecht, liessen in Ansehung der Person, die ihn geschrieben hat, keinen Zweifel übrig, wenn es auch gleich der Inhalt nicht so deutlich zu erkennen gäbe.

nen aber diese Vorzüge zugestehe, habe ich nicht Ursache an Ihrem guten Herzen zu zweifeln, und sind die Verbindlichkeiten nicht gegenseitig, wenn man eine edle und großmüthige, oder wenigstens erkenntliche und billige Seele hat?

Es kömmt auf Sie an, Madame, mich eines bessern zu belehren. Befestigen Sie Ihren Einfluß, indem Sie ihn mit mir theilen. Sagen Sie zu sich selbst, die Hand, die Sie dahin, wo Sie sich befinden, erhoben hätte, könnte Sie auch wieder stürzen; befürchten Sie aber nicht einen Augenblick, daß ich mein eigenes Werk zernichten werde. Bedenken Sie nur, daß ich Ihnen noch nützlich seyn kann, und gehen Sie, aus Gerechtigkeit und Klugheit mit mir auf eine Art um, die ich niemals gern der Furcht möchte zu danken haben.

148. Brief.
An den Herzog von Richelieu.
Als die Antwort auf den vorhergehenden Brief.

Sie haben mir einen sonderbaren Brief geschrieben, und Ihr Betragen ist seit einiger Zeit noch sonderbarer. Sie begehen die Schwachheit wegen einer Frau eifersüchtig zu seyn. Aber sagen Sie mir doch, was haben Sie für ein Recht dazu? Sie glauben im Stande zu seyn, im Namen des Königs zu regieren, es glaubet es aber weiter niemand, als Sie. Indessen bin ich Ihnen, wie Sie sagen, allzeit im Wege, und die einzige Person, die den Lauf Ihrer großen Bestimmunſtimmungen aufhält. Mein Herr, unterſuchen Sie Ihr Gewiſſen, und hören Sie mich an. lernen Sie von einer Frau wahr zu reden und ſich zu mäßigen.

Ich habe ein wenig Anſehen, und es allzeit zum Dienſte derer angewendet, die ich deſſen würdig zu ſeyn geglaubet habe. Oft, ich geſtehe es, habe ich das Unglück gehabt, mich zu irren, indem ich kleine Ehrgeizige für verdiente Leute gehalten habe. Sie ſind nicht der einzige, der ſich unter dieſer Anzahl befindet; aber der einzige, der auf eine niederträchtige Art undankbar geweſen iſt, und Sie haben Ihrem perſönlichen Verdienſte die Gunſtbezeigungen zugeſchrieben, die Sie der Gütigkeit und Schwachheit anderer zu danken hatten. Wenn ich ſo mächtig wäre, als Sie glauben; ſo würde ich die Beleidigungen die Sie mir zugefüget, ſchon haben beſtrafen, und auch noch beſtrafen können. Indeſſen haben Sie alle Ihre Stellen behalten und auch neue bekommen; Sie haben große Befehlshaberſtellen gehabt, und haben auch noch welche. Wenn ich ſo mächtig bin; ſo bin ich alſo nicht rachglerig, wie Sie ſagen. Und wenn ich rachglerig bin; ſo bin ich alſo nicht mächtig; weil Sie Ihre Gunſt und Ihre Aemter behalten haben, und ungeſtraft Cabalen wider mich machen. Helfen Sie ſich hier heraus, wenn Sie können. Sie beſchuldigen mich öffentlich der Undankbarkeit. Aber, mein Herr Herzog, erlauben Sie mir Ihnen zu ſagen, daß ich Ihnen nichts zu danken habe. Wenn ich Ihnen aber

T 4. auch

auch gleich so viel zu danken hätte, als Sie vorgeben; so würde dieses, daß Sie bey Hofe in Gnaden bleiben, beweisen, daß ich erkenntlich bin. Ich weis, von was für Erkenntlichkeiten Sie reden; aber ein Mann, der ein wenig Achtung gegen sich selbst hat, sollte an statt damit zu pralen, sich ihrer vielmehr schämen. Ich für meine Person habe mich Ihrer schon seit langer Zeit an Ihrer statt geschämt, und ich wünsche sie um meiner selbst willen zu bereuen. Das sind meine Gesinnungen, nach welchen ich Sie sich zu richten bitte, indem ich Ihnen empfehle, wenn es möglich ist, vernünftig, billig und bescheiden zu werden, ꝛc.

149. Brief.
An die Gräfinn von Baschi.

Weil ich verdrießlich bin und Kopfweh habe, so will ich an Sie schreiben; das ist ein Mittel, welches mir allzeit geholfen hat. Es trug sich gestern bey dem Cercle etwas zu, das ich Ihnen zuerst erzählen will. Es war allda ein Marschall von Frankreich zugegen, der vor nicht gar zu langer Zeit eine Schlacht und seine Ehre verlohren hat. Indessen scheinet er itzo stolzer und mit sich selbst zufriedener, als vorher, zu seyn. Er hat eine eherne Stirn. Die Herzoginn von S..*) die niemals eine Gelegenheit vorbey läßt, sich auf anderer ihre Unkosten zu belustigen, sagte ganz ernsthaft zur Mutter des Helden: „Ach, „Ma-

*) St. Simon.

„Madame, wie hörten sie denn die Nachricht von „dem Unglücke ihres Herrn Sohnes an? Schlie„fen sie? Speiseten sie? Verbargen sie sich vor „Schaam?„ Hatten sie Lust zu sterben? Alles dieses wurde mit dem Ihnen bekannten Tone gesagt. Der Marschall, der ein Philosoph ist, wollte sich nicht mit einem Frauenzimmer zanken; aber er beklagte sich bey dem Könige, welcher anfieng zu lachen, und ihn fragte, ob er sich vor der Zunge eines Frauenzimmers fürchtete?

Ich werde für die kleine Valbelle sorgen, weil sie schön und sittsam ist, und Sie mir sie empfehlen. Indessen will ich Ihnen im Vorbeygehen sagen, daß ich viel Töchter habe, deren Mutter ich nicht bin, und daß die Zeiten schwer sind. Man muß aber bey dem allen gutes thun, und ich will so viel thun, als ich kann. Anfangs hat der Glanz des Hofes die kleine Person ein wenig geblendet, wie es bey allen denen, die ihn zum erstenmale sehen, geschiehet. Ich habe diese Schwachheit auch an mir gehabt, ich habe sie aber schon seit langer Zeit abgelegt. Ich hoffe, diese junge Person wird dasjenige bald mit Gleichgültigkeit ansehen, was man sie einige Augenblicke muß bewundern lassen. Wenn aber diese Thorheit bey ihr zween Monate dauert; so werde ich sie als eine Person, die Ihrer und meiner Freundschaft unwürdig ist, wieder zurück schicken. Leben Sie wohl, meine liebe, der arme Marquis will Ihnen wider meinen Willen sein Compliment machen, und es sind vielleicht auch nur Complimente.

mente. Ich aber umarme Sie mit aller möglichen Zärtlichkeit, gleichwie auch Ihre kleine Tochter. Ich wünsche, daß sie ihrer Mutter gleichen möge, ꝛc.

150. Brief.

An den Herzog von Würtemberg.

den 6 May 1760.

Ich habe den Brief, mit welchem mich Ew. Hoheit beehret haben, mit vielem Vergnügen, und Ehrerbiethung erhalten. Ich bewundere Ihren großmüthigen Entschluß, und die Gütigkeit, mit welcher Sie mir davon Nachricht geben wollen. Sie nehmen sich der Sache des Reichs und der unsrigen mit einem Eifer an, der, wie ich hoffe, Ihnen eben so viel Nutzen, als Ehre bringen wird. Ihre Truppen werden wie die unsrigen gehalten werden; und wenn sie die Beschwerlichkeiten und die Gefahr mit ihnen theilen, so werden sie auch die Ehre und den Nutzen mit ihnen theilen. Ich glaube aber, gnädiger Herr, Sie würden nicht unrecht thun, wenn Sie, ehe Sie zur Armee abgiengen, vorher zu uns nach Paris kämen. Es giebt tausend Dinge, tausend Kleinigkeiten, die sich besser mündlich, als schriftlich, oder durch Unterhändler, abhandeln lassen. Unsere Minister hoffen, Sie werden das Glück, welches uns bisher so zuwider gewesen ist, wieder zu unserer Armee zurück bringen; ich hoffe es auch.

auch. Gute Truppen und ein guter General laſſen ſich nicht leicht überwinden. Ich bin ꝛc.

151. Brief.
Von der Gräfinn von Baſchi.

den 15 Sept. 1760.

Um des Himmels willen, Madame, brauchen Sie weder einen Morand, noch einen Senac, um Ihre Kopfſchmerzen los zu werden. Dieſe Leute werden Sie uns leben bringen. Das iſt eine Krankheit, der man ihren Lauf laſſen muß. Schreyen Sie und zanken Sie auf Ihre Kammerfrauen; aber leiden Sie. Und hernach was machen Sie denn, wenn Sie kein Kopfweh haben? Sie ſind entweder allein, und wiſſen nicht, was Sie anfangen ſollen, oder Sie ſind von einem Haufen verdrießlicher Leute umgeben, die noch weit unerträglicher ſind, als die empfindlichſten Stiche des Schmerzes. In Wahrheit, dieſe Krankheit muß für Sie nur eine Zerſtreuung ſeyn. Aber ich ſage es Ihnen nochmals, man hat vor ſechs Monaten meine oberſte Kammerfrau umgebracht, indem man ihr das Kopfweh vertrieben. Hernach wünſchen Sie ſich eine vollkommene Geſundheit.

Ich will Sie durch eine kleine Anecdote wieder geſund machen, über welche wir gelacht haben, daß uns die Augen übergegangen ſind. Der

Cardinal von *** und der Marquis von Conflans waren mit bey unserm brillanten Soupee. Sie wissen, daß der Ritter von Saint-Louis der Schweifträger des Cardinals ist. Conflans wollte den Prälaten herumnehmen, und sagte zu ihm, er wollte seinen Säbel verwetten, daß sich weder der H. Petrus, noch der H. Paulus iemals, von römischen Rittern hätten den Schweif tragen lassen, und wenn es bey einem Edelmanne eine schändliche Niederträchtigkeit wäre, so wäre es auch ein Stolz, der bey einem Priester nicht wohl könnte entschuldiget werden. Sie kennen die beyden Kämpfer, und wissen, daß der Cardinal dem Obersten nicht gewachsen ist; er stieß auch beynahe Schimpfwörter gegen ihn aus... Wissen sie wohl, mein Herr, daß verschiedene Cardinäle, so wohl von meiner, als von andern Familien Edelleute von ihrer Familie zu Schweifträgern gehabt haben. Ob ich es weis, sagte der Freyhusar zu ihm? Ohne Zweifel; ich weis aber auch, daß sich verschiedene Conflans in denelendesten Umständen befunden haben *).

Leben

*) Die französischen Cardinäle haben selbst in Ansehung der Vorzüge ihrer Würde nicht einerley Meynung geheget. Man höre nur, wie sich hierüber, in seinen Memoiren, der Cardinal von Retz ausdrücket, welcher der unruhigste, entschlossenste, ehrgeizigste, ausschweifendeste und systematischeste unter allen Aufrührern, welche die Regierung der

Ann

Leben Sie wohl, meine schöne Freundinn. Laſſen Sie mir morgen Nachricht von Ihnen wiſſen. Ich gehe zur Abgeſandtinn, die mich mit zum

Anna von Oeſterreich beunruhigten, war. Er war der Catilina de la Fronte; und nach ſeinen Memoiren, die er ſelbſt mit einer erſtaunenswürdigen Aufrichtigkeit aufgeſetzet hat, fället man dieſes Urtheil davon.

„Die augenſcheinlichſte und handgreiflichſte Ver„blendung, die der Cardinalshut hervorbringet, „iſt die Forderung, den Prinzen vom Geblüte vor„zugeben, die alle Augenblicke unſere Herren wer„den können, und welche es indeſſen faſt allzeit, „blos wegen ihres Standes, von allen unſern „Anverwandten ſind. Ich weis es allen Cardinä„len von meinem Hauſe, die mir dieſe Lehre gege„ben haben, Dank, und ich habe ſie am Tage mei„ner Promotion beobachtet. Es ſagte einer vor „ſehr vielen Leuten zu mir: Nun dürfen ſie den „Prinzen das Compliment nicht mehr zuerſt ma„chen. Ich gab ihm zur Antwort: Verzeihen ſie „mir; ich werde ſie allemal zuerſt und noch tiefer, „als iemals grüßen. Gott bewahre mich davor, „daß mich der Cardinalshut dergeſtalt im Kopfe „verrückt machen ſollte, daß ich den Prinzen vom „Geblüte den Rang ſtreitig machte. Es iſt für „einen Edelmann gnug, die Ehre zu haben, an „ihrer Seite zu ſeyn„.

Das

zum Prinzen von Noisi nimmt. Sagen Sie mir doch, warum das Ballet, das uns bey den kleinen Appartemens so ausnehmend wohl gefallen hat, in Paris nicht gefallen will.

Geben Sie mir Ihre Hand, daß ich sie drücke. Leben Sie wohl.

Das sagte im Jahre 1651 ein Mann, der außer einer hohen Geburt sehr große Eigenschaften besaß. Lasset uns sehen, wie sich über eben diese Sache, ungefähr neun Jahre später, der Cardinal Mazarin ausdrücket, ein Mann, der aus einem sehr mittelmäßigen Stande zur höchsten Macht und Gewalt gelanget war.

„Ich glaube nicht, daß der Prinz (von Conde) „verlanget, daß ich gewisse Dinge thun soll, auf „welche ich während der Minderjährigkeit nicht „Acht gehabt habe. In meinem Hause will ich „ihm gern die Ehre lassen, Sie aber sonst überall „haben, wie es der König befohlen hat, und es „ist auf mein Ansuchen geschehen, daß Se. Maje„stät darein gewilliget, daß ich es in diesem Stü„cke machen darf, wie ich es in meinem Hause „machen werde, ob es gleich der Cardinal von Ri„chelieu, und selbst der Cardinal von Lion, in „Ansehung seiner und seines Herrn Vaters, anders „machen. (Lettre du 9. Novembre 1659. à Mr. le „Tellier.)

152. Brief.

152. Brief.

An die Gräfinn von Baschi.

Als die Antwort auf den vorhergehenden Brief.
1760.

Sie fragen mich, womit ich mich beschäftige, wenn ich kein Kopfweh und keine schlechte Gesellschaft habe. Ich schreibe, Madame, ich beschmiere Papier, wie viele andere; ich mache Memoiren von meinem sonderbaren Schicksale, und von Dingen, die ich gesehen habe, und welche noch viel sonderbarer sind. Meines Erachtens ist das eine sehr vernünftige Beschäfftigung für eine Frau, welche die Jahre, worinnen man gefällt, fast zurücke gelegt hat, und die sich gar nicht darüber grämet. Ich werde Wahrheiten sagen, die gewissen Leuten sehr unangenehm seyn werden; ich will aber weder lügen, noch Narren oder unartigen Leuten schmeicheln. Indessen werden diese Memoiren das Licht nicht eher erblicken, als wenn ich es nicht mehr sehen werde. Hierdurch werde ich die Vorwürfe, oder die kleine Rache schlechter, niederträchtiger, und hassenswürdiger Menschen, deren ich in meiner wahren Geschichte gedenke, vermeiden; denn die Todten fragen nichts nach den Lebendigen. Aber was machen denn Sie, Madame, in Ihren müßigen Stunden, deren Sie viele haben? Denn es ist Ihnen keine Last, allein zu seyn. Lesen Sie den liebenswürdigen Einsiedler zu Ferney *)? Denken

*) Der Herr von Voltaire.

ken Sie an mich? Beyßen Sie für die, die Sie lieben? Alle diese Beschäftigungen sind gut und lobenswürdig, und deswegen vermuthe ich, daß sie die Ihrigen sind.

Ich schäme mich, daß mir alle Tage junge Personen Beyspiele von der Entfernung von der Welt geben, ohne daß ich das Herz habe, es ihnen nachzuthun. Ich verachte zwar die Welt aufrichtig; ich möchte aber gern noch mehr thun. Die schöne Gräfinn von Neuville ist auf einmal eine große Andächtige geworden. Sie höret alle Tage vier Messen; sie gehet alle Wochen zum Abendmahle; sie siehet niemals eine Mannsperson an, und hat keinen andern Umgang, als mit ihrem Manne und mit ihrem Beichtvater. Ich lobe ihren Entschluß und ihre Herzhaftigkeit gar sehr; ich befürchte aber, sie wird nicht dabey bleiben, und das wäre ein großer Schade. Wir wollen uns auch bekehren, aber ohne Lärmen zu machen, und etwas zu affectiren. Leben Sie wohl, meine Geliebte; wenn Ihnen diese Nachricht nicht gefällt, so sagen Sie ꝛc.

153. Brief.
Vom Marquis von Castries.
Rheinbergen, den 19 Oct. 1760.

Es geschiehet mit vielem Eifer, Madame, daß ich allen rechtschaffenen Franzosen von den kleinen Vortheilen der königlichen Truppen

Nachricht ertheile. Aus dem beygefügten Berichte werden Sie sehen, wie tapfer und wie glücklich sie mit den Truppen des Herrn Erbprinzen gefochten haben. Die Brigaden von Auvergne, von Normandie, von Elsaß, und de la Tour du Pin haben den Angriff der Hanoveraner mit einer unglaublichen Standhaftigkeit ausgehalten. Das Treffen nahm des Morgens um 4 Uhr seinen Anfang. Die mehreste Zeit über, die es gedauert hat, ist es nur durch das Musketenfeuer erleuchtet worden, welches sehr heftig war, und mit anbrechendem Tage habe ich gesehen, wie viel diese Regimenter gelitten hatten. Die Bewegungen, welche auf diese Action gefolget sind, haben mir nicht eher, als heute, erlaubt, einen umständlichen Bericht davon aufzusetzen.

Unter einer Menge von Officieren, die sich überaus tapfer gehalten haben, nenne ich vornehmlich den Herrn Marquis von Segur, die Herren von Besenval, von Wurmser und von Thiers. Viele Officiere vom Maiorstaate sind verwundet; fast allen sind die Pferde unter dem Leibe erschossen worden. Ich nenne noch die Herren von Rochambaud, de la Tour du Pin, von Pereuse und den Grafen von Braniki. Dieser junge Pole hat sich durch eine Tapferkeit und Einsicht hervorgethan, welche mich glauben lassen, er werde mit der Zeit kein Mann von der gemeinen Art seyn. Zum Ueberflusse ist Wesel vollkommen bedeckt. Alle Franzosen, die in dieser Festung liegen, haben sie mit einem Eifer zu vertheidigen gesucht, der alles Lob verdienet. Die Besatzung war nicht hinlänglich. Fünfhundert wieder genesene Soldaten, und mehr als vier hundert Franzosen, die niemals Kriegsdienste gethan, haben Waffen verlanget, und lassen die größte Entschlossenheit von sich blicken. So ist diese gute und tapfere Nation beschaffen, und Sie werden zugestehen, Madame, daß es mehr ein Vergnügen, als Verdienst ist, mit dergleichen Truppen zu überwinden.

Ich bin mit Ehrerbiethung, ꝛc.

Nachschrift. Der Herr Erbprinz ziehet sich immer weiter auf eine gute Art zurück. Ich wollte ihn gestern früh angreifen; er hat sich aber die Nacht zu Nuße gemacht, seine Armee wieder über den Rhein gehen zu lassen, bis auf seine Arrieregarde, der ich von den Herren von Chabot und von Fronsac habe nachsetzen lassen, welche einige Gefangene gemacht, und die Schiffbrücke erbeutet haben.

154. Brief.
An den Marquis von Castries.
Als die Antwort auf den vorhergehenden Brief.
November, 1760.

Ich danke Ihnen für Ihren Brief und vornehmnehmlich für Ihren Sieg *). Diese kleine Sache,

*) Bey Clostercamp.

Sache,, die Sie mit dem Prinzen von Braunschweig gehabt haben, ist ein Trost bey dem vielen Elende, das von allen Seiten, als ein Strohm, über uns hereinbricht. Der König ist sehr zufrieden, und was mich anbetrift, so freue ich mich, daß wir Ihnen diesen Dank schuldig sind. Sie haben uns nicht, wie so viele andere, in unserer Hoffnung betrogen. Die Wunder der Tapferkeit, die Ihre Truppen bey dieser Gelegenheit gethan haben, beweisen, daß die Franzosen nur einen guten Anführer nöthig haben, um gut zu streiten. Man erzählet Wunder von dem tapfern Regimente von Auvergne, welches aber auch das mehreste gelitten hat. Man hat sich allzeit vor dem Prinzen von Braunschweig zu fürchten, und er ziehet sich nicht wie einer, der sich fürchtet, zurück. Es giebt Leute, welche behaupten, Sie hätten seine kleine Armee in Stücke zerhauen können; aber ich glaube, dergleichen Leute, die den Krieg in ihrem Cabinette führen, handeln weder gerecht, noch vernünftig. Leben Sie wohl, mein Herr Marquis, Sie sind ein vortrefflicher Mann; berichten Sie uns allemal solche Neuigkeiten; wir haben sie sehr nöthig. Vorhero liebte Sie jedermann; nun aber schätzet Sie ein jeder hoch, und ich kenne eine Person, die ihr mögliches thun wird, an Ihrem Glücke zu arbeiten, so lange Sie an Ihrer Ehre arbeiten werden ꝛc.

U 2 155. Brief.

155. Brief.

An den Grafen von Afry.

den 6 November, 1760.

Ich weis nicht, ob der Tod des alten Königs Georgs einige Veränderung in unsern Angelegenheiten machen wird. Ich glaube, wir haben sehr wenig zu hoffen, und viel zu fürchten. Die Regierung der Engländer ist von andern gar sehr unterschieden. Das Volk macht vielmehr den Krieg, und nicht der König. Die Prinzen sterben, aber die allgemeine Denkungsart bleibt, und diese Denkungsart ist wider uns. Der neue König ist sehr jung; er soll den Pitt so sehr hassen, als ihn sein Großvater hassete; aber dieser Minister wird seinen Posten wider seinen Willen behalten, weil er die Gunst des Volks hat. Das einzige Mittel, uns den Frieden zu verschaffen, würde seyn, zu siegen. Die Siege tragen hierzu weit mehr bey als die geschicktesten Unterhandlungen. Sie sagen, die Holländer hielten es im Herzen mit unsern Feinden; das ist sonderbar, aber möglich. Thun sie es etwan deswegen, weil die Engländer ihre Handlung zu Grunde richten, ihre Schiffe wegnehmen, und sie es schon merken lassen, daß sie nach dem allgemeinen und ausschliessenden Handel von Europa trachten? Uebrigens ist die oranische Partey nicht gut gegen uns gesinnet; die Staaten sind auf unserer Seite; die ist nichts, sie hasset und liebet ohne Gerechtigkeit

tigkeit und ohne Ursache. Die Generalstaaten scheinen wider die Engländer wegen ihrer Seeräubereyen gar sehr aufgebracht zu seyn. Glauben Sie wohl, daß ihr Unwille so weit gehen könne, daß sie mit ihnen brechen? Geben Sie auf alles Achtung, untersuchen Sie alles, fahren Sie fort dem Könige gut zu dienen, und denen, die Sie hochschätzen, Ehre zu machen. Ich bin, ꝛc.

156. Brief.

An den Herzog von Belle-Isle.

In Wahrheit, Ihre Projectmacher sind vortreflliche Leute; es ist ihnen nichts unmöglich; sie wissen überall Mittel zu finden, und ich zweifle nicht, daß, wenn der König den porcellainenen Thurm zu Nankinn, oder den diamantnen Weinstock des grossen Mogols gern haben wollte, diese Herren es für etwas leichtes halten, und eine Methode angeben würden, sie nach Paris zu bringen. Das besagte Memoire ist ein Meisterstück der Unbesonnenheit, und es kann nur in dem Gehirne eines Narren entstanden seyn. Es ist doch lustig, wenn man höret, daß ein Mensch im Ernste vorschlägt, der König dürfe nur, um die Staatsschulden zu bezahlen, alle funfzehn Jahre einmal Bankerott machen. Wenn der König einen Bankerott nach diesem Systeme machte; so glaube ich, man würde ihn ausser Stand setzen, einen zweyten zu machen. Es würde eben so viel seyn, als wenn man den Vorschlag thäte, alle funfzehn Jahre

Jahre einmal auf die Landstraßen auf Raub auszugehen. Dieser Mann muß weder Ehre, noch Vernunft besitzen. Ich erinnere mich eines andern Proiects, das mir im vorigen Jahre aus Holland zugeschickt wurde, und welches ich anfangs für eine boshafte Spötterey über das Elend des Reichs hielt; ich hörte aber hernach, daß es von einem Narren herrührte, der in Amsterdam verhungern wollte. Er wollte dem Könige alle Jahre zweyhundert Millionen durch eine einzige Taxe, und ohne das Volk zu drücken, verschaffen. Die Sache war die leichteste von der Welt. Es kam nur darauf an, daß man einen Befehl ergehen ließ, alle Unterthanen zu nöthigen, alle Tage den Rosenkranz zu bethen, und wenn sie es unterließen, für iedesmal fünf Sous zu bezahlen. Weil nun die Franzosen nicht andächtig sind, sagte der Verfasser; so werden sie fast alle Tage Fehler begehen; welche unzählige Summen einbringen werden. Er schloß, indem er um eine Bedienung für seine Mühe bath, und man both ihm eine Stelle zu Bicetre an. Das Hauptwerk ist, Geld zu finden, und nicht Proiecte zu machen. Ein ieder neuer Generalcontrolleur verspricht Wunder; er ist aber gleich bey dem ersten Schritte in Verlegenheit, und man siehet sich genöthiget, ihn wieder fortzuschicken, um einen andern an seine Stelle zu setzen, welchem bald ein dritter nachfolget. Die Finanzen befinden sich in einer schrecklichen Unordnung; das Volk ist arm, es murret und gehet aus dem Lande, um ein besseres

Vater-

Vaterland zu suchen. Unser Credit ist dahin. Die Engländer sind glücklich, und wir sind ohne Hülfe und ohne Hoffnung. Ich glaube nicht, daß der Succeßionskrieg fataler, als dieser, gewesen ist. Wie will man Frankreich retten? Wir müssen Friede haben. Aber wie will man ihn erhalten, und den Krieg fortsetzen? Das gute Herz des Königs leidet bey diesem allgemeinen Elende auf eine grausame Art. Giebt es denn kein Mittel, mein Herr Herzog, ihm zu helfen, indem man seinem Volke hilft? Es würde mir sehr angenehm seyn, Sie zu sehen und zu sprechen. Ich habe Ihnen tausenderley zu sagen ꝛc.

157. Brief.

An die Gräfinn von Baschi.

1760.

Ich bin zwar gar sehr verdrießlich, ich kann mich aber doch nicht enthalten über den Zufall, der dem armen Herzoge von Würtemberg, welchen wir den letzten Winter sich in Paris so hervorthun sahen, begegnet ist, ein wenig zu lachen. Er ist für seine Verwegenheit gestrafet worden. Als er dem Könige seine zwölftausend Mann verkaufte, verlangte er, sie sollten ein besonderes Lager und ein besonderes Corps ausmachen, welches ihm auch zugestanden wurde. Als der König von Preussen hörte, daß er sich in französischen Sold begeben, nachdem er vorher in kaiserlichem Solde gestanden hätte; so schrieb er folgendes Briefchen an den Prinzen Ferdinand von Braunschweig. „Der Herzog von Würten„berg ist, wie man sagt, bey den Franzosen. „Der Erbprinz, mein Neffe, würde wohl thun, „wenn er ihm eine kleine lection läse." Er hat diese lection bekommen, ohne deßwegen klüger zu werden. Der Marschall von Broglio schrieb nach seinem Unglücksfalle an ihn, um ihn einzuladen, sich mit seiner Armee zu vereinigen, und der übeln Folgen wegen kein besonderes Lager aufzuschlagen, welches er aber abschlug. Hierauf hat der französische General Befehl erhalten, diesen unbequemen und unnützen Freund wieder in sein Land zurücke zu schicken. Aber gnug von dem Herzoge von Würtemberg. Ich habe eben den Russen zu Paris gelesen, und finde, daß er für einen Russen nicht übel raisonniret. Er hat ganz recht, Frankreich ist weiter nichts mehr, als ein weites Grab, wo man noch die Grabschriften der grossen Männer, die es hervorgebracht hat, und deren Nachkommenschaft fast gänzlich erloschen ist, findet. Man trift allda weiter nichts mehr, als Niederträchtigkeit, schlechte Kunstgriffe, kindische Intriquen, abgeschmackte Bücher, und ein grosses Elend an. O Frankreich! wo ist dein Ruhm? Sie spotten meiner, Madame, mit Ihrer Comödie von den Philosophen. Es ist eine grobe Schmähschrift ohne Witstand; es hat mich viel Mühe gekostet, sie ganz durchzulesen, und ich habe mich sehr gewundert, daß der Magistrat die

Vor-

Vorstellung einer persönlichen Satyre erlaubt hat. Aber wer ist denn der Palissot, der sich zum Beschützer der Religion und Tugend wider Gelehrte, die für gottesfürchtig und tugendhaft gehalten werden, aufwirft? Dieser Mann stehet in einem üblen Rufe. Man hat mir den Herrn Palissot als einen witzigen Mann nach der Mode vorstellen wollen; ich habe ihn aber nicht sehen mögen. Ich wollte, Gott vergebe es mir, den berühmten Herrn Freron eben so gern sehen. Sind Sie bey der Dorigni gewesen? Ist der Graf allzeit aufgeräumt? Wenn werde ich Sie sehen? Lieben Sie mich allzeit? Das sind viel Frauenzimmerfragen. Leben Sie wohl, Sie wissen, daß femina cosa garrula e loquace.

158. Brief.

Vom Marquis von Ossun,
Bothschafter zu Madrid.

Madrid, den 10. Jun. 1761.

Madame,

Das Memoire, welches ich Ihnen zu überschicken die Ehre habe, wird Sie von dem, was Sie zu wissen verlanget haben, vollkommen unterrichten. Es mangelt dem Tractate weiter nichts, als daß er unterzeichnet und bestätiget wird. Diese wichtige Sache, die man unter Ferdinand VI. vergeblich würde unternommen haben, wird itzo keinen Schwierigkeiten unterworfen seyn.

Mylord Bristol läßt sich hiervon nicht das geringste träumen. Der Herr von Sotomajor spricht, man hätte keine Ehre davon, ihn zu betriegen. Ich habe mir alle Mühe gegeben, um es dahin zu bringen, daß die Clauſſel möchte weggelaſſen werden: Es ſollten keine andern Mächte, als die Mächte vom Hauſe Bourbon, können eingeladen, oder zugelaſſen werden, dem Tractate beyzutreten. Es ist allerdings eine verhaßte Clauſſel, die man weit beſſer alſo ausdrücken könnte: Es würde keine Macht eingeladen oder zugelaſſen werden, als nur mit Genehmhaltung der beyden vornehmſten contrahirenden Theile. Warum will man diejenigen, die aus friedfertigen, oder freundſchaftlichen Abſichten gegen uns an den Vortheilen des Familientractats Theil nehmen wollten, gleich zum voraus, als ſolche, die man nicht leiden will, entfernen? Aber meine Vorſtellungen ſind vergeblich geweſen. Man führet mir Beyſpiele und die Gewohnheit an, ohne Urſachen anzugeben. Dieſes Betragen des ſpaniſchen Raths beſtätiget eine Anmerkung, die ich ſchon oft zu machen Gelegenheit gehabt habe, und darinnen beſtehet, daß er aus gar zu groſſer Liebe zu allgemeinen und alten Grundſätzen eben ſo ſehr fehlet, als man in Frankreich fehlt, weil man allgemeine und beſondere, alte und neue Grundſätze verachtet.

Dieſes Bündniß vereiniget die beyden Monarchien auf immer und ewig, ohne daß jemanden, er ſey, wer er wolle, daraus etwas nachtheiliges

liges zuwächst. Die Engländer sind nicht einmal darinnen genennet. Es ist kein feindseliges Versprechen darinnen enthalten, und die Gewährleistung, die es von Seiten der beyden Monarchen, in Ansehung ihrer gegenseitigen Länder, in sich fasset, gehet die Ursachen und Begebenheiten des gegenwärtigen Kriegs ganz und gar nichts an. Es befindet sich kein geheimer Artikel dabey, worüber man in Unruhe gerathen könnte. Ich vermuthe indessen, daß die Engländer, wenn sie Nachricht davon erhalten, gar sehr dadurch werden aufgebracht werden, und ich werde mich nicht wundern, wenn sie in ihrer Hitze so weit gehen, daß sie den unüberlegten Schritt thun, und Spanien den Krieg ankündigen. In dem Falle ist dieser Hof entschlossen, sich mit aller Standhaftigkeit und einer Würde, die sich für ihn schickt, dabey zu betragen.

Einige sagen, Portugal werde sich so gleich zum Besten der Engländer wider Spanien rüsten; andere hingegen behaupten, diese Macht würde es dabey bewenden lassen, daß sie sich defensive verhielte. Meines Erachtens wird es für dieses kleine Königreich allemal verdrießlich seyn, es mag sich zu dem einen, oder zu dem andern entschliessen. Es ist wie ein irdenes Gefäß, das nothwendig zerbrechen muß, es mag entweder selbst auf einen Stein fallen, oder von einem Steine getroffen werden.

159. Brief.

159. Brief.

An den Marquis von Ossun.

1761.

Ich habe Ihren Brief und Ihr schönes Memoire von Ihren Unterhandlungen in Spanien mit vielem Vergnügen erhalten. Es scheinet, als ob dieser grosse politische Streich weit besser von statten gehen werde, als man anfangs geglaubet hatte. Er befördert das Beste des ganzen bourbonnischen Hauses überhaupt, gleichwie er das einzige Hülfsmittel des Hauses Frankreich insbesondere ist. Dieses Familienbündniß wird die Engländer in Erstaunen setzen; man muß sie aber nicht nur in Erstaunen setzen, sondern ihnen auch Furcht einjagen. Man findet, daß der Plan nach allen seinen Theilen wohl eingerichtet ist. Der König von Portugal, welcher der vornehmste Unterthan der Engländer und ihnen zinsbar ist, wird sich erklären müssen. Es mag nun aber geschehen, was da will; so wird es doch eine Veränderung hervorbringen, die Frankreich nicht anders, als nützlich und vortheilhaft seyn kann, seinen Feinden aber nothwendig beschwerlich und verdrießlich fallen muß. Man bewundert hier die Klugheit und Einsicht, mit welcher Sie diese wichtige Sache, der unzähligen Schwierigkeiten ungeachtet, die Sie in der Unschlüssigkeit des spanischen Raths und von Seiten der engländischen Partey antreffen, führen. Die Gnade des Königs

nigs und die allgemeine Hochachtung Ihres Vaterlandes werden Ihre Belohnung seyn. Ein guter Unterhändler schafft einem Staate oft mehr Nutzen, als ein guter General; und weis die Ungerechtigkeiten des Glücks wieder gut zu machen. Ich bitte Sie, mich unserem Freunde zu empfehlen; wir hoffen ihm unsere Wohlfahrt zu danken zu haben. Sorgen Sie für Ihre Gesundheit, damit Sie Ihrem Könige dienen, und das Beste Ihrer Nation befördern können. Ich bin ꝛc.

160. Brief.

An den Herrn von Bußi.

Wir haben aus den ausschweifenden Vorschlägen des Herrn Stanley gleich geschlossen, daß es dem Londner Hofe kein Ernst war Friede zu machen, und Ihre Depeschen bestätigen es. Herr Bitt ist ein Chicaneur, der nicht aufrichtig handelt; er spielt Comödie. Indessen muß man es abwarten, und ganz Europa vor die Augen legen, daß die Engländer Unrecht haben, indem man ihren Ehrgeiz und ihre Abneigung gegen den Frieden zeiget. Man zweifelt indessen hier gar nicht daran, daß sie ihn im Grunde nicht fast eben so nöthig haben, als wir. Ihre Schulden sind unermeßlich und vermehren sich alle Tage. Es will ihnen an Soldaten und Matrosen fehlen; und ich weis nicht, ob sich ihr Credit, welcher ihre einzige Stütze ist, noch lange erhalten wird. Es

gentlich

gentlich zu reden sind unsere Kriege mit dieser Nation nur Kaufmannskriege, und deswegen um so viel schwerer beyzulegen, weil der Handlungsgeist niemand neben sich leiden will. Tausend einzelne Personen zu London, die durch den Untergang und Tod ihrer Landsleute sehr reich werden, wünschen, daß dieses grausame Spiel immer fortdauren möge. Sie können das Ministerium und das Parlement in einem Lande, wo alles feil ist, gar leicht erkaufen; so daß, wenn die Kaufleute den Krieg auf der Börse zu London angekündiget haben, er auch sechs Monate oder ein Jahr hernach zu St. James muß erkläret werden. Dieses ist das große Hinderniß, welches dem Frieden im Wege stehet, bis der König von England Minister bekömt, die ehrlich gnug sind, das allgemeine Beste zu lieben, und welche sowohl das Geschrey, als das Geld derer verachten, die sich durch die Verwüstung der Länder bereichern. Sie sagen, Sie befänden sich in London in einer gar sehr unangenehmen Lage, ich zweifle nicht daran. Sie sind den Beleidigungen eines groben Volks, und der Verachtung eines stolzen Ministers ausgesetzt. Wir geben Ihnen hier ein Beyspiel der Geduld. Leiden Sie großmüthig für Ihren König und für Ihr Vaterland; darinnen bestehet die wahre Ehre eines rechtschaffenen Bürgers. Führen Sie sich bey Ihren Unterhandlungen bescheiden, aber nicht niederträchtig auf; der Stolz ist bey Ueberwundenen lächerlich. Dieser Versuch mag ablaufen, wie er will; so bemühen

mühen Sie sich doch vornehmlich, Sich und Ihren Freunden Ehre zu machen. Vermelden Sie der Person, die viel Macht und guten Willen gegen uns hat, meinen gehorsamen Respect. Verstehen Sie sich mit ihr; verschaffen Sie uns Freunde; setzen Sie, wenn es möglich ist, den Credit rechtschaffener Leute, der Faction niederträchtiger und eigennütziger Menschen entgegen, die den Krieg, der Sie bereichert, dem Frieden, welcher die Nation reich macht, vorziehen. Ich bin ꝛc.

161. Brief.
Vom Herrn von Bußy.
Als die Antwort auf den vorhergehenden Brief.
Londen, den 9 Sept. 1760.

Frau Marquisinn,

Es ist itzo fast unmöglich, auf eine anständige Art in diesem Lande zu bleiben. Es werden mir von dem Pöbel täglich neue Beschimpfungen zugefüget; gestern warf er meine Carrosse mit Kothe. Sie sehen ein, wie wenig sich ein solches Verfahren zu meinem Character schickt, und ich schmeichele mir nicht, daß ich demselben auf eine andere Art ein Ende machen werde, als wenn ich mich wegbegebe.

Die Vermählungsfestivitäten sind von einer solchen Pracht, daß man nicht das geringste von dem Ungemache des Krieges dabey wahrnimmt. Die junge Königinn ist gesprächig und gütig. Es
scheinet

scheinet ihr in diesem Lande zu gefallen, und ich glaube, sie wird glücklich seyn. Sie ist keine Schönheit; sie hat aber etwas an sich, das gefällt. Und ob sie gleich noch sehr jung ist; so besitzt sie doch viel Verstand, und einen ausgeheiterten Verstand. Wenn Sie, Frau Marquisinn, von allem, was ich Ihnen zu melden die Ehre habe, Gebrauch machen; so lassen Sie es sich nur nicht merken, daß Sie es von mir wissen. Beehren Sie mich ferner mit Ihrer Gewogenheit und mit Ihrem Schutze, und glauben Sie, daß Ihnen in Frankreich niemand mehr ergeben ist, als ich.

Ich verbleibe mit tiefer Ehrerbiethung ꝛc.
Noramanus.

NB. Dieses ist vermuthlich ein Zuname, oder der Name eines Landguts des Herrn von Buffy; denn der Innhalt dieses Briefes, als die Antwort auf den Brief der Frau von Pompadour, lassen nicht zweifeln, daß er ihn nicht geschrieben habe. Da der Stil in demselben etwas nachläßig ist; so würden wir ihn dieser Sammlung nicht mit einverleibet haben, wenn er sich nicht einigermaßen auf die öffentlichen Angelegenheiten bezöge.

162. Brief.

162. Brief.

Vom Herrn Berrier, Minister der Marine.

Versailles, den 2 Dec. 1761.

Madame,

Was Sie vorhergesehen haben, ist erfolgt. Alle Stände des Königreichs beeifern sich, dem Beyspiele der Stände von Languedoc zu folgen. Dieser Eifer, welcher der Nation Ehre macht, verbreitet sich sogar unter einzelne Personen. Die Herren von Montmartel, de la Brede, und sechs andere Finanzpachter haben sich anheischig gemacht, ein Schiff von vier und zwanzig Canonen bauen zu lassen. Ich hoffe, es wird Ihnen nicht zuwider seyn, wenn ich Ihnen alle die Gesellschaften nenne, die gleiche Entschliessungen gefaßt haben. Die Gesellschaften der Generaleinnehmer, der Generalpachter, der Rentverwalter, die sechs Gesellschaften der Kaufleute zu Paris, die Stadt Paris selbst, die Landstände von Burgund, die Verwalter der Posten in Frankreich, die Commercienkammer zu Marseille, die Landstände von Bretagne, und die Geistlichkeit haben sich nach und nach erbothen, ein iedes insbesondere dem Könige ein Schiff von der Linie von einer mit ihren Kräften übereinkommenden Stärke zu geben. Ich vermuthe noch mehr dergleichen patriotische Handlungen. Die Provinz Languedoc hat sich verschiedenemal hervorgethan, indem sie gleiche Beyspiele gegeben. Vor funfzehn Jahren

Jahren errichtete sie das Regiment Septimanie auf ihre Kosten. Sie schenkte es dem Könige, und unterhält es noch. Dieses deutliche und rührende Merkmaal der Neigung und Liebe der Unterthanen zu ihrem Monarchen, diese Zeichen ihres patriotischen Eifers und des Antheils, den sie an der gemeinen Sache nehmen, beweisen zu gleicher Zeit, wie viel Hülfsmittel dieses Königreich hat, und was die Vereinigung der Unterthanen, und ihre Liebe zu ihrem Landesherrn, auch so gar nach großen Unglücksfällen, vermag. Es giebt mißvergnügte und verdrießliche Leute, die über alles ungeduldig werden. Sie sagen, diese von den Finanzgesellschaften gefaßten Entschließungen beweisen weiter nichts, als daß Leute, von welchen man niemals etwas gewußt hat, auf eine schändliche Art reich geworden sind. Ich will alles zugeben, was man verlangt; ich werde aber allezeit überzeugt bleiben, daß nur eine sehr lobenswürdige Denkungsart ihnen diese Bürgern anständige Handlungen hat eingeben können; daß in dem Herzen eines Franzosen allemal ein Fünkchen Liebe zu seinem Vaterlande angetroffen wird, das niemals verlischt, und welches es ganz und gar entflammet, wenn man es nur einigermaßen auf eine rechte Art anfachet. Wenn jemand antwortet, alles dieses wäre ein Werk der Eitelkeit und des Stolzes; so werde ich Mitleiden mit einem solchen unglücklichen Menschen haben, welcher glaubt, es wären in der Welt keine Tugenden mehr anzutreffen.

Ich

Ich werde mir ein Vergnügen daraus machen, Madame, für die Beförderung des Herrn von Courval zu sorgen, der wirklich alles das Gute verdient, das man Ihnen von ihm gesagt hat. Es ist unmöglich, ihn zum Nachtheile derer, die älter als er sind, zum Fregatten-Hauptmanne zu machen. Aber bey dem Eifer und den Talenten, die er besitzt, bin ich überzeugt, daß er mir in kurzem eine Gelegenheit an die Hand geben wird, wo ich ihm zum Besten von den gewöhnlichen Regeln abweichen kann. Ihre Gunst erhält mich in einem Posten, den unglückliche Umstände sehr kitzlich machen. Bleiben Sie mir ferner gewogen, Frau Marquisinn; lassen Sie sich von meinen Widersachern nicht einnehmen, und seyn Sie versichert, daß ich mich allemal dankbar erweisen werde.

Ich lege hier den Zettel von der gestrigen Assemblee bey. Sie werden daraus sehen, Madame, daß alle Prälaten gute Franzosen sind, bis auf einen einzigen, der ein guter Jesuite ist. Das große Verbrechen dieser Ordensleute scheinet ihre große Macht zu seyn. Sie macht sie wirklich strafbar. Sie ist eine Verletzung ihrer Gelübde. Wegen der Wendung, die diese Sache nimmt, befürchte ich gar sehr, es werde der Tod darauf folgen.

163. Brief.

163. Brief.

An den Herrn Berrier.

1761.

Die Franzosen sind vortreffliche Leute; das gute Volk! Wie glücklich ist ein König, wenn er solche Unterthanen hat! Wir werden also eine mächtige Marine bekommen, die ein freywilliges Geschenk der Nation seyn wird. Ich erstaune und bin ganz bezaubert von dem Eifer, der alle Stände des Staats belebet, um dem Staate Schiffe zu verschaffen. Diejenigen, welche behaupten, die Liebe zum Vaterlande wäre in den Republiken weit stärker, als in den Monarchien, mögen mir doch ein Beyspiel eines freyen Staats anführen, in welchem die Privatpersonen dreyßig Schiffe von der Linie aus freyem Willen, und ohne daß sie sogar darum gebethen worden, haben bauen lassen, wenn sie haben wollen, daß ich ihnen glauben soll. Der König ist gar sehr gerührt; niemals hat er sein Volk so sehr, als itzo, geliebet. Indessen befürchte ich, diese Hülfe möchte zu spät kommen. Sie wird aber deswegen nicht vergeblich seyn, und man wird sich ihrer bey einer andern Gelegenheit bedienen können. Die Engländer hassen die Franzosen von ganzem Herzen, und die Franzosen verabscheuen sie aufrichtig. Sie führen immer Krieg mit einander, wenigstens der Absicht nach. Und wenn sie die Waffen, entweder weil sie ermüdet, oder erschöpft sind, niederlegen;

verlegen; so thun sie es nur, um sie hernach mit besto mehrerer Wuth wieder zu ergreiffen. Aber, mein Herr, würde man iho nicht eine Unternehmung wagen können? England ist ganz bloß; seine Flotten verfolgen uns in den beyden Indien. Würde man sich nicht diese Gelegenheit zu Nutze machen können, um einen zweyten Versuch zu thun, der vielleicht nicht so fruchtlos ablaufen würde, als der erste? Dieses ist mir seit einigen Tagen in dem Kopfe herumgegangen. Wenn es ein Traum ist; so ist es doch wenigstens ein Traum einer gutgesinnten Französinn. Thun Sie in diesem Stücke, was Sie wollen, oder was Sie können; ich werde niemanden etwas davon sagen, auch nicht einmal dem Großherrn. Die Frau von Carouge bittet um eine Bedienung für ihren Sohn; ich glaube, er verdient eine. Es ist eine Familie, in welcher die Herzhaftigkeit erblich ist, und die allemal gute Dienste geleistet hat. Was die Erfahrung anbetrifft, so wird er sie schon bekommen; er ist noch jung. Ich liebe die jungen Leute, sie sind gelehrig, und lassen sich gern unterrichten. Mit den Alten ist nichts zu machen. Wenn sie sich einmal etwas angewöhnet haben; so sind sie unerträglich, und zwar in den Geschäften, wie in der Liebe.

Was Sie meine Gunst nennen, ist etwas geringes. Sie ist es nicht, die Sie erhält; sondern Ihr Verdienst. Diesem haben Sie alles zu danken; bedenken Sie das wohl. Bisweilen höret man mich an; oftmals aber widerspricht man mir auch. Bisweilen gebe ich einen guten Rath, oftmals giebt man mir einen bösen Schuld. Ueberhaupt aber seyn Sie versichert, daß meine Macht sehr eingeschränkt ist, und ich würde nicht böse seyn, wen sie es noch mehr wäre, damit ich nur für mich leben könnte. Indessen liebe und diene ich denen, die dem Könige und dem Staate gut dienen, so viel ich kann. Da Sie einer von diesen sind; so ist es mir unmöglich, Ihnen nicht wohl zu wollen. Lassen Sie Ihre und meine Feinde schreyen, und fahren Sie fort, sich der Hochachtung rechtschaffener Leute würdig zu machen. Ich bin :c.

164. Brief.
An den Grafen von St. Florentin.

Mein Herr Graf, ich empfehle Ihnen einen jungen Menschen, der viel Hofnung von sich macht. Ich liebe seine Beschützer, und habe viel Hochachtung gegen seine Familie, in welcher die Ehre und die Talente gleichsam natürlich geworden sind. Diese Bewegungsgründe werden für Sie hinlänglich seyn, ihm fortzuhelfen; ich mußte ihn aber Ihnen bekannt machen. Ich erhalte eben itzo einen Brief vom Herrn von Paris, der ganz vertraulich unmögliche Dinge von mir verlanget, ob ich ihm gleich schon gesagt habe, daß ich ihm weder dienen könnte, noch wollte. Ich bitte Sie, ihm noch zu sagen, daß ich ihm nicht antworten will. Ich bewundere die heilige Kühnheit

heit dieser Herren. Wenn sie sich einmal in den Kopf gesetzt haben, daß sie sich der Sache des Himmels annehmen; so reden und handeln sie mit einem Stolze, den Gott nicht billigen kann, und welcher den Menschen gewiß unerträglich ist. Sie bitten nicht; sondern sie befehlen. Meines Erachtens muß Ihr Departement, mein Herr Graf, das unangenehmste unter allen seyn. Denn wenn sie mit den Geistlichen vernünftig reden wollen; so widersprechen sie Ihnen vermittelst einer Stelle aus der Bibel. Ich möchte wohl wissen, ob die Welt diese Art Menschen eben so nöthig hätte, als sie ihr zur Last ist. Es ist wahr, wir haben die Macht in den Händen, welches sie gar sehr verdrießt. Wir wollen sie sorgfältig zu erhalten suchen, und fürchten lassen, damit sie sich ihres Orts nicht furchtbar machen, und den Zepter nicht der Müße unterwerfen.

Um aber wieder auf meinen iungen Menschen zu kommen, wenn Sie itzo nichts haben, das sich für ihn schickt; so wird er warten. Ich verlange nicht, daß Sie iemand seines Amtes entsetzen, oder einem andern Unrecht thun, um mich zu verbinden. Ich bin 2c.

165. Brief.

Von der Marschallinn von Broglio.

Paris, den 25. Dec. 1761.

Ich weis sonst niemanden, als Sie, Madame, der bey dem Verdrusse, den sich der Herr Mar-

Marschall durch einen allzupatriotischen Eifer zugezogen hat, gleichgültig wäre. Es können also auch nur Sie zween Männer wieder vereinigen, die alle beyde Bürger sind, die einander nicht hassen sollen, und welche itzo nur deswegen uneins sind, weil so wohl der eine, als der andere, für das allgemeine Beste eine vielleicht blinde Leidenschaft heget. Der Herr Marschall, welcher über die unangenehmen Gerüchte, die in Paris herum gehen, verdrießlich ist, und sich darüber noch mehr betrübet, daß der letzte Feldzug so schlecht abgelaufen ist, hat in der Hitze einen kurzen Aufsatz von den Operationen gemacht, die vor dem am 16. Julius erlittenen Verluste hergegangen sind. Man hat in dieser bloßen Erzählung der Eräugnisse Dinge finden wollen, die für den Prinzen von Soubise nicht gar zu vortheilhaft sind. Dieser antwortet, und seine Vertheidigung würde vortreflich seyn, wenn er wäre angegriffen worden. Er führet einen Brief an, in welchem der Herr Marschall von dem Prinzen von Conde verlanget, ihm zwo Brigaden Infanterie zu schicken, seinen Rückzug zu decken, und sich nebst den übrigen zurückzuziehen. Das ist es alles; ich sage es aber nochmals, es geschiehet aus einem Mißverständnisse, daß der Prinz von Soubise beschimpft zu seyn glaubt. Es ist also etwas unerhörtes, daß man auf eine so übereilte Art, als man es zu thun Willens ist, das Urtheil fället, der Herr Marschall habe unüberlegt gehandelt, indem er schriftlich einen solchen Proceß ange-

angefangen, und daß man davon redet, ihn, gleichwie seinen Bruder, zu entfernen, und beyden ihre Befehlshaberstellen zu nehmen. Das heißt nach sehr ungewissen und gar sehr gewagten Auslegungen ein Urtheil fällen. Es ist eben so, als wenn ich den Erzählungen der Cailettes einigen Glauben beymäße, nach welchen die Ungnade meines Mannes von nichts anderem herrührte, als von dem Projecte, das Sie, Madame, und die Prinzeßinn von M.... gemacht hätten, die Bedienung eines Connetable, zum Besten des Prinzen von Soubise, wieder zu errichten. Man setzet hinzu, Sie könnten Ihren Zweck nicht anders erreichen, als vermittelst eines beträchtlichen Verlustes, den der Herr Marschall erlitten hätte, und dieser schöne Plan hätte den Prinzen abgehalten, sich bey Filingshausen mit ihm zu vereinigen; so daß, weil er dem Feinde nicht wäre gewachsen gewesen, er sich genöthiget gesehen hätte, sich zu eben der Zeit auf eine beschwerliche und unglückliche Art zurückzuziehen, da er geglaubt hätte dem Siege entgegen zu gehen; dieser Verrätherey ungeachtet hätten Sie Ihren Zweck nicht erreichen können, weil der König, welcher wüßte, wie gefährlich es wäre, einen so mächtigen Officier zu haben, niema's etwas davon hätte hören wollen. Das ist ein Geschwätze, welches ich gebe, wie ich es bekommen habe, um Ihnen zu zeigen, wie wenig ich aus allem, was weder wahr, noch wahrscheinlich ist, mache. Thun Sie ein gleiches, Madame, und wenden Sie Ihr ganzes Ansehen an, eine Sache beyzulegen, die niemals hätte auf die Bahn sollen gebracht werden. Der Herr Marschall weiß von dem, was ich itzt thue, nichts, und ich wünsche, daß er niemals etwas davon erfahren möge. Ich möchte es auch gethan haben, aus was für Ursachen ich wollte, so würde er es mir doch niemals vergeben.

166. Brief.
An die Marschallinn von Broglio.
Als die Antwort der Frau von Pompadour auf den vorhergehenden Brief.

1761.

Madame, Ihr Brief macht mir Ehre, und Ihr Schmerz rühret mich gar sehr; es ist mir aber unmöglich Ihnen zu helfen. Der König ist sehr zornig, und ich glaube, der Herr Marschall ist nicht ganz ohne Schuld. Er wollte ganz allein überwinden, und er ist überwunden worden. Sein Gegner vertheidiget sich ziemlich gut; er hat einen Brief in der Tasche, der ihn zu rechtfertigen scheinet. Indessen bin ich bereit, zum Besten des Herrn Marschalls alles zu bekennen, was man verlanget. Er ist tapfer, er verstehet den Krieg vollkommen; man sagt, er wäre der einzige, vor dem sich die Feinde fürchteten, und den sie hochachteten, und er allein könne es dahin bringen, daß man den Grafen von Sachsen

ver-

vergäſſe, welcher der Schutzengel von Frankreich war. Seine Ehre iſt alſo in Sicherheit, und hält ihn wegen des Verluſtes der Gnade ſchadlos. Das ſind indeſſen viel Troſtgründe, Madame, bis ſich das Glück ändert. Der König iſt gut; er heget viel Achtung gegen den Herrn Marſchall, und Sie können alles hoffen. Man muß dieſen Sturm vorbeygehen laſſen, welcher nicht lange dauern kann, und Sie werden eine glücklichere Zeit kommen ſehen. In dieſem Lande vergißt man das Verdienſt nicht allzeit, und man hat es allzeit nöthig. Ich bin ꝛc. ꝛc.

167. Brief.
An den Marſchall von Soubiſe.

Ich ſah geſtern den dicken deutſchen Prinzen, *) der mit vieler Hochachtung von Ihnen ſprach; er wüßte ohne Zweifel, daß er mir ein Vergnügen damit machte. Er geſtehet, Sie wären im Kriege nicht allemal glücklich geweſen; er iſt aber überzeugt, daß Sie allzeit verdienet haben, es zu ſeyn. Der berühmte Turenne hat Schlachten verlohren; geben Sie ſich zufrieden. Der König iſt ſehr melancholiſch. Der ſchlechte Erfolg, mit welchem der gerechteſte und nothwendigſte Krieg geführet wird, betrübet ſein gutes Herz gar ſehr. Er leidet alles, was ſeine Unterthanen

*) Der Prinz von Naſſau-Saarbrücken.

thanen leiden. Er unterzeichnet kein Edict, in welchem neue Auflagen gemacht werden, ohne dabey zu seufzen. Man muß ihn in diesen betrübten und unglücklichen Zeiten gesehen haben, wenn man von ihm urtheilen will; er hat eine schöne und großmüthige Seele. Das Recht ist auf unserer Seite, der Himmel aber auf der Seite unserer Feinde. Wir wollen die unergründlichen Absichten der Vorsehung in Demuth verehren.

Dem sey nun aber, wie ihm wolle, so hat man doch endlich die letzte Hand an das, was man ein Meisterstück der Politik nennet, nämlich an das Familienbündniß, gelegt; und was sich Frankreich zu den glücklichsten Zeiten weder zu verlangen, noch zu hoffen würde unterstanden haben, das hat es mitten unter seinen Unglücksfällen erlanget. Die Franzosen sind ietzo Spanier, und die Spanier sind Franzosen. Jetzo giebt es besonders keine Pyrenäen mehr, wie Ludwig XIV. sagte. Man verspricht sich von diesem Staatsstreiche sehr viel; aber die Engländer werden nicht damit zufrieden seyn. Sie werden ihre Macht theilen müssen, um den Spaniern die Spitze zu biethen, welche eine sehr schöne Flotte, eine gute Armee und gute Officiere haben. Man hat beschlossen, die Portugiesen zu zwingen, sich zu erklären; ihre Neutralität ist uns wegen der mannichfaltigen Hülfe, die sie den Engländern, deren gehorsamste Diener sie sind, leisten, weit nachtheiliger, als ein offenbarer Krieg. Es ist eine

artige

artige Sache, einen funfzigjährigen König, mit einem Scheine von Macht und Gewalt, unter der Vormundschaft zu sehen, wo er ohne Ruhm und Freyheit regieret. Eine Nation, die einiges Gefühl von Ehre hat, muß entweder unabhängig leben oder sterben, ohne sich unnützer Weise zu einem Sclaven, lächerlich und verächtlich zu machen. Der spanische Minister treibet die Sache sehr eifrig und hitzig. Indessen glaubt man, Portugal werde die Engländer nicht verlassen wollen. Das Interesse der Handlung dieser beyden Nationen ist so verknüpft und verwickelt, daß man einen Bruch fast für unmöglich hält. Die Spanier machen deswegen ernstliche Anstalten, eine Reise nach Lissabon zu thun, und Frankreich wird, seiner dringenden Bedürfnisse ungeachtet, nicht umhin können, Truppen dahin zu schicken. So sind, mein Herr Marschall, die Umstände beschaffen, in welchen wir uns jetzo befinden; wir leben immer in Furcht, machen uns aber doch auch grosse Hofnung. Ich hoffe auch, daß Sie dieses Jahr sollen gebrauchet werden, verlassen Sie sich auf Ihre Freunde, 2c.

168. Brief.

An die Gräfinn von Barall.

Sie können versichert seyn, daß der junge Marquis nicht wird vergessen werden, ich müßte denn mein ganzes Ansehen verlieren. Ist es aber nicht

nicht meine Schuldigkeit, leute, die Verdienste besitzen, und diejenigen, so ich hochschätze, zu empfehlen? Befürchten Sie etwan, es mangele mir am Gedächtnisse? Nein, Madame, ich werde niemals vergessen, Sie zärtlich zu lieben, und mich Ihnen gefällig zu machen. Der Hof ist niemals so glänzend gewesen, als er es itzo bey dem allgemeinen Elende ist. Wir haben ein halbes Dutzend deutsche Prinzen hier, die viel Lärmen machen. Vornehmlich ist einer darunter, der mir die Ehre anthut, mir seine Cour zu machen. Die Menschen, und vornehmlich die Prinzen, thun nichts umsonst. Ich vermuthe also, daß er gewisse Absichten hat; ich lasse ihn aber kommen, vielleicht kann ich ihm dienen; denn ich habe ein gutes Herz, und ihm mangelt es nicht an Verdiensten. Der alte Vezier *) wird unerträglich; man leidet ihn aber, weil er nothwendig ist, oder weil man glaubt, daß er es ist. Er ist immer mißvergnügt, mürrisch und leutscheu. Das Alter verändert, wie die Ehrenstellen, die Sitten. Das ist unerträglich, und doch muß man es ertragen. leben Sie wohl, meine liebe Freundinn, ich werde mich in Ansehung Ihrer niemals ändern; denn es ist ein gar zu großes Vergnügen für mich, Sie zu lieben, und es Ihnen zu sagen. Küssen Sie Ihre kleine Tochter tausendmal für mich, und machen Sie dem grossen Manne tausend Complimente, ꝛc.

169. Brief.

*) Der Marschall von Belle-Isle.

169. Brief.

An den Herrn von Voltaire.
1762.

Ich habe von dem traurigen Auftritte zu Toulouse bereits Nachricht erhalten. Ihr Mitleiden gegen die unglückliche Familie von Calas und Ihr Eifer derselben zu dienen, macht Ihrer Denkungsart Ehre, und kömmt mit der meinigen überein. Sie sind gleichsam die Schildwache des Staats. Sie halten es für Ihre Pflicht, die grossen Mißbräuche zu entdecken. Sie müssen in allem bewundernswürdig seyn. So viel ich itzo davon urtheilen kann, sind die Richter zu Toulouse sehr voreilig und grausam gewesen. Es sind in Ihrem Verfahren weiter nichts als Widersprüche und Unwahrscheinlichkeiten anzutreffen, welches sogleich ein grosses Vorurtheil wider sie erweckt. Die Wahrheit und die Gerechtigkeit verstatten weder Widersprüche, noch Unwahrscheinlichkeiten. Man sagt, es arbeite ein berühmter Advocat und rechtschaffener Mann an einem Memoire wegen dieser unglücklichen Sache. Ich werde es lesen, so bald es zum Vorscheine kömmt, um mich von der Sache recht zu unterrichten. Alsdenn werde ich mein ganzes Ansehen anwenden, die Sache der Gerechtigkeit und unterdrückten Tugend zu rächen. Es ist mir gar sehr angenehm, mein Herr, daß Sie sich an mich gewendet haben. Dieses Zutrauen macht mich ein wenig

nig stolz, weil es zu erkennen giebt. Sie glaubten, ich hätte ein gutes Herz. Ja, ich habe eins, oder glaube eins zu haben; und bey dieser Gelegenheit werde ich mich Ihrer Hochachtung, gleichwie der Hochachtung derer, die Ihnen ähnlich sind, würdig zu machen suchen. Ich bin ꝛc.

170. Brief.
Vom Baron von Breteuil.

Petersburg, den 24 May, 1762.

Madame,

Der Tod der Elisabeth hat wirklich eine große Revolution in den Geschäften veranlasset. Obgleich ihr Nachfolger bey dem alten Systeme zu verbleiben versprochen hat; so fängt er doch an, nach Grundsätzen zu handeln, die den Grundsätzen dieser Prinzeßinn gerade zuwider sind, und sein Abfall ist Ihnen ohne Zweifel schon bekannt. Seine fernern Unternehmungen stimmen mit diesem Schritte überein. Die Minister dieses Prinzen versichern mich, der Friedenstractat, den er mit dem Könige von Preußen geschlossen, hielte nichts in sich, das einem Dritten nachtheilig wäre. Ich weis aber auf eine Art, daß ich nicht daran zweifeln kann, daß er versprochen hat, dem Könige von Preußen ein Corps von zwanzig tausend Mann, zur Beschützung seiner Länder zu geben. Diese Minister sagen selbst ganz leise, der Enthusiasmus ihres Herrn gegen diesen Prinzen wäre re viel zu groß, als daß er lange bauern könnte; aber alle seine Räthe haben sich genöthiget gesehen, seiner Hitze nachzugeben. Sie bemühen sich indessen, indem sie dem Strohme seiner Leidenschaften in allem folgen, so viel als möglich, systematisch zu handeln. Da er uns verabscheuet, und die Schweden nicht leiden kann; so weis ich, daß sie damit umgehen, einen Congreß zu veranlassen, um unter seiner Vermittelung Deutschlands Angelegenheiten wiederum herzustellen. Schweden hat sich durch seinen Abfall in die Umstände versetzt, daß es sich diesem Projecte nicht mit Nachdrucke widersetzen kann, welches wir aus allen Kräften zu verhindern suchen müssen, damit wir den wenigen Credit, den wir noch in Deutschland haben, nicht ganz und gar verlieren. Dieser Prinz, der in seinen Projecten gleichwie in seinem Betragen, allzeit hitzig ist, sagt öffentlich, er wolle sich an die Spitze der Truppen stellen, die er wider Dännemark gebrauchen will, und er hat durch ein Memoire alle fremde Minister, die sich an seinem Hofe befinden, einladen lassen, ihn in seine deutschen Länder zu begleiten. Er trägt weiter nichts, als die preußische Uniform. Die mehresten Personen, welche unter den vorigen Regierungen in Ungnade gefallen, sind zurückberufen worden. Unter diesen befinden sich einige, deren Zurückkunft uns nicht gleichgültig seyn kann. Diese sind die Herren Bühren. Einige sagen, sie hätten die größren Gnadenbezeigungen zu hoffen. Andere versichern, der neue Kaiser wolle nur den

Y Vater

Vater auf die Herzogthümer Curland und Semigallien Verzicht thun laſſen, um hernach ſeinen Vetter, den Prinzen Georg von Holſtein, damit belehnen zu laſſen. Es mag nun aber entweder das eine, oder das andere ſeyn; ſo gehet man meines Erachtens mit etwas um, das dem jungen Prinzen von Sachſen, welcher gegenwärtig in Curland regiert, nachtheilig iſt. Er wird aber von ſeinen neuen Unterthanen angebethet, und man ſagt, der Adel, welcher der Regierung ſeiner Vorfahren überdrüßig iſt, werde eher das äußerſte wagen, als ihn verlieren.

Das Bild der Czaarinn iſt noch nicht fertig. So bald ich es von dem Maler bekomme, werde ich es Ihnen mit dem erſten Schiffe, das nach Frankreich oder nach Holland gehen wird, überſchicken. Ich weis nicht, von wem dieſe Prinzeßinn erfahren hat, daß ich ſie malen ließe. Es hat mir jemand bey dieſer Gelegenheit in ihrem Namen überaus verbindliche Dinge geſagt. Sie liebet die Nation wirklich, und ich bin verſichert, daß, wenn es ihr einmal die Umſtände erlauben, ſie Beweiſe davon geben wird. Sie beſitzt auch Eigenſchaften, welche ihr die Hochachtung und Neigung der Franzoſen zuwege bringen müſſen.

Der Kaufmann Renaud hat Ihnen, Frau Marquiſinn, die Zobelfelle, die Sie verlangt haben, zuſtellen ſollen. Ich wünſche, daß Sie damit zufrieden ſeyn mögen. Die ſibeiriſchen Hammelfelle, mit welchen Sie einen Fußboden wollen

beſchla-

beschlagen laſſen, ſollen Sie unverzüglich erhalten. Sie haben mir nicht gemeldet, wie viel Sie deren verlangen; ich kann mir aber nicht einbilden, daß Sie ſie zu Ihrem Sallon werden brauchen wollen, ich habe ihrer derentwegen nur ſo viel geſchickt, als zu einem kleinen Cabinette gehören.

171. Brief.

An den Baron von Breteuil.

1762.

Ich danke Ihnen herzlich für Ihre Bemühungen, und bitte Sie darinnen fortzufahren. Rußiſche Neuigkeiten ſind itzo weit wichtiger, als jemals. Wir wiſſen es ſchon lange, daß der neue Kaiſer Frankreich nicht liebet. Wir haben an der Eliſabeth eine gute Freundinn verlohren. Ihr Peter III. gab ſich nicht einmal die Mühe ſeine Geſinnungen zu verbergen, als ſeine Tante noch lebte; und ich habe ſagen hören, er machte ſich über die Niederlagen der Ruſſen, oder der Alliirten, allemal luſtig, ſo oft er Gelegenheit dazu hätte, welches zu erkennen giebt, daß er ein böſes Herz und einen ſchlechten Verſtand hat. Jedermann hält dafür, dieſer Prinz werde bald von dem Bündniß abgehen; und es wird alsdenn noch ein Glück für uns ſeyn, wenn er ſich nicht mit unſern Feinden vereiniget. Bey ſolchen Umſtänden iſt Ihr Miniſterium eine kitzliche Sache; Sie wer-

werden überall auf Dornen gehen. So despotisch
indessen ein rußischer Kaiser auch immer ist, so
glaubet man doch nicht, daß dieser die gemeine
Sache plötzlich verlassen werde. Wenn dieser
Schritt gar zu geschwind gethan würde; so würde
er der Nation gewiß mißfallen. Die Russen wissen zu gehorchen; sie wissen sich aber auch ihrer
Herren zu entledigen, wenn sich diese einfallen
lassen, ihre Macht zu mißbrauchen. Die Revolution von 1740, welcher er seine Krone zu danken hat, ist ein neues und schreckliches Beyspiel,
das ihn vielleicht zurückhalten wird. Der Abfall
dieses Prinzen würde besonders bey den gegenwärtigen Umständen etwas betrübtes seyn; denn
wenn der Krieg nur noch vier Monate währet, so
ist der nordische Alexander verlohren. Suchen
Sie also diesen Streich abzuwenden, wenn es möglich ist.

Das Pelzwerk, welches Sie mir überschickt
haben, ist sehr schön, und ich sage Ihnen für Ihre Mühe vielen Dank. Es ist besser, als das
Pelzwerk aus Canada; aber dieses gehörte selber
unser.

Der König ist mit Ihrem Verhalten sehr
wohl zufrieden; er hat zu Ihren Einsichten ein
großes Zutrauen; und es zweifelt niemand, daß,
wenn der Czaar seine Freunde verläßt, Sie nichts
werden unterlassen haben, ihn davon abzuhalten.
Ich bin ꝛc.

172. Brief.

172. Brief.

An den Herzog von Fiß James.
1762.

Sie haben ganz recht, mein Herr Herzog, die Begebenheit des unglücklichen Calas ist etwas erschreckliches. Man mußte ihn beklagen, daß er von Geburt ein Hugenotte war; man mußte aber deswegen mit ihm nicht, wie mit einem Straßenräuber, umgehen. Allem Vermuthen nach hat er das Verbrechen, das man ihm Schuld giebt, unmöglich begehen können; denn es ist wider die Natur. Indessen ist er todt, seine Familie ist beschimpft, und seine grausamen Richter wollen ihre That nicht bereuen. Das gute Herz des Königs hat bey der Erzählung dieser seltsamen Begebenheit sehr viel gelitten, und ganz Frankreich schreyet um Rache. Der gute Mann wird gerochen werden. Die Einwohner von Touleuse sind hitzig, und haben nach ihrer Art mehr Religion, als sie brauchen, um gute Christen zu seyn. Gott bekehre sie, und flöße ihnen menschliche Gesinnungen ein!

Sie spotten meiner mit Ihren Danksagungen, mein Herr Herzog. Es war eine Stelle offen, die sich für Sie schickte; Sie verdienten sie, ich habe mit dem Könige davon gesprochen, und das ist es alles, was ich gethan habe. Der Dienst, den ich Ihnen geleistet, hat mir mehr Vergnügen, als Ihnen gemacht. Reisen Sie also zur

Armee

Armee ab, und ſeyn Sie ein Freund von dem
Prinzen von Conde. Ich glaube, dieſer junge
Prinz wird ſich hervorthun. Er hat große Beyſpiele in ſeiner Familie, und iſt ſehr begierig, in
ihre Fußſtapfen zu treten. Seine Kriegstalente
werden ſich bald zeigen. Deſto beſſer; man kennet Frankreich nicht mehr. Die Geſchlechter der
gröſſen Männer ſind faſt erloſchen. Ich hoffe,
Sie werden etwas dazu beytragen, daß ſie wieder
aufleben, und ich wünſche von ganzem Herzen,
daß das Glück mit Ihnen ſo umgehen möge, wie
Sie es verdienen.

173. Brief.
An den Herzog von Nivernois.
1762.

Wie befinden Sie ſich, mein Herr Herzog? Sie
werden ſehen, daß Ihre Freunde Sie nicht
vergeſſen haben. Man muß aber bey der Vor-
rede anfangen, welche *la falſa del libro* iſt. Sie
wiſſen, daß wir nur mehr als zu lange Krieg geführet, daß wir nichts dabey gewonnen, daß wir
den Frieden mit den Engländern gar ſehr nöthig,
und daß ihn die Engländer vielleicht eben ſo nöthig,
als wir, haben. Der König hat geſtern in ſeinem
Rathe beſchloſſen, Ihnen dieſerwegen eine kleine
Commißion aufzutragen. Sie werden alſo Ihre
Wälder, und Ihren Caninchenberg ſo gleich verlaſſen, und nach Fontainebleau kommen müſſen,

um

um Ihre Verhaltungsbefehle zu empfangen. Alsdenn werden Sie nach London gehen, dem guten Könige Georg, der Sie erwartet, Ihre Aufwartung zu machen, und ihn einzuladen, unser Freund zu seyn. Der König wußte anfangs nicht, wem er ein so wichtiges und so kitzliches Geschäfte auftragen sollte. Eine gewisse Person nannte Ihren Namen; worauf dieser gute Prinz Ihre Einsichten, Ihre Talente, und Ihren Eifer ihm zu dienen gar sehr rühmte. Ich hörte es mit Vergnügen an, und war weit entfernet, wider mein Gewissen übels von Ihnen zu reden. Ich weis wohl, daß dieses ein etwas unangenehmes Geschäfte ist; es würde freylich angenehmer seyn, den Gesandten eines siegenden, als eines überwundenen Königs vorzustellen. Aber Sie sind ein guter Franzos; die Liebe zum Vaterlande wird Ihren Widerwillen überwiegen. Der Friede, den ich hoffe, ist die einzige Sache, die ich wünsche, und welche mich noch ein wenig an das Leben fesseln kann. Meine Gesundheit ist nicht die beste. Wenn ich aber Frankreich in Frieden, den König vergnügt, und seine Unterthanen nach so vielem Elende ruhig sehen kann; so werde ich gnug gelebet haben. Ich grüße Sie von ganzem Herzen, mein Herr Herzog. Sie werden auf der Liste derer, die ich hochschätze, welche aber sehr klein ist, allzeit eine von den ersten Stellen einnehmen, ec.

174. Brief.

174. Brief.
An die Gräfinn von Baschi.
1762.

Meine geliebte Freundinn, denn das klingt viel besser, als wenn ich Sie Frau Gräfinn nenne, deswegen bediene ich mich auch dieses Ausdrucks sehr oft, Sie fragen mich, ob ich allzeit an Sie denke? Warum fragen Sie mich nicht, ob ich noch lebe? Könnte ich wohl Ihre Reizungen und Ihre Verdienste vergessen? Endlich, hoffe ich, werden wir Friede bekommen. Wir haben ihn nach den verderblichsten und schimpflichsten Kriege, der seit dem alten Pharamond ist geführet worden, gar sehr nöthig. Der Ruhm, den sich die Nation zu Ludwigs XIV. Zeiten erworben hat, ist wie ein Traum verschwunden, und bey ihrem Erwachen trifft sie weiter nichts, als eine wirkliche Schande an. Was für Zeiten, meine schöne Gräfinn! Der König ist verdrießlich, und ich meine, da indessen die Welt glaubt, wir leben hier recht sehr vergnügt. Das Glück ist weder an den Höfen, noch in dem Ehrgeize zu finden, sondern in den bescheidenen und gnügsamen Herzen, welche nichts wünschen, nichts hoffen, und nichts verlangen.

Valcourt sagte gestern lächelnd, man hätte ein halbes Dutzend Generale henken sollen, um ein Beyspiel zu geben; denn seit dem die Engländer
einen

einen Admiral erschossen, hätte ein Ieder seine Pflicht beobachtet. Der König lachte nicht; aber bey allem seinen guten Herzen konnte er doch nicht umhin zu sagen, diese Rede wäre nicht ganz lächerlich. Die Engländer haben uns viel Schaden zugefüget, und wir haben es auch nicht unterlassen. Sehen Sie einmal zu, ob hierinnen ein Trost liegt; denn man muß sich alles zu Nutze machen. Valcourt sagte auch, man dürfe nur, an statt um Friede zu bitten, die Engländer unsere noch übrigen Colonien wegnehmen lassen, unsere Truppen aus Deutschland zurückziehen, und sich an den Gränzen vertheidigen; indem wir den größten Theil unserer Macht anwendeten, bey den Feinden zu landen, sie hier und da anzugreifen, ihre Handlung zu Grunde zu richten, ꝛc. Dadurch würden die Engländer genöthiget werden, in weniger, als zwey Jahren, auf den Knien um Friede zu bitten, oder in der ganzen Welt Bankerott zu machen. Dieser Vorschlag scheinet nicht ganz ungegründet zu seyn; man würde es aber vor zwey Jahren haben thun müssen; itzo ist es viel zu spät.

Ich bin auf mich selbst ungehalten, wenn ich bedenke, was für Leute ich vorgeschlagen habe, Frankreichs Ehre zu unterstützen; Leute, die zu nichts taugten, und doch alles haben wollten, die Complimente zu machen, und Niederträchtigkeiten zu begehen wußten, und alsdenn nach Deutschland giengen, um sich wie Weiber zu schlagen, und von ganz Europa ausgelacht zu werden.

ten. Solche Betrachtungen verursachen mir sehr grossen Kummer, und dem Könige auch. Unlängst fragte jemand den Prinzen von Conti, warum Frankreich so aus der Art geschlagen wäre, und warum man keine Türennen, keine Villars, und keine Sachsen mehr darinnen anträfe? Das kömmt daher, sagte er, weil unsere Weiber izo mit ihren Laquaien zu thun haben. Ach! es hat sich alles geändert. Leben Sie wohl, meine schöne Gräfinn, ich liebe Sie von ganzem Herzen ꝛc.

175. Brief.
An den Marschall von Soubise.
1762.

Ob wir es gleich gewohnt sind, üble Nachrichten zu erhalten; so werden wir doch deswegen nicht weniger davon gerührt. Die Nachricht von Ihrem letzten Treffen hat uns vollends äuserst bestürzt gemacht. Sie haben die Hofnung, die sich der König nebst mir von Ihnen gemacht hatte, abermals nicht erfüllet, und wir sind insgesammt betrübt. Man legt Ihnen bey dieser Gelegenheit verschiedenes zur Last, und wir bewundern, wider unsern Willen, die Weisheit des Prinzen Ferdinand, der Sie zu schlagen versprochen, und auch sein Wort gehalten hat. Er mußte sich, sagen Ihre Feinde, entweder auf sein Glück, oder auf Ihre Ungeschicklichkeit verlassen laffen können. Ich glaube aber doch, daß man unrecht thut, wenn man ein so hartes Urtheil über Sie fället, und daß ich noch weit mehr unrecht gethan, daß ich Sie in diese Umstände gesetzet habe. Befürchten Sie indessen nichts; ich werde mich Ihrer annehmen, und Sie mit dem Könige auszusöhnen suchen, welcher Willens ist, mit seinen Feinden Friede zu machen. Die Alten, die sich der letzten Jahre Ludwigs XIV. erinnern, vergleichen sie mit den gegenwärtigen Zeiten. Wir haben alles verlohren, unzählige Schlachten, eine Million Menschen, unsere Colonien, unsern Credit und unsere Ehre. Wir haben weder Geld, noch Hülfsmittel mehr. Der König sagte vor einiger Zeit, er wolle sich an die Spitze seiner Armeen stellen, um Ihnen durch seine Gegenwart Muth einzuflößen. Ich halte dafür, es würde gut gewesen seyn, wenn er es gethan hätte; man hat es ihm aber widerrathen. Ich bitte Sie um Gottes willen, mein Herr Marschall, wenn noch nicht alles verlohren ist, so suchen Sie unsere Sachen wiederherzustellen, und es dahin zu bringen, daß wir einen rühmlichen Frieden erhalten. Vornehmlich geben Sie sich alle Mühe, Cassel zu behaupten, welches alsdenn bey dem Friedensschlusse ein Equivalent seyn würde. Wer ist denn der tapfere Luckner, von dem man mir so viel erzählet, und welcher auf unsere Kosten so viel Ruhm erlanget hat? Man muß gestehen, daß man den Engländern nur gar zu gut dienet. Ich hasse und schätze vornehmlich den Marquis

von

von Grónby hoch, der den Ruhm des Prinzen Ferdinand wenigstens mit ihm theilen sollte. Ich gebe es zu, daß es sehr schwer ist, solche Männer zu überwinden, und wir befürchten alle Augenblicke von neuen Unglücksfällen Nachricht zu erhalten, wenn Sie es nicht dahin bringen, daß sich das Glück ändert, welches ich zwar von ganzem Herzen wünsche, aber mich nicht unterstehe zu hoffen. Ich bin ꝛc.

176. Brief.

Vom Marschalle, Prinzen von Soubise.

Als die Antwort auf den vorhergehenden Brief.

aus dem Lager bey Landwerhagen, den 15. Jul. 1762.

Die Freundschaft, die zwischen uns obwaltet, Madame, macht, daß ich die etwas sonderbare Wendung Ihres letzten Briefes mit Stillschweigen übergehe, und ich schreibe Ihren patriotischen Gesinnungen Ausdrücke zu, die ich von Seiten eines iedweden andern für gar sehr übel angebracht halten würde. Ich thue dieses um so viel lieber, weil eine Menge kleine glückliche Begebenheiten den Waffen des Königs dasjenige wieder verschaffen, was sie bey Wilhelmsthal verlohren haben; und uns wegen dieses Verlustes trösten sollen. Er ist überdieses weit geringer gewesen, als ihn Uebelgesinnte ausschreyen. Die Truppen, die man abgeschickt hatte, die Feinde

zu

zu beobachten, haben sie unter dem Generale, der sie anführte, zu verschiedenenmalen sehr hitzig angegriffen, wobey seine Reiterey Wunder gethan hat, und er würde einen vollkommenen Sieg davon getragen haben, wenn der linke Flügel mit eben so vieler Klugheit wäre angeführet worden, weil man eben so tapfer gefochten hat. Ich füge hier ein Verzeichniß der Vortheile bey, die wir seit dem nach einander erhalten haben. Sie werden daraus sehen, daß uns die neue Eroberung der Stadt Marburg nicht mehr, als ein halbes Dutzend Bomben gekostet hat. Ich stehe dafür, daß sich Cassel wenigstens noch vier Monate halten wird, die gegenwärtigen Operationen mögen ablaufen, wie sie wollen. Bis dahin mögen uns also, Madame, Ihre Müßiggänger am Hofe mit ihren Unruhen ungequält lassen. Was die weinenden Alten anbetrifft, welche die Regierung Ludwigs XIV. auf eine so bittere Art mit der gegenwärtigen vergleichen, so mögen sie doch auch zu gleicher Zeit die innere Ruhe bedenken, die Frankreich seit dem letzten Könige genossen hat. Kaum hat der Feind unsere Gränzen betreten. In diesem ganzen Kriege hat er sich denselben nicht genähert. Aber alle diese glücklichen Faulenzer gehen mit den Königen, wie die Wilden mit der Sonne, um. Sie bedenken nicht, daß sie sie ganze Jahre lang beschienet und erwärmet. Sie sagen ihr nicht den geringsten Dank dafür. Wenn sie sich aber nur einen Augenblick verbirgt; so fangen sie ein entsetzliches Geschrey an, und

stoßen

stoſſen die årgſten Schimpf- und Schmähworte
gegen ſie aus.

Dem Mylord Granby muß man in der That
Gerechtigkeit wiederfahren laſſen. Er iſt ein recht
ſehr kluger und tapferer Officier; er hat aber itzo
mit einem zu thun, den ich eben ſo hoch ſchätze.
Dieſer iſt der Herr von Querchi, der ihn nöthiget,
an dem linken Ufer der Eder zu bleiben.

Ein Courier, der dieſen Morgen hier vorbey-
gegangen iſt, hat die Nachricht von einer in Rußland vorgefallenen ſchrecklichen Revolution verbreitet. Es iſt gar ſehr zu wünſchen, daß ſie ſich
beſtätiget; denn die Kaiſerinn iſt ſehr gut franzö-
ſiſch geſinnet, und ich bin verſichert, daß ſie ſich
auf eine dem Betragen Peters III. gerade entge-
gengeſetzte Art verhalten wird. Wir werden in
kurzem hiervon nähere Nachrichten erhalten, und
ich werde die Ehre haben ſie Ihnen mitzutheilen.

177. Brief.
An die Gräfinn von Baſchi.

1762.

Ich wollte dieſen Morgen an Sie ſchreiben,
und hatte die Feder ſchon angeſetzt, als mich
eine gewiſſe Frau, die Sie kennen, plötzlich un-
terbrach. „Kommen Sie, Madame, ſagte ſie
„zu mir, laſſen ſie Ihren Brief und ihre Compli-
„mente liegen, wir müſſen uns ein Vergnügen
„ma-

"machen." Ich folgte ihr, indem ich murrete, und wir begaben uns zu der dicken Herzoginn, welche alles von der Welt that, um mir ein Vergnügen zu machen, sie konnte aber ihren Zweck nicht erreichen; ich war gar zu verdrießlich. Endlich sahen wir einen kleinen Engel in das Zimmer treten, den ich oft umarmet und gar sehr geliebkoset habe; es war Ihre Tochter. Bey meiner Ehre! die kleine ist anbethenswürdig. Sie hat schöne Augen, schöne Züge, in allem, was sie sagt und thut, etwas artiges, viel Geist, Annehmlichkeit, Sittsamkeit und ein gutes Herz. Der Mann, der sie einmal bekömmt, wird sehr glücklich seyn, wenn er derselben und Ihrer würdig ist. Ihre Gegenwart vertrieb meine Melancholie und mein angehendes Kopfweh. Niemals hat ein schöner Mund so viel angenehmes geredet, als der Mund dieses liebenswürdigen Kindes. Wir spielten, wir lachten, und alsdenn begaben wir uns wieder hieher zurück. Damit ich mein Vergnügen noch länger unterhalten möchte; so setzte ich mich so gleich, und schrieb an Sie. Kennen Sie denn etwan den heßlichen Menschen, dem das Maul bey dem Ohre stehet? Er war gestern in der Messe des Königs bey der schönen Marquisinn von Gonbl. Sie hat ihn zwey oder dreymal bey ihren guten Freundinnen gesehen, und ganz artig von ihm gesprochen. Bildet sich etwan dieser einfältige Tropf bey seiner abscheulichen Gestalt ein, sie hätte sich in ihn verliebt? Er stund also in der Messe neben ihr, ohne daß sie es gewahr wurde, und

er

er wußte nicht, wie er es anfangen sollte, um bemerkt zu werden. Aber die Liebe ist erfinderisch. Er stieß sie also dergestalt an den Arm, daß sie das Gebethbuch fallen ließ, damit er das Vergnügen haben möchte, es wieder aufzuheben, und ihr die Hand zu küssen. Alles dieses gelung ihm, bis auf das Küssen, welches man geschickt zu vermeiden wußte. Als die Dame nach Hause gekommen war, ließ sie ihm sagen, er hätte sich sehr ungebührlich und unhöflich aufgeführet, sie bäthe ihn, sich niemals wieder vor ihr sehen zu lassen, und wünschte herzlich, daß er eben so klug werden möchte, als er heßlich wäre. Das Wort heßlich war für diesen armen und unglücklichen Menschen, der sich für einen Adonis hielt, ein Donnerschlag. Er ist krank darüber geworden. Vier Aerzte haben nicht hindern können, daß er nicht wäre im Kopfe verrückt geworden, und er liegt in den letzten Zügen. Wenn er stirbt; so wird seine Geschichte eine der tragischesten in der Geschichte der Eigenliebe seyn. Wer hat aber leider! keine Eigenliebe? Zehnmal glaube ich des Tages, daß ich iung und schön bin, gegen ein einzigesmal, wo ich von allem diesen nichts glaube. Ist die Herzoginn bey Ihnen gewesen, wie sie es zu thun gesagt hat? Sie gehöret mit unter die sehr kleine Anzahl schätzbarer Frauenzimmer. Sie besitzt viel Religion, Verstand und Munterkeit. Solche Personen liebe ich, ob ich ihnen gleich sehr weit nachstehe.

Von

Von der B.... *) erzählet man wunderbare Dinge; sie ist so närisch, daß man sie anschliessen möchte. Ach! die Liebe, die zärtliche Liebe ist Schuld daran. Ehmals war sie mit ihrem Liebhaber so wohl zufrieden, daß sie ihm ihr mit Diamanten besetztes Bildniß schenkte, welches sie den Tag vorher von ihrem Gemahle bekommen hatte. Ich muß Ihnen aber sagen, daß dieser Mann das Spiel noch weit mehr, als seine Gebietherinn, liebet. Er hatte viel verlohren; was that er, er führte den Mann auf die Seite, und bath ihn, ihm hundert Pistolen auf sein Kleinod zu leihen. Die arme B..... ist über dieses Merkmaal der Verachtung ganz rasend geworden, und will der Liebe im Ernste entsagen. Es glaubet es kein Mensch; indessen befindet sie sich in einem erbärmlichen Zustande. Die Leidenschaften sind bey gewissen Leuten etwas gar sehr gefährliches und lächerliches. Glücklich sind diejenigen, die nichts lieben! Es giebt anitzo gar nichts neues. Wir bringen unsere Zeit gemeiniglich damit zu, daß wir lange Weile haben, und unsere Minister die ihrige damit, daß sie in Spanien Schlösser bauen. Die Einwohner zu Dünkirchen machen Anstalten, ein hundertjähriges Fest zu feyern. Es sind beynahe hundert Jahre, daß sie das Glück haben, Franzosen zu seyn, und sie wollen deswegen besondere Freudensbezeigungen anstellen. Die Eng-

*) Die Herzoginn von Beauvilliers.

Engländer werden darüber lachen. Ich für meine Person freue mich, eine solche Freundinn, wie Sie sind, zu haben, der ich mein ganzes Herz entdecken, und alles ohne Furcht und Zurückhaltung sagen kann. Kommen Sie, und lassen Sie sich umarmen; aber ach! meine Arme sind nicht lang gnug, ꝛc.

178. Brief.
An die Frau Aebtißinn von Chelles *),
1762.

Ich empfehle den König, Frankreich und mich, nebst allem übrigen Ihrem Gebethe; der Himmel ist bey dem Gebethe der Heiligen niemals taub. Man arbeitet an dem Frieden, aber nur Gott kann ihn uns geben. Es ist dieses eine Gnade, Madame, welche Sie zu bitten und zu erhalten würdig sind. Wie glücklich sind Sie, daß Sie diese böse Unterwelt verlassen haben! Es giebt schöne Damen, die mich beneiden, und ich beneide sie wegen ihrer Freyheit. Die Vernunft, die Jahre, die elenden Zeiten, die Verachtung gewisser kleiner Eitelkeiten der Höfe, aus welchen man nichts macht, wenn man sie kennet, haben mich in eine schwarze Melancholie gestürzet, die mir alles eckelhaft macht. Ich habe die Größe und Hoheit gewünschet, und bin ihrer satt und überdrüßig. Indessen muß ich doch vergnügt aus-

*) Vorhero Mademoiselle von Rupelmonde.

aussehen, ob ich gleich den Tod im Herzen habe. „Aber was fehlt Ihnen, spricht Jemand zu mir, „Sie sind nicht vergnügt? Sire, antworte ich, „ich bin gar sehr vergnügt;" ich möchte aber zu gleicher Zeit weinen, weil ich mich genöthiget sehe, mich zu verstellen. Der König erinnert sich noch immer, daß Sie die Zierde seines Hofes waren; er bedauert und bewundert Sie. Er spricht, Sie dieneten ietzo einem bessern Herrn. Ach! ich möchte diesem bessern Herrn auch gern dienen. Ich glaube, der Verdruß und die Traurigkeit, die mich darniederschlagen, sind eine Einladung von ihm; aber ich bin schwach, und fahre immer fort meine Fesseln zu tragen. Ich grüsse Sie, Madame, mit der Ehrerbietung und Neigung, die Ihre Tugend verdienet. Lieben Sie mich, beklagen Sie mich, und bethen Sie für mich ꝛc.

179. Brief.

Von der Frau Aebtißinn von Chelles.

Als die Antwort auf den vorhergehenden Brief.

Chelles, den 25. August, 1762.

Madame,

Wir haben die Befehle Sr. Maiestät erhalten, um Gott zu bitten, daß er seinen Segen über dieses unglückliche Königreich ausbreiten, und uns einen dauerhaften Frieden schenken wolle. Wir sind gar sehr vergnügt, indem wir den Willen unsers guten Königs vollbringen, etwas zu thun, das Ihnen angenehm ist. Wir werden unsere Wünsche zum Himmel für diesen geliebten Herrn, und für alle seine Unterthanen abschicken, unter welchen Sie, Madame, also auch mit werden begriffen seyn. Sie beneiden die Ruhe unsers Schicksals. Ich gestehe, daß es das glücklichste von der Welt ist, wenn wir dazu berufen sind. Ausser dem ist das Kloster eine Hölle. Ich habe aber das Vergnügen zu sehen, daß unter allen unsern Schwestern keine gefunden wird, die den Beruf ihres Standes nicht gehabt hätte, und welche nicht alle Tage immer vergnügter damit wäre. Verstopfen Sie, Madame, Ihre Ohren vor der Stimme, die Sie rufet, nicht; ich bin eben so, wie Sie, lange Zeit unschlüßig gewesen. Endlich hat die Gnade gesieget, und von dem Augenblicke an, da ich mein Gelübde abgelegt, zähle ich die Tage meines Glücks. Meine Schwestern und ich zähleten gestern alle die Personen, die der weltlichen Größe und Hoheit entsaget haben, um die Wege der Religion zu betreten. Ihre Anzahl ist weit größer, als man denkt. Wir erinnerten uns besonders der Schwester Louise Francisca von der Barmherzigkeit *). Sie begab sich vor ungefähr hundert Jahren in diese heilige Wohnung, die Quaalen und Martern darinnen zu verbergen, welche die Frau von Montespan ihrer zärtlichen

und

---

*) Louise-Francoise de la Baume le Blanc, Herzoginn de la Vallière.

und fühlbaren Seele verursachte. Hier bereitete sie sich, bey einem betrübten und gekränkten Herzen, zu der strengen Regel vor, die sie hernach annahm, und welche sie glücklich machte. Dieses Haus sah sie ungern abreisen; aber eine alte Tradition verewigt in demselben das Andenken ihrer Tugenden; und wir wissen, daß sie von dem Augenblicke an, da sie eine Carmelitterinn wurde, ihren Gott weit mehr und inbrünstiger liebte, als sie vorhero seine Geschöpfe geliebet hatte. Wir haben noch viele von ihren Briefen, die sie an unsere Mütter geschrieben hat. Wenn man sie lieset; so verspüret man nichts, als Empfindungen der Salbung, des Friedens und der Tugend.

Ich bin mit der größten Demuth, Madame, ꝛc.

180. Brief.
An die Gräfinn von Baschi.
1762.

Was sagen Sie von dem Erzbischoffe? *) Ist es nicht lustig, daß er uns zu einer Zeit mit seiner Bulle und mit seinen Zänkereyen mit dem Parlemente beschwerlich fällt, da wir uns wegen des Ausganges des Krieges, oder der Friedensunterhandlungen, in tödtlichen Unruhen befinden? Es ist eben so, als ob man zu jemanden sagte, er sollte zu einer Zeit, da es in seinem Hause brennt, kommen, und Kinder aus einander bringen, die sich

*) Von Paris.

sich auf der Gasse mit einander schlagen. Ich bin gar sehr aufgebracht, Madame; von was für Reizungen wollen Sie reden? Ich glaubte anfangs, es hätte jemand, der Sie ansähe, diesen Ausdruck für Sie eingerücket. Meine Reizungen sind leider! eher, als ich, abgereiset. Ich bitte Sie gar sehr, lassen Sie in Zukunft viel Freundschaft, und keine Complimente in Ihre Briefe einfliessen.

Aus London haben wir gute Nachrichten. Der Herzog berichtet uns, die Engländer wüßten wohl Krieg zu führen, aber nicht Friede zu machen. Indessen wird man etwas aufopfern müssen. Sie geben uns unsern Zucker und die indianische Leinwand wieder; wir werden ihnen aber unsere Müsse und allen Schnee zu Canada überlassen müssen. Wohl bekomme es ihnen! Der Verlust ist nicht groß, wenn man den Verlust der Ehre ausnimmt, wovor wir uns entsetzen. Unsere Freunde haben uns gute Dienste geleistet.

Ich muß Ihnen, meine liebe, etwas närrisches erzählen. Der Abgesandte *), den Sie kennen, legte diesen Morgen einen Besuch bey mir ab, und nachdem die ersten Complimente vorbey waren, sagte er: In Wahrheit, Madame, Sie haben schöne Augen! Ich sah ihn an, und fragte ihn ganz ernsthaft, ob er mit mir redete? Ey! antworte er, mit wem werde ich sonst reden,
ich

*) Der Herzog von Bedford.

ich rede gewiß nicht mit meiner Frau. Dieses bewog mich zum lachen, und machte mich so eitel, daß ich sogleich ein rosenfarbenes Kleid anzog, wie ein junges Mägdchen. Indem ich aber unglücklicher Weise vor einem Spiegel vorbey gieng, erblickte ich ein hageres vierzigjähriges Gesicht. Ich fragte, wer diese Frau wäre; man gab mir zur Antwort, ich wäre es, worauf ich mein rosenfarbenes Kleid sogleich wieder auszog. Aber, lassen Sie uns ernsthaft reden, meine schöne Gräfinn; ich liebe Sie mit einer Zärtlichkeit, über die ich mich bisweilen verwundere, und deren ich mich gegen ein Frauenzimmer niemals fähig zu seyn erachtet hätte. Glauben Sie es, das ist mein größtes Vergnügen. *Dolce vita amorosa: per che si tardi nel mio cor venisti?* Ich rede wenigstens von meiner Freundschaft gegen Sie; denn die Liebe verdienet weder, daß ich sie lobe, noch daß ich mich darüber betrübe. Sorgen Sie für Ihre Gesundheit, wenn Sie einige Achtung gegen die meinige hegen. Die schöne Unempfindliche grüßet Sie, und hat mir einen Kuß für Sie gegeben.

181. Brief.

An den Herzog von Nivernois.

1762.

Man muß Ihnen immer Dank sagen, mein Herr Herzog; Sie berichten uns lauter gute Neuigkeiten, und Ihre Briefe sind allzeit sehr ange-

angenehm. Die Politik, die so viele Menschen mürrisch und eifersüchtig macht, macht Sie nur desto liebenswürdiger. Ich glaube, daß Sie der londensche Pöbel ansiehet, als ob Sie ein Rhinoceros wären, und hernach allerley Grimassen gegen Sie macht. Was die rechtschaffenen Leute anbetrifft; so haben Sie, wie Sie sagen, Ursache sie zu loben. Ich zweifele nicht daran; ich habe Leute aus diesem Lande gekannt, die uns in Ansehung der Manieren, der Artigkeit, der Pracht, und der Denkungsart, würden haben Unterricht geben können. Sie sind so bescheiden, und sagen, man hätte Sie Ihres öffentlichen Charakters wegen sowohl aufgenommen. Nein, deswegen gar nicht; ich sage Ihnen, es geschiehet um Ihrer selbst willen. Man bemerket Ihre Verdienste, und ehret sie; dieses zwingen Sie mich Ihnen zu sagen. Sie sind also auf der Londner Börse gewesen, und man hat Sie ausgelacht? Warum sind Sie aber hingegangen? Ich wollte eben so gern in den Schwarzwald gehen. Der engländische Pöbel ist weder artig, noch liebenswürdig. Es ist vielleicht desto besser. Es giebt Leute, welche glauben, daß, wenn er es jemals würde; so würde er nicht mehr furchtbar seyn. Was den Gegenstand Ihrer Gesandschaft anbetrifft; so suchen Sie Ihres Ortes, mein Herr Herzog, gewisse Artikel zu mildern, als die Fischerey zu Terre neuve, welche Frankreich unter so schändlichen Bedingungen nicht annehmen kann. Wir verlassen uns in diesem Stücke allemal auf Ihre

Weis-

Weisheit und Ihre Einsichten. Der Herr von Choiseul unterstützet Sie hier, so gut er kann. Suchen Sie unsere Freunde zu erhalten; ich bitte Sie, ihnen meine Dienste anzubiethen ꝛc.

182. Brief.
An den Herzog von Nivernois.

October, 1762.

Ich sage Ihnen, mein Herr Herzog, für Ihre Aufmerksamkeit und Pünctlichkeit, mir von dem Fortgange Ihrer Unterhandlung Nachricht zu geben, vielen Dank. Sie gehet sehr gut von statten, und sie könnte in keinen bessern Händen seyn. Der alte Marschall von Belle-Isle meynte, es wäre kein Land in der Welt zu finden, in welchem man leichter Uneinigkeit stiften könnte, als in England; es müßten allzeit zwey Parteyen daselbst seyn; es käme nur darauf an, daß man eine davon gewönne, und Sie verrichteten Ihre Geschäfte, indem jene einander in den Haaren lägen. Er sagte auch bisweilen lächelnd, wenn er reich und thöricht genug wäre, die Krone von England zu kaufen; so würde nichts leichter seyn, als Kaufleute zu finden, die sie verkauften. Bey dem allen sind die Engländer gute Leute; sie handeln itzo wirklich vernünftig und aufrichtig. Das einzige Hinderniß, welches dem Frieden das letztere Jahr im Wege stund, war der alte Fuchs Pitt. Er wußte wohl, daß der Friede nöthig war; er wollte

aber

[362]

aber keinen Theil daran haben, damit er seine
Gunst bey dem Pöbel nicht verlieren möchte, dem
er, wie er glaubte, verhaßt seyn würde, und damit er seinen König verdrießlich machen könnte,
wenn er es für gut befände. Dieser Mann ist ohne Widerspruch ein sehr geschickter Minister; er
ist aber im vorigen Jahre nicht artig mit uns umgegangen, und ich weis nicht, ob er mit seiner eigenen Nation als ein ehrlicher Mann umgehet.
Seine Partey ist mächtig, und es ist unmöglich
alle diese Leute zu erkaufen. In solchen Umständen muß man sich auf einer andern Seite zu verstärken suchen.

Es ist gewiß, mein Herr Herzog, daß Sie
sich überaus geschickt und klug verhalten. Das
ist ein Lob, das Sie allzeit verdienen. Sie werden in kurzer Zeit die Ehre haben, den allernö-
thigsten Frieden zu schließen, der jemals ist geschlossen worden. Das wird Ihnen der König
und Frankreich zu danken haben.

Ist es denn an dem, daß es viel französische
Gefangene in England giebt, welche sich daselbst
verheurathet, und Batistmanufacturen errichtet
haben? Erkundigen Sie sich doch darnach, wenn
es Ihnen gefällig ist; und sehen Sie, ob es möglich seyn möchte, dem Verluste so vieler Unterta-
nen des Königs, und eines wichtigen Handlungs-
zweigs zuvorzukommen.

Zum Beschluße wünsche ich, daß Sie Ihre
Zeit in London so angenehm zubringen mögen, als
der

der Herzog von Bedfort die seinige in Paris zubringet. Er macht sich lustig, und scheinet sehr aufgeräumt zu seyn. Sein Auftrag ist eben nicht beschwerlich; er darf nur zu dem, was man ihm vorträgt, ja oder nein sagen, wobey ihm viel Zeit zu seinem Vergnügen übrig bleibt. Die Engländer können zu Hause nicht lachen; sie müssen deswegen nach Frankreich kommen. Was Sie anbetrifft, mein Herr Herzog, so haben Sie gewiß keine Zeit, sich ein Vergnügen zu machen, übrig; Sie haben immer zu thun. Dergleichen heilige Sorgen, die das Vaterland angehen, machen das Vergnügen schöner Seelen aus. Ich grüße Sie von ganzem Herzen; und hoffe, Sie werden den Einkauf der Ihnen bekannten Kleinigkeiten nicht vergessen, und allen unsern Freunden mein Compliment machen. Ich bin ꝛc.

183. Brief.
An die Gräfinn von Baschi.
1762.

Ich habe seit vierzehn Tagen nicht an Sie geschrieben, meine zärtliche Freundinn; das heißt, ich habe seit vierzehn Tagen kein Vergnügen gehabt; denn itzo habe ich weiter kein Vergnügen, als wenn ich Ihre Briefe lese und sie beantworte. Nehmen Sie Ihre Gesundheit und Ihr schönes Gesicht, welches ich zärtlich küsse, allzeit wohl in Acht.

Wir haben den alten König Stanislaus hier bey uns gehabt; er ist immer aufgeräumt, ob gleich andächtig. Seine würdige Tochter ahmet ihm nur in dem andern Stücke nach; sie ist eine Heilige, deren bloßer Anblick die armen Sünder betrübet. Stanislaus liebet die Jesuiten, welche sein Gewissen und seine Einkünfte besorgen, gar sehr; sie sind also in guten Händen. Indessen wird sich wegen seines Ranges, seines Alters, und seiner Tugenden, die Verbannung dieser ehrlichen Leute nicht bis nach Lothringen erstrecken. Dieser gute Prinz würde vor Verdruß sterben; es ist aber gut, daß er zum Beyspiele der Könige und zum Besten seiner Unterthanen noch lebet. Die Neigung und Liebe, welche die Lothringer gegen ihn hegen, ist etwas sonderbares, aber auch zu gleicher Zeit etwas gar sehr natürliches. Er hatte vor einigen Jahren die Gewohnheit, in einer Calesche im ganzen Lande herum spatzieren zu fahren; er hatte allzeit nur einen einzigen Pagen bey sich, und vertrieb sich die Zeit damit, daß er aus einer großen türkischen Pfeife, die sechs Fuß lang war, Tabak rauchte. Als man ihm einsmals vorstellete, er setzte seine geheiligte Person dabey in Gefahr; so sagte er: Ey! was habe ich denn zu befürchten; bin ich nicht mitten unter meinen Kindern? Das sind, meinen Gedanken nach, erhabene Worte, welche die Regenten wohl erwägen sollten. Es wäre zu wünschen, daß sie, wie er, das Glück, geliebt zu werden, genössen, und es auch verdieneten. Seine Gütigkeit hat

ihm

ihm den Zunamen des Wohlthätigen zuwege gebracht, welches, nach meinem Urtheile, der größte und schönste Titel eines Königs ist.

Die Briefe, welche er an die kriegführenden Mächte geschrieben hat, um Ihnen seine Vermittelung anzubiethen, haben hier keinen Beyfall erhalten. Wenn er nicht so alt gewesen wäre; so würde er wohl vorher gesehen haben, daß man sie nicht annehmen würde. Eine Mittelsperson muß vollkommen neutral seyn; aber ein Schwiegervater wird in einem Streite zwischen seinem Eidame und seinen Feinden nicht dafür gehalten. Uebrigens macht ihm dieser irreguläre Schritt im Grunde Ehre. Er hat ihn bloß aus Liebe gegen die armen Menschen gethan, welche beständig ein Spiel des Ehrgeizes der Fürsten sind.

Sie sehen, meine Geliebte, daß ich immer wieder auf die Moral zurück komme. Ich liebe sie, und sie schickt sich aus vielerley Ursachen für mich. Sie werden es einmal so gut, als ich, einsehen.

Der Friede ist beynahe geschlossen, und wir freuen uns gleichsam wie Spieler darüber, welche, nachdem sie fast alles verlohren haben, am Ende noch einige Louisd'or davon bringen, die sie in den Stand setzen, ihr Glück bey der ersten Gelegenheit noch einmal zu versuchen. Leben Sie wohl, meine schöne Gräfinn, freuen Sie sich auch mit uns, und lieben Sie mich...

184. Brief.

184. Brief.
An Ebendieselbe.

Ja, Madame, ich habe etwas von der neuen Heloise gesehen; ich habe aber die Geduld nicht gehabt sie ganz zu lesen. Was für ein abscheuliches Geschöpf ist nicht die Julie von Etanges! Ich glaube, der arme Rousseau ist, aller seiner Verdienste ungeachtet, ein wenig närrisch. Er hat so sonderbare Begriffe, er schreibet auf eine so sonderbare und stolze Art, daß ich keine gar zu gute Meynung von seinem Kopfe hege; denn die Weisheit ist einfach, übereinstimmend, angenehm und gesellschaftlich. Die Narrheit dieses Mannes bestehet darinnen, er will sowohl seines Betragens, als seiner Schriften wegen, bewundert werden. Er giebt sich eben so viel Mühe, eigensinnig, närrisch, und grob zu seyn, als sich andere geben, belustigend, aufgeräumt und artig zu seyn. Als ich vor einiger Zeit hörte, daß er arm wäre, so wollte ich ihm etwas schicken. Man sagte mir aber, wenn man dieses gute Werk thun wollte, so müßte man es listig anfangen, und seine Delicatesse, oder seinen Stolz, wie Sie es nennen wollen, hintergehen. Ich schickte also iemand ab, bey ihm einige Bogen Musicalien abzuschreiben brachte. Er schrieb also Sachen ab, die ich in der That gar nicht brauchte, und man bezahlte ihm hundert Louis für seine Mühe. Nein, nein, das ist zu viel, sagte der wunderliche Mann, ich bekomme nur zwölf Franken. Er nahm also

zwölf

zwölf Franken, ließ das übrige liegen, und kroch so gleich wieder in sein Loch, um sich selbst zu liebkosen und zu bewundern. Sie werden mir gestehen, meine Liebe, daß dieses ein Original von einer ganz neuen Art ist. Die alten Cyniker verachteten alles, Geld, einen guten Tisch, die Ergötzlichkeiten und die Könige, um sich selbst hochzuschätzen. Der arme Rousseau ist diesen Leuten ziemlich ähnlich, aber weit mehr zu beklagen, als sie. Die Cyniker hatten sehr viel Bewunderer, und bisweilen das Vergnügen, Königen, welche so gütig waren sie zu besuchen, unhöflich zu begegnen. Aber diese Zeiten sind nicht mehr, und ich glaube nicht, daß Johann Jacob iemals das Vergnügen haben wird, zu Ludwig XV. zu sagen: Geben Sie mir aus dem Wege, damit mich die Sonne bescheinen kann. Indessen bewundere ich seine Beredsamkeit, und die Stärke seines Stils. Ich habe Leuten Gutes gethan, die es weit weniger werth waren, als er, und ich würde ihm gar gern gedienet haben, wenn er es nur hätte annehmen wollen. Kurz, dieser Mann ist kein Schriftsteller für mich. Er ist gar zu düster, immer mürrisch, zänkisch und streitsüchtig, und das gefällt mir nicht. Ich verlange eine liebenswürdige, angenehme, rührende und solche Philosophie, in welcher keine verwirrten Schlüsse, keine Advocatenbeweise, und vornehmlich nichts verdrießliches anzutreffen ist. Sind Sie nicht auch meiner Meynung?

Zeigen

Zeigen Sie diesen Brief niemanden. Wir wollen die Bücher für uns lesen und beurtheilen, ohne etwas zu behaupten oder zu affectiren. Das ist ein langer Brief voll nichts; aber ich hatte Ihnen nichts zu sagen, und ich schreibe doch gern an Sie. Ich könnte Ihnen melden, daß wir Friede bekommen werden, daß dieser Friede sehr demüthigend seyn wird, daß der König mit dem Grafen immer sehr wohl zufrieden ist, und daß ich Sie von ganzem Herzen liebe; aber alles dieses wissen Sie schon. Leben Sie wohl, meine Freundinn, denken Sie allzeit an die schöne Göttinn, welche weder Göttinn, noch schön mehr ist, woraus sie sich aber nichts macht.

185. Brief.

Vom Herrn J. J. Rousseau, aus Genf.

(S. den vorhergehenden Brief der Frau von Pompadour.

Paris, den 28 August, 1762.

Madame,

Ich habe einen Augenblick geglaubt, es geschähe aus Irrthume, daß mir Ihr Commißionair hundert Louis für Abschriften zustellen wollte, die mit zwölf Franken bezahlt sind. Er hat mir aus meinem Irrthume geholfen. Erlauben Sie, Madame, daß ich Ihnen meines Ortes auch aus dem Ihrigen helfe. Ich habe es durch meine Sparsamkeit dahin gebracht, daß ich fünfhundert und

und vierzig Livres reine Einkünfte haben kann. Dieses ist schon weit mehr, als man zur Nothdurft braucht. Ich verdiene aber jährlich noch fast eben so viel. Ich habe also einen beträchtlichen Ueberfluß, den ich so gut anwende, als ich nur kann, ob ich gleich kein Allmosen gebe. Sollten einmal, wider alles Vermuthen, meine Einkünfte Alters oder Schwachheits halber nicht hinlänglich seyn; so habe ich einen Freund.

Vergeben Sie mir, Madame, diese nicht gar zu viel bedeutenden Umstände; ich habe geglaubt, ich wäre sie der Gutthätigkeit schuldig, die Sie gegen mich haben ausüben wollen. Ich bin, ꝛc.

J. J. Rousseau.

186. Brief.
An die Gräfinn von Baschi.

1762.

Sie reden immer von dem armen M. *) mit mir. Ich kann ihn leiden, ich bin aber nicht verbunden ihn hochzuschätzen. Ich sage bisweilen zu ihm: „Mein lieber Freund, sie sollten „vielmehr daran denken, was sie sonst waren, als „was sie itzo sind. Ich dachte, der Stolz würde „sie zu einem galanten Menschen machen, ich habe „mich

---

*) Der Marquis von Marigni, Bruder der Frau von Pompadour, sonst Herr Poisson.

„mich aber geirret. Sie nehmen die Mine eines
„großen Herrn an, welche bey allen denen, die
„als große Herren gebohren sind, unerträglich,
„aber bey einem Menschen, wie sie sind, lächerlich
„ist„. Er höret alles dieses an, spricht, ich hätte
recht, bedankt sich bey mir, und gehet fort,
um sich vom D... und seines gleichen gnädiger
Herr nennen zu lassen. Da ich alle Hoffnung,
ihn zu bessern, aufgegeben habe; so mag er sich
den Haß und die Verachtung derer, die das Unglück
haben mit ihm umzugehen, zuziehen, weil
er nicht fühlen will. Ich nenne ihn bisweilen
auch gnädiger Herr, er merket es aber nicht, daß
ich seiner spotte. Wir wollen aber von dem armen
Menschen nichts mehr sagen, sondern von
Ihnen reden, meine liebe. Sie sind gut, aufrichtig,
wissen zu leben, und kennen die Welt, die
Sie hochschätzet; iedermann ehret, liebet und suchet
Sie. Fahren Sie fort, sich schätzbar zu machen;
dieses ist das einzige wahre Vergnügen des
Lebens, und ich will mich bemühen, es mit Ihnen
zu theilen. Ich bilde mir ein, ich besitze die guten
Eigenschaften derer, die ich liebe, auch. Von
der Art ist die Zärtlichkeit der Herzen, die sich,
wie die unserigen, wirklich lieben.

Was soll ich Ihnen von dem Herzoge von
B...*) sagen? Wir haben ihn als einen Engel
des Friedens empfangen; aber dieser Engel ist
alt, und nicht liebenswürdig. Er hat einen Ceremonienbesuch
bey mir abgelegt, und ich habe
ihn

*) Bedfort.

ihn ohne Umstände empfangen. Er spricht ziemlich gut, urtheilt aber sehr schlecht, und scheinet mir keine gar zu richtigen Begriffe zu haben; er ist also der beste Abgesandte, den man uns schicken konnte. Die vornehmste Eigenschaft eines öffentlichen Ministers bestehet darinnen, daß er zum Besten seines Landes gut zu lügen weis. Der Herzog leugt wie alle andere; er verstehet aber die Kunst gut zu lügen nicht. Man sagt auch, er liebte die spanischen Pistolen, und haßte die französischen Louisd'or nicht; er hätte es sich zu einer unverbrüchlichen Regel gemacht, zuerst auf seinen, und hernach auf andern ihren Nutzen zu sehen. Ich wollte wünschen, es wäre wahr, ich glaube es aber nicht. Er ist reich genug, um ein ehrlicher Mann bleiben zu können. Unsere Minister haben alle Tage Conferenzen mit ihm. Er redete anfangs aus einem sehr hohen Tone. Weil man es aber vermuthet hatte; so ist man nicht darüber erschrocken. In fünf oder sechs Stunden hat man alle seine Geheimnisse, was er sagen und nicht sagen wollte, ohne daß er es sogar merkte, errathen; so daß man schon so gut weis, welches die Friedensbedingungen seyn werden, als wenn der Friede mit dem Könige von Großbritannien, Frankreich und Irrland schon geschlossen wäre. In Ansehung dieser schönen Titel des Königs Georg muß ich Ihnen sagen; weil sie der Herzog von Burgund in einem Buche gelesen hatte, so fragte er gestern seinen Hofmeister, ob es denn zween Könige von Frankreich gäbe, und ob sein Großpapa einen Collegen hätte? Man antwortete ihm, sein Großpapa wäre wirklicher König von Frankreich, es gäbe aber noch einen andern Mann, der auch sagte, er wäre es. Der kleine Prinz lachte, und meynte, dieser andere wäre ein sehr spashafter Mann.

Sie wissen ohne Zweifel, daß der arme Lally in Verhaft ist genommen worden. Man giebt ihm Concußionen, Bestehlen der gemeinen Casse, und alle Arten von Verbrechen Schuld; man sagt aber nicht, daß er ein Poltron wäre. Man wird ihm seinen Proceß machen. Ich beklage alle Unglückliche, indessen will die Gerechtigkeit haben, daß er gestrafet wird, wenn er es verdienet hat. Ich bin auch sehr unglücklich, obgleich auf eine andere Art. Das allgemeine Elend, welches man mir Schuld giebt, der Haß meiner Feinde, der Ueberdruß des Hofes, eine schlechte Gesundheit, welche alle Tage mehr abnimmt, die Runzeln, die ich anfange auf meinem Gesichte wahrzunehmen, und welche andere schon vor mir wahrgenommen haben, mit einem Worte, es trägt alles etwas bey, meine Lage so betrübt zu machen, als sie andere für angenehm halten. Indessen bin ich doch nicht ganz zu beklagen, weil ich eine Freundin habe, der ich mein ganzes Herz entdecken kann, und die mich aufrichtig beklaget und tröstet. Wer hätte mir wohl vor zwölf Jahren gesagt, daß ich Trost nöthig haben würde? Leben Sie wohl, meine Geliebte, ich will weinen und an Sie denken. Ich bin 2c.

187. Brief.

187. Brief.

Von der Gräfinn von Daschi.

Als die Antwort auf den vorhergehenden Brief.

Paris, den 12... 1762.

Ich will Ihren Herrn Bruder nicht vertheidigen, meine gute Freundinn, und Sie sollen mich nicht von ihm reden hören, er müßte denn kommen, und sich bey mir auf eine erbärmliche Art von neuem über Sie beklagen; denn ich bin seine Vertraute. Er dauert mich, und ich bin viel zu gut, als daß ich ihn ohn allen Trost von mir sollte weggehen lassen. Benehmen Sie ihm seine hohe und stolze Mine, sein eingebildetes Wesen, und seine Unwissenheit; so ist er ein Mensch, wie andere. Ich befürchte aber gar sehr, er möchte sich nicht bessern.

Gott gebe es, daß wir Friede bekommen, meine liebe Marquisinn, und daß mit dem Herzoge von B... etwas anzufangen ist. Der Krieg ist etwas erschreckliches. Man sagt, daß diejenige von den beyden Nationen, die im Kriege am glücklichsten gewesen, dem ungeachtet auf immerdar zu Grunde gerichtet ist. Was die andere anbetrifft... so viele Verwüstungen, so viel vergossenes Blut, und für niemanden ein wahrer Vortheil, ist eine Sache, davor man sich entsetzt. Unsere großmüthigen Vertheidiger streiten, da wir indessen, mitten in Paris, die Hände in den Schooß legen. Wir gehen in die Comödie, nach

Bou-

Boulevard, in die Thuilleries; wir halten artige Soupees, und wissen von allem, was sie leiden und erdulden müssen, weiter nichts, als was uns davon erzählet wird. Indessen kommen diese guten und tapfern Mitbürger um. Der Friede kostet sie ihr Blut. Wir geniessen ihn, da indessen diejenigen, deren Tapferkeit ihn uns verschaffet, die Früchte desselben nicht mehr einärndten können. O wie gern höre ich einem alten Kriegsmann zu, der mir seine Feldzüge erzählet! Ich kann mir nicht vorstellen, daß er verdrießlich fallen könne. Und wenn er ja verdrießlich fällt; so vergelte man ihm wenigstens etwas von dem, was er gelitten hat, damit, daß man ihm begierig zuhöret, und ihm die Belohnung, welche die Kriegstapferkeit vornehmlich verdienet, nämlich die Bewunderung, zugestehet. Der gute Ritter von . . ., der andern so verdrießlich fällt, verkürzet mir die Zeit; er mag so lauge erzählen, als er will; ich werde niemals anfangen zu gähnen. Er sagte mir gestern artige Sachen; ich erfuhr sie aber nicht eher, als bis ich die ganze Belagrung von Mahon ausführlich angehöret hatte. Sehen Sie also, was er mir von Amiens auf der Post mitbringt. Er ist daselbst oft bey dem Gresset gewesen, der ihn ganz bezaubert hat: Dieser ist allemal einer von unsern artigsten Versmachern. Er ist in seiner Einsamkeit nicht so müßig, als man etwan denken könnte. Er hat zween neue Gesänge auf den Ver-vert gemacht. Der Ritter, der sie hat vorlesen hören, hat verschiedene Stellen daraus

daraus behalten, die er mir wiederholet hat. Es kann nichts sinnreicher seyn. Ich muß Ihnen etwas davon zur Probe mittheilen. Er beschreibet den Arbeitsaal der Nonnen, in welchen Ververt ist gebracht worden:

> L'une découpe un Agnus en lofange,
> On met du rouge à quelque Bienheureux,
> L'autre bichonne une Vierge aux yeux bleus,
> On passe au fer le toupet d'un Arcange
> Ver-vert paroît etc.

Kann wohl etwas artiger seyn? Uebermorgen will ich Ihnen hundert solche Verse sagen. Es ist Schade, daß der Verfasser dieses artige Gedicht nicht bekannt machen will. Klagen Sie nicht über den Verfall des Geschmacks, meine gute Freundinn; es fehlet uns niemals an guten Dichtern. Aber der Ueberfluß macht, daß wir arm zu seyn scheinen. Die Menge der guten Schriftsteller ist in allen Arten so groß, daß man heute zu Tage diejenigen kaum bemerkt, die zu andern Zeiten für Wunder würden seyn gehalten worden. Ich danke Ihnen gar sehr für die schöne Allegorie des Voltaire. Er ist niemals liebenswürdiger gewesen. Aber sagen Sie mir doch, was sollen die beyden westgothischen Namen Macar und Thelem? Laujan spricht, es wäre griechisch. Er mag selbst ein Grieche seyn.

Ich bin gar sehr erschrocken, als ich gehöret, daß man den Herrn von Lally in Verhaft genommen hat. Vor drey Tagen habe ich ihn gesehen;

er scherzte selbst über das, was man ihm Schuld giebt. Man sagt, er hätte die Flucht ergreifen können, er hätte es aber nicht thun wollen. Meines Erachtens ist dieses schon ein gutes Vorurtheil für ihn. Man verwundert sich darüber, daß diese Sache nicht bloß vor einen Kriegsrath ist gebracht worden; denn von den Verbrechen, die man ihm Schuld giebt, gehören diejenigen, die ihm den Kopf würden kosten können, nicht für das Parlement. Indessen verspricht man sich von dieser Uebertretung der Formalitäten etwas gutes. Man sagt, der Verklagte, der von Seiten eines Kriegsraths kein anderes, als ein strenges Urtheil zu gewarten hätte, werde bey dem Parlemente gelinder wegkommen. Es giebt also, meine geliebte Marquisinn, auf dieser Welt immer Strafbare, immer Uebelthaten! In meiner Jugend redete man, wie itzo, weiter von nichts, als von Verbesserungen. Ich stellte mir lauter Vollkommenheit vor. Ich glaubte, es würden alle Leute fromm werden, man würde von keinen Kriegen, von keinen Processen, von keinen Revolutionen etwas mehr hören, und weiter nichts zu thun haben, als sich zu belustigen und zu lieben; ich sehe aber wohl, daß noch alles, wie damals, ist, und daß keine Zeit vor der andern einen Vorzug hat. Leben Sie wohl, meine liebe Freundinn, ich komme ziemlich ins plaudern.

188. Brief.

188. Brief.

Vom Herzoge von Choiseul.

Paris, den 4. Sept. 1762.

Madame,

Unser Freund ist diesen Morgen mit aller Pracht eines Abgesandten abgereiset, und ich bin Ihnen gut dafür, daß er seinen Charakter durch sein Verhalten noch besser, als durch seine Pracht, behaupten wird. Die Engländer sind für dießmal des Krieges wirklich satt, und das wird ihm seine Unterhandlung gar sehr erleichtern. Mit dem Könige von Preussen werden wir nicht so gut wegkommen, als ich anfangs geglaubet hatte. Die petersburger Revolution ließ uns eine gänzliche Veränderung in dem Systeme dieser Macht vermuthen. Wir sind eines ganz andern durch eine Erklärung belehret worden, vermöge welcher sich die Czaarinn nicht in den Krieg mischen will, wenn sie nicht dazu gezwungen wird. Sie setzet hinzu, sie wolle mit Vergnügen ihre guten Dienste bey allen kriegführenden Mächten anwenden, um sie zu bewegen, auf eine billige Art Friede zu machen. Ich sehe ein, daß sich diese Prinzeßinn nur bey Ruhe und Frieden auf einem Throne erhalten kann, den sie auf eine so gefährliche Art erlanget hat. Wir wollen aber dem ungeachtet ihre guten Dienste nicht annehmen. Sie macht uns eine Menge kleine Chicanen wegen des Titels der kaiserlichen Majestät. Und ob gleich solche

Kleinigkeiten Geschäfte von einiger Wichtigkeit nicht aufhalten sollten; so müssen wir uns aber doch auch nicht so bereitwillig finden lassen, wenn andere entweder Staatssachen daraus machen, oder sie auf eine gar zu stolze Art verlangen, und sich aus Hartnäckigkeit nicht nach demienigen richten wollen, was vorhero gewöhnlich gewesen ist. Diese Kleinigkeit verdienet in der That die Aufmerksamkeit nicht, die sie darauf verwenden. Ich will Ihnen indessen, weil Sie es verlangen, sagen, daß in der Welt zehn bis zwölf Kaiser sind. Der türkische Kaiser, und dieser ist nach meiner Meynung der einzige, der diesen Titel mit Grunde führen kann; der Kaiser von Deutschland, der Kaiser von Mogol, der Kaiser von Marocco, der Kaiser von Rußland, der Kaiser von China, der Kaiser von Japon, der Kaiser von Siam, der Kaiser von Persien, der Kaiser von Abissynien, der Kaiser von Monomotapa; und vielleicht noch verschiedene andere, welche nicht angeführet zu werden verdienen. Die einen haben ein Reich, das nicht grösser ist, als Isle de France; die andern haben Geschöpfe zu Unterthanen, die von Ihrem Orang-Outang *) wenig unterschieden sind. Diese haben, als Kaiser, ungefähr fünfhundert Thaler Einkünfte, welche ihnen jährlich unglückliche Hebräer bezahlen, um geduldet zu werden, im übrigen haben sie nicht einen Fuß breit Land. Jene sind wirklich mächtiger; sie haben
aber

---

*) Eine Art Affen.

aber deßwegen nicht mehr Recht, als Sie, oder ich, oder ein iedweder anderer zu einem Titel, den die Römer den Befehlshabern ihrer Armeen beylegten; zu einem Titel, der weiter nichts mehr, als ein Hirngespinst ist, weil die Macht, mit welcher er verbunden war, nicht mehr existirt. In dieser Betrachtung haben wir keine grossen Schwierigkeiten gemacht, ihn Rußland zuzugestehen, wenn es ihn verlanget hat, und wir unterscheiden ihn von dem Titel eines Königs oder Czaars so wenig, daß wir ihn eben so leicht, als den Titel eines Kan oder Sophi, dem ersten Könige, der ihn verlangen wird, geben werden, wenn er uns nur die Reversalien ausstellet, die uns die Russen vorhero niemals verweigert haben, und welche unsern Besitz auf immerdar versichern würden, wenn er auch gleich nicht so gegründet wäre. Itzo verlanget diese Macht neue Formularien von uns, die bey uns unbekannt sind. Man will haben, es sollen alle Abdressen so lauten: *à sa Majesté Impériale de toutes les Russies,* anstatt: *Sa Majesté l' Empereur* oder *l' Impératrice de toutes les Russies.* Wir würden es uns, ich versichere Sie, gar gern haben gefallen lassen, ob es gleich eine kleine Mühe verursachet, immer zu ändern, und die vorgeschlagene Veränderung nicht gar zu gut Französisch ist; man hat uns aber die in einem solchen Falle gewöhnliche Urkunde nicht ausstellen wollen. Wir sind unsers Ortes auch hartnäckig gewesen, und Sie werden vielleicht sehen, daß eine kleine Schwierigkeit
wegen

wegen des Ceremoniels zwo Mächte uneins machen wird, die immer eins seyn sollten.

Sie können sich leicht einbilden, daß ich gestern nicht unterlassen habe, den sterbenden Herkules mit anzusehen. Obgleich die Ballets sehr schön sind; so bleibe ich doch bey der Meynung, zu welcher mir die Wiederholungen Anlaß gegeben haben, daß man nämlich weder den Marmontel, noch den Dauvergne daran erkennen kann. Ich erinnere mich nur noch eines artigen Einfalls, welchen zu vernehmen Ihnen vielleicht nicht unangenehm seyn wird. In dem Augenblicke, da Herkules verschied, sagte die Frau Gräfinn von Egmont: er ist gut gestorben.

Leben Sie wohl, Madame, meine Ehrerbiethung ist Ihnen bekannt; und Sie sehen, wie gern ich mich mit Ihnen von allem, was ich weis, unterhalte.

189. Brief.
An den Herzog von Choiseuil.
Als die Antwort auf den vorhergehenden Brief.

1762.

Ich bin krank, ich will aber doch sehen, ob ich Ihnen antworten kann. Zuerst will ich Ihnen sagen, daß der König mit Ihnen zufrieden ist, und Sie hochschätzet. Der alte Marschall war gar zu systematisch, und die systematischen Leute erreichen ihren Endzweck gar selten. Es ist

niemals

niemals ein Minister unglücklicher, als er gewesen, den Chamillard bey dem vorigen Könige ausgenommen, den man zum Kriegsminister machte, weil er gut Billard spielen konnte. Ich für meine Person glaube gewiß, daß er mehr Ansehen, als Verdienste hatte. Man muß es also besser, und seine begangenen Fehler wieder gut machen. Sie fangen zu sehr schweren Zeiten an; aber Ihr Ruhm wird auch desto größer seyn, wenn Sie, wie ich hoffe, die Schwierigkeiten überwinden.

Was sich bey den Russen zuträgt, ist etwas unerhörtes: Was für Herren! Was für Unterthanen! Die Kaiserinn Elisabeth stirbt, ihr Neffe wird ihr Thronfolger, seine Gemahlinn räumet ihn aus dem Wege, und alles dieses geschiehet in einer Zeit von sechs Monaten. Der gute Peter that auch unrecht daran, daß er sich mit seiner Gemahlinn überwarf. Ich halte nicht dafür, daß man der neuen Kaiserinn trauen, oder sich Rechnung auf sie machen dürfe, ob sie gleich den schändlichsten Frieden, der mit Preussen ist geschlossen worden, zu einem von ihren vornehmsten Vorwänden gemacht hat. Seyn Sie versichert, sie wird niemals Krieg mit ihm anfangen. Man hat vor diesem allen einen Abscheu. Von Seiten der Spanier ist eben so wenig zu hoffen. Ich hielt sie für aufrichtig; sie sind aber unthätig und unentschlossen. Was Deutschland anbetrifft; so ist daselbst alle Hoffnung aus. Deutschland ist allzeit das Grab der Franzosen gewesen; und in

diesem

diesem Kriege ist auch noch ihr Ruhm daselbst begraben worden. Das schöne Schreckbild des Familienbündnisses half also nichts. Die Engländer haben sich dvor gefürchtet; itzo aber lachen sie mit Recht über ihre Furcht, und über unsere vergeblichen Hoffnungen. Das sicherste ist also, Friede zu machen; es wird aber bey einem Volke, das durch den Sieg stolz geworden, und von Natur ein Feind des menschlichen Geschlechts, und vornehmlich der Franzosen ist, etwas schwerers seyn. Wenn Sie, mein Herr Herzog, diese wichtige Sache zu Stande bringen; so wird man zu Ihrem Ruhme sagen, daß Sie Ihr Vaterland gerettet haben. Es wird kein dauerhafter Friede werden; das ist etwas unmögliches. Die Engländer und Franzosen können nicht lange Freunde bleiben. Der gegenseitige Haß der beyden Nationen, der Handlungsneid, das einander entgegenstehende Interesse, und die einander zuwider laufenden Bündnisse werden ihnen die Waffen gar bald wieder in die Hände geben. Deswegen, glaube ich, wird man einige Etablissemens in Africa und Indien zu erhalten suchen müssen. Dieses ist das einzige Mittel unsere Seemacht wieder herzustellen, und zu vermehren, unsere Handlung zu erhalten, uns überall zu verstärken, und die Engländer mit besserem Erfolge und mehrerer Sicherheit anzugreifen, wenn man Gelegenheit dazu haben wird. Die Wegnehmung unserer Schiffe vor der Kriegserklärung war etwas schändliches, welches Frankreich nicht eher vergessen

wird,

wird, als bis es sich deswegen gerochen hat. O wie sind wir gedemüthiget worden. Wir geben unsern Feinden Perückenmacher, Bänder und Moden; und sie werden uns Gesetze vorschreiben. Dieses wird hoffentlich von keiner langen Dauer seyn. Suchen Sie, Herr Herzog, den Frieden unter den billigsten Bedingungen zu Stande zu bringen; alsdenn bereiten Sie sich zum Kriege vor. Ich bin ꝛc.

190. Brief.
An den Marschall von Noailles.
1762.

Was Sie mir von der itzigen Unterhandlung mit England schreiben, ist vielleicht nur mehr als zu wahr. Es befindet sich fast in eben so elenden Umständen, als wir. Es hat erstaunliche Schulden; seine Reichthümer bestehen nur in Papieren, und es erhält sich nur noch durch seinen Credit, welcher aber anfängt zu fallen. Wenn der Krieg nur noch ein Jahr dauerte; so würden sich die Engländer vielleicht genöthiget sehen, entweder Bankerott zu machen, oder die Interessen von ihren Capitalien einzuziehen, welches ihnen eben so nachtheilig seyn würde, und wir würden vollkommen gerochen seyn. Ich sehe alles dieses ein, ich billige es, und danke Ihnen dafür. Aber der König ist den Krieg überdrüßig; er hat zu befehlen, und man muß gehorchen.

chen. Fahren Sie indessen fort, mein Herr Marschall, mir Ihre Gedanken mitzutheilen; ich habe sie meiner sonderbaren tage wegen nöthig, und ich schätze sie Ihrer grossen Einsichten wegen so hoch, als Sie es verdienen.

Warum wollen Sie aber nicht an den Hof kommen? Sie würden an demselben aufrichtige Freunde antreffen, denen Sie würden nützlich seyn können, und welche sich auch wieder ein Vergnügen daraus machen würden, Ihnen zu dienen. Bedenken Sie überdieses, daß es gar unbequem ist, nur durch Briefe mit einander reden zu können. Ich sage Ihnen nicht die Hälfte von dem, was ich Ihnen mündlich sagen würde, und Sie können mir auch nicht die Hälfte von dem schreiben, was Sie mir würden sagen können, und ich zu wissen nöthig habe. Aber Sie lieben Ihre Ruhe und Ihre Freyheit; ach! Sie thun recht daran, und ich beneide Sie. Ihr Sohn wird ein artiger Mensch, und Ihrer würdig werden; er denkt aber noch nicht so philosophisch, wie sein Vater, denn er liebet die Welt, wie alle junge Leute, die sie nicht kennen, und will sein Glück machen. Seyn Sie versichert, mein Herr, daß es eine gewisse Person giebt, die ihm aus allen Kräften beystehen wird, und die schon etwas weniges für ihn gethan hat, bis sie wird mehr thun können.

Um aber wieder auf die Engländer zu kommen, halten Sie es nicht für etwas hartes, daß wir für die Gefangenen, die sie von uns bekommen
men

men haben, den Unterhalt bezahlen sollen? Es fällt mir hierbey ein Gleichniß ein, das sich meines Erachtens sehr gut hieher zu schicken scheinet. Wir wollen den Fall setzen, es nähme iemand auf der Strasse seines Nachbars Kinder weg, wird er wohl deswegen das Recht haben, sie sieben Jahre lang zu behalten, und alsdenn zu verlangen, der Nachbar solle ihm, nachdem er sie wieder bekommen hat, das Kostgeld für sie bezahlen? Ist dieses nicht eine doppelte Ungerechtigkeit? Aber zum Unglücke ist hier nicht die Rede von dem, was recht und billig ist. Die Gewalt hat die Kinder des Königs weggenommen, und die Gewalt nöthiget ihn auch, für sie zu bezahlen. Gott sey für alles gelobet! aber es gehet in der Welt schrecklich zu, wie der Philosoph Martin sagte.

Ich umarme Ihre ganze Familie. Wenn werden Sie denn die kleine Heinriette einmal zu mir schicken? Ich möchte vor Verlangen, sie zu sehen, sterben, ob sie gleich iedesmal meinen Schmerz erneuert, indem sie mich an meine Alexandrine erinnert, die, wie sie, ein gutes Herz und ein sehr schönes Gesicht hatte. Ach! der Tod hat sie mir unbarmherziger Weise entrissen, als ich eben im Begriffe war, sie zu verheyrathen, und das in einer Zeit von vier und zwanzig Stunden. O! wie hasse ich den Tod, nicht sowohl um meinet sondern um derer willen, die ich liebe, und die er mir aus meinen Armen reißt! Wenn ich, wie Voltaire, Verse machen könnte; so würde ich eine

beissende

beissende Satyre auf ihn machen; aber leider! wie ich wohl weis, ohne allen Nutzen.

Ich bitte Sie, das Memoire des Dubret genau zu untersuchen; ich habe es aus Mangel der Zeit nur flüchtig durchgelesen; ich glaube aber, daß es gut ist. Es würde mir sehr lieb seyn, wenn sein Project in der That nützlich, und im Anfange des Friedens möglich wäre. Frankreich hat eine gute Regierung nöthig, um sich wieder zu erholen. Es ist wie ein Kranker, der von einer gefährlichen Krankheit genesen ist, und sich nicht gnug in Acht nehmen kann, damit er nicht vom neuen krank werden möge. Es finden sich sehr viele Aerzte, die dem Ministerium alle Tage Mittel vorschlagen, die sie für vortrefflich und untrüglich ausgeben; wir fürchten uns aber vor den Charletanen und Afterärzten. Sie, mein Herr, dem die Krankheit des Staats so gut bekannt ist, bitte ich gar sehr, schlagen Sie uns doch gute und sichere Mittel vor; oder helfen Sie uns wenigstens die schlechten kennen lernen und verwerfen. Ich erwarte einen Brief von Ihnen, und wünsche, daß er um meines Vergnügens und Unterrichts willen sehr lang seyn möge. Leben Sie wohl, mein Herr, und seyn Sie versichert, daß Sie niemand höher schätzt, als ich. Ich bin ꝛc.

191. Brief.

191. Brief.

An die Gräfinn von Baſch.

1762.

Nachdem man ſechs Wochen lang Conferenzen gehalten, Complimente gemacht und Geduld gehabt hat; ſo hat man endlich die Friedenspræliminarien zu Stande gebracht, und es iſt iedermann vergnügt, denn dieſer Krieg war eine ſchreckliche Laſt. Der König kam eben von der Jagd zurück, als man ſie ihm überreichte. Er unterzeichnete ſie, ihd m, er doch völlig gerüſtet war, und ſagte, er hätte niemals mit mehrerem Vergnügen unterzeichnet. Ich hielte aber doch dafür, daß der Friede von 1735, vermöge welchem er Lothringen bekam, noch weit angenehmer zu unterzeichnen war; vielleicht erinnert er ſich aber deſſen nicht mehr. Hier ſiehet man ſeine gute Seele und ſeine Liebe zu ſeinen Unterthanen ſehr deutlich; denn er hat von dem Frieden weiter keinen Nutzen, als ſeinen Unterthanen eine Erleichterung zu verſchaffen; das iſt aber für einen guten König viel. Verwundern Sie die ſonderbare Aehnlichkeit zwiſchen dem Glücke dieſes vortrefflichen Prinzen und dem Glücke Ludwigs XIV. nicht? Sie ſind alle beyde ganzer vierzig Jahre lang glücklich geweſen, von ganz Europa gefürchtet und hochgeſchätzet worden; worauf eine lange und beſammerswürdige Reihe von Unglücksfällen, Verluſte und Elende gefolget iſt. Was für

Zeiten! ach! Würde ich wohl jemals geglaubet
haben, so lange zu leben, um zu sehen, daß Ludwig der Vielgeliebte ein Gegenstand des Mit-
leidens würde, dem ein stolzer Ueberwinder den
Frieden als eine Gnade zugestehet? Ein Soldat,
der in dem letztern Kriege unter dem Marschalle
von Sachsen dienete, antwortete einsmal einigen
Fremden, die ihn fragten, aus was für einem
Lande er wäre: Ich habe die Ehre ein Franzos zu seyn. Wer würde sich jetzo wohl unterstehen das zu sagen? Indessen ist iedermann über
diese Präliminarien vergnügt. Alle und iede
umarmen einander, liebkosen einander, und wünschen einander Glück. Wenn uns nur die Freude
nicht thöricht macht, wie uns der Kummer elend
gemacht hat.

Gestern kam die kleine Marquisinn, die Sie
kennen, zu mir; sie hatte sich ganz aus dem Athem
gelaufen, sie schwitzte über und über, und es
schlug ihr das Herz: „Ist es denn wahr, Madame, sagte sie zu mir, daß der Friede geschlossen
ist? Nein, Madame, gab ich ihr zur Antwort,
er wird aber geschlossen werden. Und wenn,
Madame, erwiederte sie, um Gottes willen,
wenn wird Friede werden?„ Ich fragte sie, warum sie so großen Antheil an dem Frieden nähme?
Sie erröthete, und that wie ein Kind.
Ich brang immer mehr in sie, und erfuhr endlich,
daß sich ein liebenswürdiger Mensch bey der Armee befand, dem sie viel gutes wünschte, daß sie

den

den Krieg nur um seinetwillen von gantzem Hertzen hassete, und den Frieden liebte. Da haben Sie eine Probe von unsern schönen Patrioten.

Ich werde morgen nach Belle-vue gehen, und ich hoffe, Sie werden mich da besuchen. Ich werde mitten unter dem großen Haufen allein seyn, und nur Sie sehen, weil Sie mehr werth sind, als alle übrige. Ich bitte Sie, der kleinen la Vergue zwey hundert louis für mich zu geben. Ich liebe dieses Mädchen um ihrer guten Aufführung und um ihres Verstandes willen. Ich werde ihr allzeit gutes thun, wenn sie fortfährt, sich dessen würdig zu machen. Sie muß aber nicht wissen, daß das Geld von mir herkömmt. Auf diese Art werden wir alle beyde die Eitelkeit vermeiden. Ich befinde mich wohl, mein Bruder ebenfalls, und, wie ich hoffe, Sie auch. Leben Sie wohl, ich bin lange Zeit nicht so aufgeräumt gewesen, als ietzo, und zwar wegen des Friedens, über welchen sich iedermann freuen soll, und weil ich Sie in kurzem zu umarmen hoffe.

Wenn Sie das dicke Schwein von N... *) sehen; so schmählen Sie, statt meiner, recht sehr auf ihn. Ich habe gehöret, er wäre an einem gewissen Orte sehr lustig gewesen. Ich möchte doch wissen, ob ein treuer Ritter in Abwesenheit seiner Dame lachen dürfe. Was für eine abscheuliche That! ei-nen

*) Ranteuil.

nen heissen Eyerkuchen auf dem nackenden Hintern eines armen Mädchens zu essen. Diese Begebenheit ist, aller seiner List ungeachtet, doch bekannt geworden, und man gestehet durchgängig, daß dieses ein sehr schlechtes und grausames Vergnügen ist. Wir kennen den andern hier auch, der mit dabey gewesen ist. Sie haben, wie man sagt, diesem Mädchen funfzig Louis gegeben; es ist zwar etwas, aber für die Marter, die sie hat ausstehen müssen, nicht gnug. Man muß gestehen, daß die Welt bisweilen sehr thöricht und gottlos ist. Auch so gar die Frauenzimmer wollen anfangen sich zum Gelächter zu machen. Als die vergangene Woche gewisse Damen, die man mir genennet hat, vom Lande zurückekamen, kehrten sie in einem Gasthofe ein, um sich eine Erfrischung reichen zu lassen. Als sie nun angefangen hatten zu trinken, zerschlugen sie in der Lust die Gläser, und verderbten die Lebensmittel, um es den Mannspersonen einigermassen nachzuthun. Was für Weiber! leben Sie nochmals wohl. Warum sagen Sie mir nicht, daß ich schliessen soll? Ich bin :c.

192. Brief.

An Ebendieselbe,

1762.

Das Vergnügen, welches ich, Sie zu sehen, gehabt habe, ist sehr kurz gewesen, meine liebe

liebe Gräfinn. Ich weis kein anderes Mittel es wieder zu erneuern, und mich zu trösten, als an Sie zu schreiben. Sie wissen, daß wir, als die Präliminarien zu Stande gekommen waren, eine eben so grosse Freude darüber hatten, als ein armer Sterbender, dem sein Arzt sagt, er werde ihn beym Leben erhalten; izo aber haben wir ganz andere Nachrichten. Die Engländer, das heißt, die Kaufleute und das gemeine Volk, speyen Feuer und Flammen; sie wollen den Minister, der sich unterstehen wird Friede zu machen, den Minister, der ihn zu Stande bringen, und den Minister, der ihn billigen wird, henken. Der arme Herzog von B... *) dauert mich; er zittert, wenn er daran denkt, wie man ihn bey seiner Zurückkunft empfangen wird. Aber, sagen Sie, hat denn also der König von England, die Macht nicht den Krieg zu endigen, und Friede zu machen, wenn er es für gut befindet? Verzeihen Sie mir, Madame, er hat diese Macht. Was hat denn also der arme B... für Ursache zu zittern? Madame, Sie sind sehr unwissend. Wissen Sie denn nicht, daß in England ein König ist, der zu St. James wohnet; daß sieben oder acht hundert andere Könige sich in dem Parlemente versammlen, und sieben oder acht Millionen Könige in den Städten und auf dem Lande wohnen? Wenn der König zu St. James etwas thut, das den andern mißfällt; so fangen sie so-

gleich

*) Bedford.

gleich an zu murren, zu schreiben und Cabalen
zu machen; hernach henken sie seine Minister,
und schneiden ihm selbst den Kopf ab, oder jagen
ihn, wenn sie können, fort. Ebenderjenige, der
ihm heute, um eine gewisse Stelle zu erhalten,
die Hand küsset, wird morgen Krieg mit ihm anfangen; wenn er ihm eine zweyte abschlägt, indem er allemal versichert, er thäte es um des gemeinen Besten willen. Sie sehen also, Maba-
me, daß es in diesem mißvergnügten und freyen
Lande nicht so leicht ist, den Krieg zu Ende zu
bringen, als ihn anzufangen. Indessen glaube
ich, daß die Sache schon zu weit gekommen ist,
als daß man sie sollte liegen lassen. Wir haben
an dem Londner Hofe und im Parlemente viele
Freunde; sie müssen sie zu Ende bringen. Ich
schreibe also an die schöne Dame, die den Frieden
so sehr liebet, den Muth nicht sinken zu lassen,
und sich zu trösten.

Gestern fieng man den schönsten Hirsch in dem
Parc zu Fontainebleau, und mein Ritter kam,
um mir das Ehrenstück auf den Knien zu über-
reichen. Ich nahm diese Galanterie mit einer
königlichen Mine, als eine ganz natürliche Eh-
renbezeigung, die meiner Schönheit erwiesen
würde, an; denn ich glaubte, ich wäre jung und
schön; aber heute glaube ich es nicht mehr. Sagen Sie der Madame von L... ich würde sie
mit Vergnügen sehen. Ich habe die Bosheit,
die sie an mir ausgeübet hat, vergessen, aber ihre Verdienste nicht, die ich vor allen Dingen in
Be-

Betrachtung ziehe; denn man muß gerecht seyn; das ist besser, als zornig zu werden. Ich umarme Sie; wollen Sie mich nicht bald wieder auf eine angenehme Art überraschen?

193. Brief.
An Ebendieselbe.

Sie hatten nicht nöthig, mir den Marquis zu empfehlen, meine liebe Freundinn; es schätzet ihn ein ieder hoch. Ich habe niemals einen offenern und zu den Geschäften geschicktern Kopf gekannt. Ich darf aber nicht vergessen, Ihnen zu sagen, daß ich gestern glaubte, ich hätte den meinigen eingestoßen. Ich sollte durch eine Thüre gehen. Eine Dame wollte haben, ich sollte zuerst gehen, und ich wollte nicht. Indem ich unter diesem schönen Streite zurücktrat, verwirrte sich mein Fuß in mein Kleid, und ich fiel auf die Stirn. Ich bin aber doch mit einer kleinen Beule davon gekommen, welche ein rühmliches Zeichen meiner Höflichkeit ist. Man wird hier bald den Esop am Hofe (Esop à la Cour) vorstellen. Wollen Sie nicht herkommen? Wir haben an diesem Hofe viele Personen, welche wirklich eben so heßlich, als Esop, aber sehr wenige, die so klug, als er, sind. Ich wollte wünschen, daß sie dadurch besser, oder wenigstens bescheidener möchten gemacht werden. Die Königinn sprach gestern von Ihnen, und fragte, wie Sie

sich

sich befänden. Sie hat viel Achtung und Freundschaft für alle diejenigen, die Ihnen ähnlich sind. Diese gute Prinzeßinn ist ohne Widerspruch das starke Weib, von welchem der jüdische König redet, der so viel Weiber liebte. Sie erträgt ihr Alter, ihre Schwachheiten, und ihren Kummer, (denn sie hat welchen) mit einer Herzhaftigkeit, die ich bewundere, und die mich in Erstaunen setzt. Ich sehe aus ihrem Beyspiele, daß die wahre Andacht zu etwas nütze ist. Der König lebet allzeit mit ihr, wie ein rechtschaffener Mann mit einer Frau lebt, die er hochschätzet; er ist von ihrer Tugend eingenommen, und ich glaube, wenn er sie überlebt, so wird er sie aufrichtig betauern. Soll ich Ihnen noch sagen, was sie schon wissen, nämlich daß mich der Dauphin nicht liebet? Er gab mir gestern einen neuen Beweis davon. Er gieng über die Gallerie, und wir kamen bey der Thüre zusammen: Ich machte ihm eine tiefe Verbeugung; er kehrte sich aber um, indem er mir seinen Unwillen zu verstehen gab. Sein Haß betrübet mich, ohne es bey mir dahin zu bringen, daß ich ungerecht handelte. Dieser Prinz besitzt grosse Eigenschaften, ein gutes Herz, und vielleicht zu viel Andacht; ich glaube aber, in diesem Stücke ist zu viel besser, als zu wenig. Dasjenige, warum ich ihn am meisten bewundere, ist seine Neigung zum Könige; er liebet ihn zärtlich, und ist vielleicht der einzige Erbe, der über den Tod seines Vaters aufrichtige Thränen vergiessen würde. Dergleichen Tugenden sind selten, aber schön. Ich

Ich untersuche bisweilen mein Gewissen, und wenn ich eine aufrichtige und natürliche Hochachtung gegen das, was gut und wahr ist, darinnen antreffe; so gerathe ich in Versuchung, etwas aus mir zu machen. Ich weis, daß dieses nicht genug ist, und daß die Tugend etwas mehr ist, als blosse Empfindung. Indessen hoffe ich, daß, wenn ich sie liebe und wünsche, ich sie bekommen werde. Ich bin, wie Sie sehen, noch immer in der Moral. Niemals habe ich so viel Betrachtungen angestellet, als ito; es ist eine natürliche Wirkung des Alters. Wenn sie Ihnen verdrießlich sind, so überschlagen Sie sie; aber lieben Sie mich allzeit. Leben Sie wohl, meine Geliebte; küssen Sie mich auf diesen Backen, und hernach auf den andern. Gute Nacht, ich werde mich niederlegen, und von Ihnen träumen. Ich bin 2c.

194. Brief.

An den Herrn Erzbischoff von Paris.

Ich habe Ihren Brief erhalten, gnädiger Herr. Er hat mich in Verwunderung gesetzt und betrübet. Man beklagt sich hier, daß die Geistlichkeit über nichts bedeutende Dinge gar zu viel lärmen macht; ich weis wenigstens, daß sie den König auf eine grausame Art quälet und martert. Ich wünsche, daß gewisse Prälaten, an statt sich als Väter der Kirche zu betrachten, und Verordnungen ergehen zu laſſen, die das Parlement verbrennet, und die Nation verachtet, uns vielmehr ein Beyſpiel der Mäßigung, der Beſcheidenheit, und der Liebe zum Frieden geben möchten. Ich will es glauben, daß Ihre Beichtzettel eine vortreffliche Sache ſind; aber die Liebe iſt noch beſſer. Ich rede itzo mit betrübtem Herzen mit Ihnen; dieſe Streitigkeiten betrüben mich, weil ſie den beſten König betrüben, und das ganze Reich ärgern. Wenn ich mich aber irre; ſo bitte ich Gott, mich zu erleuchten. Aber zu gleicher Zeit will ich einmal offenherzig mit ihnen reden. Was Ihre Jeſuiten anbetrifft, ſo muß man ſie der Gerechtigkeit des Parlements überlaſſen. Ein Mann, der ſie gut kennet, ſagte geſtern zu mir; ſie hätten niemals etwas gutes gethan, als daß ſie die Quinquina aus Peru mitgebracht hätten, und daß ihre Geſellſchaft die Plage der Könige und der Staaten, die ſie geduldet hätten, geweſen wäre. Es würde mir unmöglich ſeyn, ihnen zu dienen. Wenn ich es aber auch thun könnte; ſo würde ich es doch nicht thun; ich ſage es Ihnen gerade heraus. Es ſcheinet, als ob ſie es verdienet hätten, ausgerottet zu werden; man rotte ſie alſo aus. Ich bitte Sie demnach, gnädiger Herr, nicht mehr von dieſer Sache mit mir zu ſprechen, und den König in Ruhe zu laſſen. Bedenken Sie erſt, daß Sie ein Unterthan ſind, ehe Sie daran denken, daß Sie Biſchoff ſind. Indeſſen ſind Sie auch mein Seelenſorger, und ich bitte Sie um Ihren heiligen Segen.

Nach-

Nachschrift. Ich bekomme diesen Augenblick ein grosses Packet Briefe. Sie sind von Bischöffen, die mich bitten, mein Ansehen zum Besten der Gesellschaft anzuwenden. Ich sehe hieraus, daß sich fast alle Geistliche in dem Königreiche unter einander verbunden haben, sie zu erhalten; da sich indessen fast alle weltliche Personen vereinigen, um sie zu Grunde zu richten, und das mit Recht. Ich werde diese Bischöffe auch bitten, mich in Ruhe zu lassen, und mir ihren heiligen Segen zu ertheilen.

195. Brief.
An den Herzog von Broglio.

Sie spotten meiner mit Ihren Complimenten, mein Herr Herzog. Ich war über Ihre Ungnade sehr gerührt, und murrete heimlich, als ich sah, daß ein artiger Mann bey seinem Prinzen nicht wohl stund, da indessen so viele niederträchtige und kriechende Menschen den Kopf stolz empor heben, und sich etwas zu seyn dünken, weil sie glücklich sind. Der König war sehr eingenommen; endlich hat er ihre Verdienste und den niederträchtigen Neid ihrer Feinde eingesehen. Es ist wahr, ich habe etwas weniges dazu gesagt, das die Sache vielleicht nicht schlimm gemacht hat. Das ist es aber auch alles, wofür Sie mir, oder wofür ich vielmehr Ihnen Dank schuldig bin; denn es ist meine Pflicht, und mein ganzes

Ver-

Vergnügen, dem unterdrückten Verdienste zu dienen. Alle Fremde, die ich sehe, werden nicht müde, mit den größten Lobeserhebungen von Ihnen zu reden, besonders der spanische Abgesandte, der die Menschen sehr gut kennet. Es ist mir sehr verdrießlich, daß uns Ihr Freund verlassen hat, um nach Dännemark zu gehen; man hat ihm einigen Anlaß gegeben, mißvergnügt zu seyn, man fängt aber an es zu bereuen. Was wird also aus Frankreich werden, wenn man es den wenigen Männern, die ihm Ehre machen und es werthdigen können, verhaßt macht? Indessen kann der Sache noch geholfen werden. Wenn er sich nicht schon zu weit eingelassen hat; so ist man Willens ihn zufrieden zu stellen. Um wieder auf Sie zu kommen, mein Herr Herzog, so sage ich es Ihnen nochmals, es ist mir angenehm, Sie, gleich uns, in Gunst, gerhret, und zufrieden zu sehen; aber danken Sie mir nicht mehr dafür.

196. Brief.
Vom Herzoge von Nivernois.
London, den 15 Sept. 1762.

Ich habe die Ehre, an Sie zu schreiben, Madame, indem ich noch ein wenig von der Reise betäubet bin; denn ich bin nur vor drey Tagen hier angekommen, nachdem mir unterwegs verschiedene kleine Verdrießlichkeiten begegnet sind. Die angenehmste ist diejenige, die ich von Seiten des Wirths erfahren habe, der
mich

mich zu Canterbury beherberget hat. Ich hatte wenig Leute bey mir, und dennoch nahm dieser drollige Mann funfzig Guineen für mein Soupee. Bis dahin war alles gut, und es war weiter nichts, als eine feindselige Handlung, wozu ihn der Krieg berechtigte, der noch dauert. Ich war geschlagen. Ich sagte kein Wort; aber der Ueberwinder rühmete sich seines Sieges. Nun fand ich Vertheidiger. Alle Engländer haben seine Aufführung gemißbilliget. Der Adel der dasigen Gegend hat mich bitten lassen, ich sollte mir Schadloshaltung zu verschaffen suchen. Weil ich es aber nicht habe thun wollen; so hat er den förmlichen Entschluß gefaßt, seine Sitzungen nicht mehr, wie bisher, bey diesem Manne zu halten. Ich bin gerochen gnug; denn er ist zu Grunde gerichtet, wenn ich der Sache nicht abhelfe.

Das Meer, die Beschwerlichkeiten und die überhäufte Arbeit sind die Ursache von meiner Unpäßlichkeit auf der Reise gewesen. Ich konnte meine Augen beynahe gar nicht mehr brauchen; aber seit meiner Ankunft allhier befinde ich mich wieder besser. Und weil Sie von dem Zustande meiner Nerven schlechterdings Nachricht verlangen; so muß ich Ihnen sagen, daß sie niemals so biegsam gewesen sind. Der Himmel gebe, daß ich ebendieses auch von den Einwohnern dieses Landes mag sagen können. Uebrigens läßt es sich gut an. Die Nation, ich will sagen, der vernünftige Theil der Nation, überschüttet mich mit
Höflich-

Höflichkeiten. Ich kann es nicht gnug loben, wie wohl ich von dem Könige bin aufgenommen worden. Ich habe Ihre Geschenke selbst zu den Füssen der Schutz- und Friedensgöttinn, von welcher wir unser Heil erwarten, niedergelegt. Diese große Person schien einen großen Wohlgefallen an Ihrer Aufmerksamkeit zu haben, und ich überschicke Ihnen den Dank, den sie mir Ihnen abzustatten aufgetragen hat. Wenn sie sich unserer guten Absichten ferner so eiferig annimmt; so hoffe ich von hier nicht abzureisen, ohne den Zweck meiner Sendung erreicht zu haben. Sie hat eine große Einsicht in die Geschäfte, und es ist mir fast ein eben so großes Vergnügen, mit ihr davon zu reden, als mit einer andern Dame, die mit diesem Verdienste Eigenschaften verbindet, die sich, wie ich lange Zeit dafür gehalten hatte, nicht wohl dazu zu schicken schienen; aber...

Le Donne son venute in eccellenza
Di ciascun' arte, ove hanno posto cura.

Ich hoffe, der Johannesberger Sieg wird etwas beytragen können, einige Schwierigkeiten zu heben. Ich habe diese gute Nachricht bey meiner Ankunft allhier gehöret. Ich habe mit überaus großem Vergnügen gesehen, in was für einem Glanze sich alle diejenigen, die ich am meisten liebe, gezeiget haben. Was der Herr von Conflans gethan, ist das einzige in seiner Art, und macht ihm viel Ehre. Ich bin versichert, daß Sie nochmals gesagt haben: Es sind nicht dieselben

selben Menschen, welche die Comödie spielen und
Narren sind.

197. Brief.
An den Herzog von Nivernois.
1762.

Sie haben also die Hauptstadt und die neuen
Römer, wie sie sich nennen, gesehen; es
wird Sie aber Mühe kosten, sie zu lieben. Der
König Georg hat Sie wohl aufgenommen, die
vornehmen Herren liebkosen Sie, und das gemeine Volk zischet Sie aus; das haben wir alles vorhergesehen. Die Hauptsache kömmt darauf an,
daß man es mit dem Oberhaupte hält. Man
muß mit dem Steuermann und den Schiffsofficieren reden, ohne auf den Pöbel Acht zu haben,
der unten im Schiffe murret. Ueber die Geschichte Ihres Soupees zu Canterbury haben wir
gar sehr gelacht; es ist billig, der Friede ist noch
nicht geschlossen, und Ihr Wirth ist mit Ihnen
als mit einem Feinde umgegangen. Die Engländer haben, wie Sie sagen, die Aufführung dieses ehrlichen Mannes durchgängig gemißbilliget;
die Schadloshaltung ist großmüthig und hinlänglich; ich glaube aber nicht, daß Sie jemals wieder bey ihm soupirt haben. Man ist bereit, den
Engländern Canada gern und willig zu überlassen,
und wünschet, daß sie viel Nutzen davon haben
mögen. Was aber die Inseln und Pondichery
anbe-

anbetrifft, so muß man sie zu erhalten suchen, es koste auch, was es wolle. Was die Auslösung der Gefangenen, und die canadischen Billets anbetrift; so wird man deswegen keine Schwierigkeiten machen. Es ist ein kleines Kaufmannsmemoire, das man so gleich wird bezahlen müssen. Ich bitte Sie, der grossen Dame meinen Respect zu vermelden. Die Kleinigkeit, die ich ihr überschickt habe, ist damit, daß sie die Gütigkeit gehabt hat, sie anzunehmen, überflüßig bezahlt. Wir empfehlen uns ihr allzeit, ꝛc.

198. Brief.
Von dem Grafen von Affry.

Haag, den 10 Oct. 1762.

Madame,

Ein kleines Ebentheuer, dergleichen uns das Jahr hindurch mehrere begegnen, ist Ursache, daß ich Ihnen beschwerlich falle. Diesen Morgen brachte man einen jungen Menschen zu mir, der sehr gut aussah, und schlecht gekleidet war. Eine Weibsperson, die ungefähr achtzehn Jahre alt war, und sehr ermüdet zu seyn schien, stützte sich mit dem einem Arme auf ihn, und trug auf dem andern ein Kind. Es ist ebendiejenige, die Ihnen diesen Brief überbringt. Lassen Sie sie vor sich, und sagen Sie mir, ob sie nicht einnehmend ist. Wir sind Franzosen, sagte der junge Mensch zu mir; wir möchten gern in unser Vaterland

land zurückkehren; wir können es aber nicht anders, als unter dem Schutze ... Er konnte nicht ausreden, so groß war die Bestürzung, in welche er gerieth. Ich will ihnen unsere Geschichte erzählen, sagte das junge Weib mit niedergeschlagenen Augen, indem sie ein wenig erröthete, und mit gewissen kleinen Annehmlichkeiten zu mir, die mir schon zum voraus zu verstehen gaben, daß ihr Fehler von der Art derjenigen war, die ich vielleicht zu entschuldigen nur gar zu geneigt bin. Wir wollen sehen, Madame, ob ich ihre Erzählung in der angenehmen Unordnung, in welcher sie dieselbe verbrachte, wieder vorbringen kann. „Vor zwey „Jahren ... Er war damals nur zwanzig Jahre „alt, und in diesem Alter ist man noch gar sehr „jung ... Er war ein Soldat, und hatte wegen „einer Bleßur Urlaub, sich sechs Monate bey uns „aufzuhalten. Er arbeitete, als ein Tischerge„selle, in der Werkstatt meines Vaters. Er ist „sehr geschickt, und mein Vater sagte beständig: „Dieser junge Mensch sollte mein Eidam wer„den, wenn ich nicht so reich wäre. Kurz, „ich hörte einen ieden gutes von ihm reden, und „wenn ich des Abends spann, so sungen wir mit „einander. Er erzählte uns auch die Eroberung „von Porto-Mahon und den Krieg mit den Han„noveranern. Er ist dreymal verwundet wor„den ... Ich sah wohl, daß er mir gewogen „war, und ich wurde auch ihm gewogen ... „Gnädiger Herr, Sie wissen ... Man muß „dem gnädigen Herrn alles sagen, nicht wahr,

Cc 2 „mein

„mein Freund . . . Gnädiger Herr, es begegne„te uns ein Zufall . . .„ Stellen Sie sich, Frau Marquisinn, einen Blick vor, der auf das Kind geworfen wurde, und in diesem Blicke alles was zu gleicher Zeit höchstcomisch und rührend ist; so werden Sie wissen, was dieser Zufall zu bedeuten hatte. „Ich furchte mich vor meinem „Vater, und lag meinem Freunde gar sehr an, „die Flucht zu ergreifen. Er wollte es nicht thun, „und nachdem ich die Sache überlegt hatte; woll„te ich auch nicht, daß er ausreissen sollte. Ich „entfloh also ganz allein, und schrieb ihm, daß ich „sterben wollte. Ich setzte meinen Weg lange „Zeit fort, und als ich nicht weit mehr von der „Gränze war, kam er des Abends zu mir. Ich „zitterte vor Freuden und vor Schrecken. Wir „kamen endlich glücklich aus dem Lande. Er „gieng so gleich nach einem Priester. Wir sind „wirklich verheyrathet, und das ist unser Kind . . „Wir haben bisher von unserer Hände Arbeit ge„lebet. Wir haben viele Länder gesehen; aber „wie sehr sind sie von Frankreich unterschieden! „Wie glücklich würden wir seyn, wenn wir wieder „dahin zurückkehren könnten . . . Wenn dieses aber „geschehen soll; so muß mein Mann von dem Kö„nige Begnadigung erhalten . . . . Und du von „deinem Vater,„ sagte der junge Ausreisser. Wo „seyd ihr denn her?„ Gnädiger Herr, sie ist die „Tochter eines Tischers zu Meudon, und mein „Vater ist einer von den Gärtnern der Frau Mar„quisinn zu Bellevue.„ Das war ein neuer Bewegungs-

wegungsgrund mich ihrer anzunehmen. Ich
schreibe sogleich, aber ich verlasse mich nur auf Sie,
Madame. Söhnen Sie dieses artige Kind mit
seinem Vater aus. Ich hoffe wegen der drey
Wunden von dem Könige für ihren Mann Gnade
zu erlangen. Wie reiset ihr denn aber, meine
Freunde? „Gnädiger Herr, er trägt unser Kind
„auf dem Arme„. „Gnädiger Herr, sie gehet
„zu Fuße„. Wie! so zärtlich und so weit? „Ach!
„wenn sie wüßten, was sie schon ausgestanden hat!„
. . . Und er? „Sie können es sich nicht vorstellen! . . . Ich bin nicht reich, meine Kinder; indessen will ich dafür sorgen, daß ihr bequemer reisen könnet. Wo erwartet ihr eure Gnade? „In
„der Schweiz, gnädiger Herr, weil mein Regi-
„ment zu Besancon liegt„. In der Schweiz! keh-
ret daselbst in dem alten Schlosse Wallensthal, bey
meinen guten und alten Befreundten ein. Saget
ihnen, ihr wäret bey mir gewesen . . . Sie können
sich vorstellen, daß ich gar sehr gerührt war,
doch nicht auf eine kindische Art, denn ich war
ganz ernsthaft dabey. Aber dieses gute Paar war
durchaus gerührt und erweicht. Ich versichere
Sie, es sind zwo schöne Seelen. Man nahm
mich bey den Händen, und drückte sie. „Gnädi-
„ger Herr, o wie gütig sind sie? wir würden un-
„ser Leben für Sie lassen„. Nichts meine Freunde,
nichts . . . Hier streichelte mich, ich weis nicht,
wie es kam, das Kind mit seinen kleinen Händen.
Ich bin alt, aber so fühlbar, als in meinem funf-
zehnten Jahre. Ich konnte mich nicht mehr halten,

ten, und sah mich genöthiget, ihnen geschwind den Rücken zuzuwenden, indem ich ihnen mit stammelnder Zunge sagte, sie möchten gehen; und sie werden mich entweder für einen Thoren, oder, wenn sie meine Bestürzung wahrgenommen, für ein Kind gehalten haben; denn gewiß, alle diese kindischen Dinge schicken sich für einen Mann nicht.

Sollten Sie es wohl glauben, Frau Marquisinn, daß man es in diesem Lande nicht gern siehet, daß Friede wird. Es war für die ehrlichen Holländer gar sehr bequem, in ganz Europa, ohne beunruhiget zu werden, zu handeln, da indessen die übrigen Nationen einander die Hälse brachen. Gott gebe, daß dieser Friede von Dauer seyn möge. Ich wünsche, daß ich mich betrüge; ich vermuthe aber den Krieg in zweyen oder dreyen Jahren wieder angehen zu sehen.

199. Brief.

Vom Herrn von Alembert.

Madame,

Ich weis, daß Sie von den Anerbiethungen, welche mir die rußische Kaiserinn hat thun wollen, benachrichtiget sind. Man hat mir noch zu Temple gesagt, Sie nähmen an der Entschließung, die ich fassen würde, Theil. Sie ist mir von meiner schlechten Gesundheit, und von der mäßigen Meynung, die ich von meinen Talenten hege,

hege, um der Lehrer eines grossen Prinzen zu seyn, vorgesagt worden. Ich werde von der Ehre geschmeichelt, die mir die Kaiserinn angethan, indem sie die Augen auf mich geworfen hat. Ich würde mich glücklich schätzen, wenn ich etwas zu dem Glücke einer Nation beytragen könnte, die iezo einen so grossen Einfluß in die europäischen Geschäfte hat, indem ich ihr einen gerechten, friedfertigen und solchen Regenten, der sich mäßigen kann, bildete; indem ich ihn lehrete, die Treue der Bündnisse, die heiligen Rechte seiner Unterthanen in Ehren zu halten, sich an seinen Besitzungen gnügen zu lassen, ohne eines andern seine anzufallen, so vortheilhaft und leicht es ihm auch immer seyn möchte; ein nützlicher und treuer Bundesgenoß zu seyn; den Schwächern mit Hülfe des Stärkern nicht zu unterbrücken; eine betrügliche Vermittelung nicht zu mißbrauchen, um einen Ueberwundenen zugleich nebst dem Ueberwinder das seinige zu nehmen; nichtige oder veraltete Ansprüche, woran es den Ehrgeizigen niemals fehlt, nicht zu seinem Vortheile zu mißbrauchen; das Wort, welches er den Unglücklichen gegeben und geschworen hat, zu halten; durch ungerechte Befehle die Heiligkeit der Richterstühle nicht zu verletzen; durch eine gar zu weit getriebene Habsucht die Eifersucht seiner Nachbarn nicht rege zu machen; nicht.... Kurz, Frau Marquisinn, ich weis und sehe hier alles vollkommen ein, was ich ihm würde beybringen müssen; ich würde aber vielleicht gar sehr verlegen seyn,

seyn, wenn ich Hand anlegen sollte. Und wenn der Prinz, den ich erzogen hätte, ungerecht, gewaltthätig, ein Usurpateur; ein Tyrann würde; so würde ich vor Betrübnisse sterben.

200. Brief.
An den Herrn von Alembert.
Als die Antwort auf den vorhergehenden Brief.

Sie haben mir ein Vergnügen gemacht, indem Sie mir von Ihrem wegen der Reise nach Rußland gefaßten Entschlusse Nachricht gegeben. Sie verachten und schlagen herrliche Anerbiethungen, die viele andere würden geblendet haben, höflich aus. Dieses Verhalten ist edel und großmüthig; iedermann billiget es. Es ist einem Philosophen weit angenehmer, in Ruhe und in seinem Vaterlande, bey mittelmäßigen Umständen den Ruhm zu genießen, den er sich durch seine Mühe und Arbeit erworben hat, als anderswo Güter und Ehre zu suchen, die ihn doch nicht glücklicher machen würden. Ich habe von Ihrer Schrift, welche die Jesuiten betrifft, etwas gelesen, und ich finde, daß sie eben so gut geschrieben, als nachdrücklich und überzeugend abgefaßt ist. Diese Leute haben ihre Ungnade ohne Zweifel verdienet, und meines Erachtens verfährt man noch gelinde mit ihnen. Ich wundere mich, daß Ihr Freund Voltaire bey dieser Gelegenheit so stille schweigt, da er doch bey allen vorfallenden Gelegenheiten so schöne Sachen machet. Ich sage es Ihnen zum Beschlusse nochmals, daß ein ieder Ihr Verhalten, welches belohnet zu werden verdienet, und auch gewiß belohnet werden wird, lobet und bewundert. Ich bin ꝛc.

201. Brief.
An den Herrn von Voltaire.

Ich sage Ihnen für das mir überschickte Buch vielen Dank. Alles ist darinnen schön, alles ist wahr; und Sie sind allemal der Mann, der in der Welt am besten schreibt und denkt. Sie haben grosse Ursache die Toleranz zu predigen; aber die Unwissenden verstehen Sie nicht, und die Heuchler wollen Sie nicht verstehen. Als man mir die Hinrichtung des unglücklichen Calas erzählte; so glaubte ich anfangs, es hätte sich dieses unter den Cannibalen zugetragen; man hat mir aber gesagt, es wäre bey den Wilden zu Toulouse, in einer Stadt, wo die heilige Inquisition eingeführet wäre, geschehen; und da habe ich mich nicht darüber gewundert. Ich habe dem Könige einige Stellen aus Ihrer Schrift vorgelesen, welcher davon gerührt wurde. Er hat den festen Entschluß gefaßt, das Andenken dieses ehrlichen Alten zu rächen, und ihm seine Ehre wieder zu verschaffen. Ich für meine Person würde nicht böse seyn, wenn man seine Richter auf die Galeeren schickte. Man sagt, die gute Stadt Toulouſe wäre ſehr andächtig. Gott bewahre mich davor, daß ich iemals ſo andächtig werde!

Aber ſagen Sie mir doch, mein lieber Herr, kann man wohl in Ihrem Alter noch mit ſo vielem Feuer und Genie ſchreiben? Fahren Sie fort die Menſchen zu unterrichten; ſie haben es gar ſehr nöthig. Ich meines Orts werde fortfahren Sie zu leſen und zu bewundern. Man iſt unlängſt ſo unverſchämt geweſen mir Verſe zu überſchicken, die ſo wohl für den König, als für mich, ſehr ehrenrührig waren. Es wollte mich iemand verſichern, Sie hätten ſie gemacht. Ich behauptete aber, ſie könnten nicht von Ihnen ſeyn; weil es ſchändliche Verſe wären, und ich Ihnen niemals etwas zu Leibe gethan hätte. Sie ſehen hieraus, was ich von Ihrem Genie und von Ihrer Gerechtigkeit denke. Meinen Feinden verzeihe ich gar gern; aber den Feinden des Königs vergebe ich nicht ſo leicht; und es würde mir nicht zuwider ſeyn, wenn der Verfäſſer dieſer ſchönen Verſe eine Zeit lang nach Bicêtre geſchickt würde, ſeine Sünden, ſeine Verleumdungen und ſeine ſchändliche Poeſie zu beweinen.

Iſt es denn wahr, daß Sie gefährlich krank geweſen ſind, und die Sacramente mit einer exemplariſchen Andacht empfangen haben? Die erſte Nachricht habe ich ungern, die andere aber mit Vergnügen vernommen; weil ſie die gute Meynung beſtätiget, die ich in Anſehung der Religion allzeit von Ihnen gehoget habe. Sie mögen

gen indeſſen thun, was Sie wollen; ſo werden Sie Ihren kleinen, aber gefährlichen Feinden doch niemals das Maul ſtopfen. Der Herr von Argouge ſagte bey dieſer Gelegenheit: Ach! der alte Sünder, er glaubet nicht eher an Gott, als wenn er das Fieber hat. Ich gab ihm meinen Unwillen darüber gar ſehr zu erkennen, indem ich zu ihm ſagte, in dieſen Worten wäre weder Wahrheit, noch Liebe zu finden. Leben Sie wohl, Apollo, die guten Nachrichten, die ich von Ihrer Geſundheit erhalte, ſind mir allezeit ſehr angenehm. Wenn ich Ihnen aber in etwas dienen, und Frankreich glücklicher ſehen könnte; ſo würde meine Freude vollkommen ſeyn.

202. Brief.
An die Gräfinn von Baſchi.

Geſtern ſah ich die Gemälde, die in dem Louvre ausgeſtellt ſind, meine liebe Gräfinn; ich traf daſelbſt mein Geſicht an vielen Orten an, es gefiel mir aber nicht ein einziges. Ich geſtehe in aller Demuth, daß die Schuld nicht an dem Maler lag; ich bin nur zu bald in die Welt gekommen. Ein vierzigjähriges Geſicht iſt von einem achtzehnjährigen gar ſehr unterſchieden; und wenn man auch gleich eine noch ſo ſtarke Seele hat, ſo denket man doch nicht ohne Verdruß daran. Ich halte überhaupt dafür, daß ſich ein ſchönes Frauenzimmer vor dem Tode weit weniger, als vor dem

Ver-

Verluste ihrer Jugend fürchtet. Wer das Gegentheil behauptet, leugt, oder ist nur ein Thier.

Ich habe von der kleinen Frau des neuen Financier einen Besuch bekommen. Sie hat mir unzählige Liebkosungen mit der augenscheinlich guten und aufrichtigen Miene, die ich so sehr liebe, gemacht. Der neue Minister will ein ehrlicher Mann seyn; ach! sie sind es vier und zwanzig Stunden lang alle. Er hat seine Verbesserung bey den Beinkleidern des Königs angefangen, den er gestern fragte, wie viel Paar er das Jahr lang wohl brauchen möchte? „Da ich oft zu Pferde bin, „sagte der König; so glaube ich, daß ich wohl al„ler drey Tage ein paar brauchen möchte. Das „wird in allem ungefähr nicht mehr, als zehn Du„tzend machen, sagte der Controleur. Aber sehen „Sie hier einmal das Verzeichniß von den Bein„kleidern, die man im letztern Jahre auf Ew. „Majestät Rechnung gesetzt hat; es sind deren „nicht mehr, als 900 Paar„. Dieser artige Mann gieng hierauf zu den Prinzeßinnen, zog etliche paar weiße Handschuh aus seiner Tasche, und fragte sie, wie sie ihnen gefielen? „Sie sind „sehr schön, sagten die Prinzeßinnen. Gut, er„wiederte der Controleur, das Paar kostet mich „nicht mehr, als zwanzig Sous; die ihrigen ko„sten vierzig; ich werde die Ehre haben, Ihnen „inskünftige welche zu verschaffen„. Sie sehen, meine liebe, daß dieser Mann einen guten Anfang macht, es sind aber weit wichtigere Verbesserunferungen zu machen, als in Ansehung der Beinkleider und Handschue. Man will Geld borgen, aber die Franzosen haben nichts zu verleihen, und die Ausländer wollen nichts hergeben. Unser Credit ist verlohren; es sind weder Hypotheken, noch freye Fonds, zur Sicherheit derer, die leihen, mehr da. Laval sagte gestern, ein portugiesischer General, der Geld nöthig gehabt, hätte sich an Kaufleute gewendet, welche ihm zweymal hundert tausend Pistolen auf seinen Bart geliehen hätten. Ich weis nicht, wie viel Hochachtung die Holländer z. E. gegen den Bart des Königs haben; ich bin aber gewiß versichert, daß sie nicht zwanzig Ducaten auf dieses Pfand leihen würden. Man sagte vor einiger Zeit, die Generalpachter sollten gehenkt werden; sie haben aber mächtige Freunde, welche sagen, sie wären die Stützen des Staats. Andere sagen, sie hielten den Staat, wie der Strick, der einen Missethäter am Galgen hält. Was denken Sie davon? So viel ist gewiß, daß wir verachtet und elend sind. Sonst hassete man Frankreich, man fürchtete es aber doch; itzo hasset man es nicht nur, sondern man verachtet es auch noch. Obgleich die Frauenzimmer überhaupt bey den öffentlichen Angelegenheiten sehr gleichgültig sind; so kann und darf ich es doch nicht seyn. Deswegen haben meine Briefe fast allzeit ein, obgleich nicht gar zu sonderliches, politisches Ansehen, welches, ausser Ihnen, einer jeden andern gar sehr verdrießlich seyn würde.

Ich

Ich darf nicht vergessen Ihnen zu sagen, daß die Pocken seit einiger Zeit hier wüthen. Sie haben in vierzehn Tagen zwanzig Personen ums Leben gebracht, und funfzig andere verunstaltet. Hüten Sie sich also gar sehr, Ihr schönes Gesicht itzo hieher zu bringen. Ich würde Sie fast eben so gern todt, als heßlich sehen. Ich umarme Sie, meine zärtliche Freundinn, suchen Sie sich deswegen zu trösten, daß Sie mich nicht sehen. Und wenn Sie dieses Geheimniß finden; so unterlassen Sie nicht, es mir mitzutheilen. Leben Sie wohl ꝛc.

203. Brief.
An Ebendieselbe.

Ich zittere noch von der Begebenheit, die ich Ihnen erzählen will. Man hat einen von der Leibwache in seinem Blute und verwundet auf seinem Posten gefunden. Wer hat ihn in diesen Zustand versetzt, werden Sie sagen? Geduld, Madame, hören Sie mir zu. Man näherte sich ihm, und fragte ihn, wer seine Mörder wären? Er antwortete: Es hätten zween Männer, die eine üble Mine gehabt, mit Gewalt in das Zimmer des Königs eindringen wollen. Diese Begebenheit schien sehr wunderbar zu seyn, und machte viel Lärmen. Man fragte ihn weiter, und endlich sah man aus seinen Antworten, daß er sein eigener Mörder war. Ich muß Ihnen nun sagen, was dieser arme Mensch für Bewegungsgründe dazu

dazu hatte. Er glaubte, wenn er sich an gewissen nicht gar zu gefährlichen Orten, fünf oder sechs Stiche mit dem Messer gäbe; so würde iedermann glauben, das Leben des Königs wäre in großer Gefahr gewesen, man würde ihn bewundern, und seinen Muth und seine Treue belohnen. Er hat sich aber betrogen. Man hat diese sonderbare Begebenheit, wegen der traurigen Folgen, die sie hätte haben können, für so wichtig gehalten, daß er, anstatt eine Belohnung zu erhalten, ganz gewiß vom Leben zum Tode wird gebracht werden. Alle seine Cameraden sind über diese schändliche That aufgebracht. Ich für meine Person halte dafür, dieser Mensch war närrisch, und man würde vielleicht eine Grausamkeit begehen, wenn man einen Narren, anstatt ihn ins Tollhaus einzuschließen, henken wollte. Andere denken aber ganz anders, und sie haben zu befehlen *).

Das Juwelenkästchen, welches Sie mir überschickt haben, ist vortrefflich. Ich mache mir das Vergnügen, es mit dem nöthigen zu versehen, ob ich gleich schon nur gar zu viel solche prächtige Kleinigkeiten habe, die weiter zu nichts, als zur Eitelkeit nütze sind. Ich werde es indessen doch lieben, weil es von Ihnen kömmt. Was aber das lieben anbetrifft, so liebe ich Ihre Tochter noch mehr, als Ihr Kästchen. Schöne Züge, schöne Augen, eine schöne Gestalt, und ein gutes Herz. Sie hat eine Menge Bewunderer, aus welchen

sie

*) Der arme Larouche wurde gehangen.

sie sich eben nicht viel zu machen scheinet; und ich schätze sie deswegen noch höher, denn es ist schwer, ihr zu gefallen, und sie zu verblenen. Es ist aber doch ein junger, liebenswürdiger Mensch aus einem vornehmen Hause hier, der sich für sie schicken würde. Ich glaube auch, er ist ihr nicht so gleichgültig, wie die andern; denn sie gehet allzeit sehr ernsthaft und zurückhaltend mit ihm um. Dieses ist, so viel ich mich erinnern kann, ein Kennzeichen der verliebten Krankheit. Wenn Ihnen diese Partie nicht mißfiele; so glaube ich, es würde nicht viel Mühe kosten, eine Heyrath zu Stande zu bringen. Es ist eine Schwachheit der alten Weiber, daß sie gern Heyrathen stiften, und Sie sehen hieraus, daß ich mich fast auch darunter zählen kann. Ich tröste mich deswegen noch so ziemlich, besonders weil ich Sie liebe. Das wahre Vergnügen der Freundschaft hält für die beunruhigenden Annehmlichkeiten der Leidenschaften gar sehr schadlos. Leben Sie wohl, meine Liebe; lieben Sie mich Ihres Orts allzeit recht sehr.

204. Brief.
An Ebendieselbe.

So bald Sie diesen Brief werden gelesen haben, so bitte ich Sie, meine geliebte Freundinn, Ihren Wagen anspannen zu lassen, und sich zu der Marquisin von Laval zu begeben. Es ist noch etwas einzukaufen; werde ich denn des Kaufens

Kaufens niemals müde werden? Sagen Sie ihr also, daß ich sie gar sehr liebe, und sie bitten lasse, an das zu denken, was sie wohl weis, so lange es noch Zeit dazu ist. Sie wird Ihnen sagen, was es ist; schmählen Sie aber nicht auf mich, wenn Sie diesen Aufwand mißbilligen. Der hagere Abgesandte wird uns verlassen, und es wird ihn, wie ich glaube, niemand bedauern, ausgenommen sein Fleischer und sein Schneider. Er hat keinen Verstand, und seine Person ist auch nicht liebenswürdig. Der König wird ihm sein Bildniß geben. Man weis noch nicht, wer sein Nachfolger seyn wird.

Ist es wahr, daß der Graf in das Bad zu Plombiere gehet? Der arme Mann! ich beklage ihn, wenn er es nöthig hat, und noch weit mehr, wenn er es nicht nöthig hat. Man besuchet dergleichen Oerter weit öfter zum Vergnügen, als aus Noth. Sie kennen einen gewissen Herrn le Riom: Dieser hat allda funfzig tausend Thaler Renten durchgebracht. Das ist eine gute Lehre; aber wer macht sich die guten Lehren zu Nutze? Geben Sie sich also alle Mühe, diese Reise zu verhindern, wenn sie nicht unumgänglich nöthig ist. Der dicke Ochse ist sehr krank. Man glaubt, er wird sterben; er lebet für seine arme Familie und für die ehrlichen Leute zu lange. Wissen Sie, daß die dicke Herzoginn angekommen ist, die, welche ganz Europa, wie ein Grenadier, allein durchreiset? Die Natur hat sich gewiß geirret, als sie sie gemacht hat; denn diese Frau ist eine

Dd   Manns-

Mannsperſonn. Sie war geſtern bey dem Könige, denn ſie etwas von ihren Reiſen erzählen ſollte, und welcher ſie fragte, ob Londen ſchöner wäre, als Paris? „Sire, ſagte ſie, es giebt keine „ſchönen Häuſer in Londen; aber viel ſchöne „Straſſen, und ſchöne Geſichter, beſonders unter „den Frauenzimmern." Sie wird bald nach Deutſchland reiſen, welches ſie ſchon zweymal geſehen hat; und ſie verſpricht uns eine Beſchreibung von ihren Reiſen; dieſe wird etwas ſonderbares ſeyn. Ich ſehe mich genöthiget hier zu ſchlieſſen. Geben Sie mir indeſſen einen Kuß, Sie ſollen tauſend andere dafür bekommen.

205. Brief.
An Ebendieſelbe.

Ich bin ſehr böſe auf Sie. Ich erwartete Sie dieſe Woche; warum ſind Sie denn nicht gekommen? Wenn Sie den Verdruß wüßten, der mir in dieſem irdiſchen Paradieſe, wie es die Unwiſſenden nennen, das Herz abfrißt; ſo würden Sie mich, wo nicht aus Neigung, doch wenigſtens aus Mitleiden, beſuchen. Es iſt kein Menſch liebenswürdig, als der König; alle übrige ſind erbarmenswürdige Leute. Was die Frauenzimmer anbetrifft; ſo will ich nichts von ihnen ſagen, indeſſen läuft ihnen iedermann nach. Die Galanterie iſt die Thorheit der Franzoſen; die übrigen Nationen wiſſen zu lieben. Da wir

aber

aber vom lieben reden; so halte ich dafür, daß Ihre Tochter ihren Theil hat. Die arme Kleine weis nicht, was ich sagen will; sie ist die Unschuld selbst. Sie ist auf einmal ganz ernsthaft geworden, und oftmals scheinet sie geweinet zu haben. Uebrigens besitzt der junge Mensch, den ich im Verdachte habe, Verdienste, und mißfällt mir nicht. Ich sehe Ihre Familie als die meinige an. Gestehen Sie es nur, die Freundschaft ist etwas schönes, weil sie, so zu sagen, zween Körpern eine Seele mittheilet.

Die gute Stadt Dünkirchen hat Abgeordnete hieher geschickt, um wegen der Zerstörung ihres Havens unnütze Vorstellungen zu thun. Der Friedenstractat muß vollzogen werden. Welches Elend! Die Engländer reden schon vom Kriege; die einen wetten, er würde in sechs Monaten, und die andern, in einem Jahre angehen. Das ist die Gewohnheit dieses närrischen Volks; anstatt vernünftig zu urtheilen, wettet man. Aber in den engländischen Pappieren hat man schreckliche Nachrichten gelesen. Sie müssen also wissen, Madame, daß der Kaiser einen tödtlichen Haß gegen die Franzosen heget, und daß er Lothringen wieder haben will, ohne das wieder herzugeben, was er dafür bekommen hat. Er soll auch noch Elsaß und die drey Erzbißthümer als alte Domainen des Reichs wegnehmen. Seine Armee ist schon im Felde; sie stehet bey Trier, wo sie ohne Zweifel aus den Wolken herabgekommen ist; und

Dd 2   alles

alles dieses wird auf den Frühling gegen das arme
Frankreich losbrechen. Das schreiben und glauben die Engländer, Madame; und dennoch sagen
sie, sie wären klug und vernünftig.

Wie es scheinet, so werden sie viel Mühe haben, sich in Canada festzusetzen. Die Wilden
lieben die Franzosen allzeit, und fügen ihren neuen
Herren so viel Schaden zu, als sie nur können.
Ich glaube nicht, daß es noch eine Nation giebt,
welche die Kunst, sich verhaßt zu machen, so gut
verstehet, als die Engländer. Desto besser; sie
würden gar zu gefährlich seyn, wenn sie auch noch
liebenswürdig wären.

Ich habe fast Lust Sie nächster Tage zu überraschen; erwarten Sie mich aber nicht, denn sonst
würde es keine Ueberraschung seyn. Mein Gott!
die schöne Zeit! warum sind Sie nicht hier, damit sie mir noch schöner vorkommen möge? Leben
Sie wohl.

206. Brief.
An Ebendieselbe.

Ihre Betrachtungen über die Freundschaft sind
vortrefflich, und verdienten, Ihnen zu Ehren, und zum Unterrichte anderer, gedruckt zu werden. Die Mannspersonen sagen, die Frauenzimmer könnten einander unmöglich aufrichtig lieben. Sie lügen; bloß unser Beyspiel beweiset
das Gegentheil.

Ja

Ja gewiß, ich habe den Grafen von G.*) gesehen; er ist ein Mann, der übel spricht, aber gut denkt. Er ist in allem prächtig, und man will einen Abgesandten aus ihm machen. Es ist etwas sonderbares, wenn man siehet, mit was für einem Eifer unsere Hofleute um die Erlaubniß ansuchen, sich bey den Gesandtschaften zu Grunde zu richten; ich bewundere hierbey die guten Wirkungen der Eitelkeit. Es ist dieses eine besondere Thorheit des französischen Adels. An andern Orten dienet man, man läßt sich aber gut bezahlen; aber bey uns bezahlet man, um dienen zu dürfen. Vielleicht ist dieser Geist dem Staate nützlich. Der vorhin genannte Graf wird bald abreisen; er hat sich die Ehre ausgebethen mein Correspondent zu seyn, und ich habe ihm diese Gnade zugestanden. Es wird uns also an Neuigkeiten nicht fehlen. Ich muß Ihnen aber auch etwas neues erzählen. Ich gieng gestern mit unserer kleinen Tochter in meinem Parc allein spatzieren; es war beynahe Nacht, und wir sahen schreckliche Dinge. Zuerst erschien uns ein grosses weisses Gespenst; es war mein Gärtner, welcher im Hembde war. Zwanzig Schritte davon wurden wir einen ganz schwarzen Riesen gewahr; das war ein grosser von seinen Aesten entblößter Baum. Etwas weiter davon hörten wir ein fürchterliches Geschrey; es waren die Kinder des Schweizers, welche

---

*) Guerchi, nachher Gesandter an dem Hofe zu London.

welche sich ein Vergnügen machten, zu lärmen. Das war es, meine Liebe, wovor wir erschraken. Und wenn sich die Menschen fürchten; so ist es mehrentheils eben so lächerlich.

Ist denn der Platz Ludwigs XV. wirklich so schön, als man sagt? Ich habe nicht Zeit gehabt, ihn recht anzusehen. Man wird ihn weihen; man sollte aber solche Ceremonien mitten unter den Siegen verrichten. Hat sich denn der kleine Herzog wirklich einfallen lassen, mich zu hassen, und übel von mir zu reden? Man wird also die Liste meiner Undankbaren noch mit einem vermehren müssen. Ist es wahr, daß Sie mich immer lieben? An dieser Freundschaft habe ich gnug. Und wenn Sie mir treu bleiben; so werde ich des vielen Hasses, der vielen Unbesonnenheiten und schrecklichen Dinge, die ich alle Tage erdulde, ungeachtet, doch nicht zu beklagen seyn. Nehmen Sie, meine Liebe, den zärtlichsten Kuß von Ihrer Freundinn an. Ich bin ꝛc.

207. Brief.
An die Frau von Neuilli.

Ich habe Ihren Zank mit der stolzen Herzoginn erfahren. Sie hat unrecht, und Sie haben nicht recht. Man muß in der Welt höflich seyn, und Achtung haben, sonst wird das Leben uns und andern zur Last. Ein iedes hat seine Schwachheiten, und besonders die Frauenzimmer. Wir wollen

wollen entweder unsere Fehler unter einander ertragen, oder uns in die Wälder begeben, wenn wir nicht mit den Menschen leben und umgehen können. Die Herzoginn ist stolz, hitzig und unbesonnen; sie hat aber ein gutes Herz, und ich glaube, sie hat ihren Fehler nicht gern begangen. Sie müssen sich schlechterdings wieder mit einander versöhnen, und einander umarmen. Solche kleine Frauenzimmerkriege sind allemal lächerlich, und geben den Mannspersonen Anlaß zum Lachen, welche bey dergleichen Fällen einander tapfer die Hälse brechen, ohne die Zeit mit Schreyen und Schelten zuzubringen.

Der Nuntius soll diese Woche seinen Einzug halten. Ich werde die kleine St. Ives hinschicken, welche solche Kleinigkeiten gern mit ansiehet. Wollen Sie sich wohl die Mühe geben, meine liebe Dame, sie hernach wieder zu mir nach Bellevue zu bringen, wo wir den Abend so vergnügt zubringen wollen, als es Frauenzimmer thun können. Gestern habe ich den kleinen Grafen gesehen; er ist sehr artig; er erinnert mich allzeit an meiner armen Alexandrine, welche viel von seiner Mine hatte. Ich grüsse Sie von ganzem Herzen. Lieben Sie iedermann, und werden Sie auf niemand zornig; denn der Zorn ist der Gesundheit gar sehr schädlich. Ich bin ꝛc.

Dd 4   208. Brief.

208. Brief.
An die Gräfinn von Baschi.

Eine von den grossen Annehmlichkeiten meiner Lage bestehet darinnen, daß ich mich genöthiget sehe, gegen Personen, die ich hasse, oder die mich hassen, höflich und freundlich zu seyn. Diesen Morgen besuchte mich die kleine Herzoginn. Ach! was für ein schreckliches Geschöpf! Wie sie schnarrt! wie sie schmachtet! Man möchte sagen, sie wäre nur auf der Welt, um Vapeurs zu haben, und sich im Spiegel zu betrachten. Ich habe tausend ausschweifende Complimente von dieser Frau erdulden, tausend Grobheiten anhören, und tausend falsche Liebkosungen von ihr annehmen müssen. Ich sehe immer mehr und mehr ein, daß die gute Gesellschaft abscheulich ist; kommen Sie bald mich zu umarmen, und zu trösten. Es ist zum Erstaunen, wenn man siehet, was für Mühe sich unsere Frauenzimmer geben, die Kunst zu gefallen zu studieren, die ihnen höchstens nur zehn oder zwölf Jahre etwas helfen kann; da sie indessen ihren Verstand, welcher ihnen ihr ganzes Leben hindurch dienen soll, verabsäumen. Diese bildet sich ein, sie wäre nur geschaffen, um schön zu seyn, und Liebeshändel zu haben. Sie, meine Liebe, die Sie schön und sittsam sind, und gefallen, ohne daß Sie gefallen wollen, fahren Sie fort, unserem Geschlechte ein Beyspiel der Weisheit und des gesunden Verstandes zu geben, und lieben Sie allezeit diejenigen, die Sie lieben. Ich bin ꝛc.

209. Brief.

209. Brief.
An Ebendieselbe.

Endlich kenne ich also die Frau Marschallinn. Ich suchte eine Freundinn, und habe weiter nichts, als ein listiges Frauenzimmer, ohne Verstand und Mäßigung gefunden. Sie wollte mich stürzen. Ich vergebe es ihr, und werde ihr weiter nichts übels zufügen, als daß ich sie verachte und vermeide. Meine Umstände sind gar sehr betrübt. Ich kann meine Freunde von meinen Feinden nicht unterscheiden. Aeusserlich haben sie alle einerley Hochachtung, sie beobachten einerley Höflichkeit, und führen auch einerley Sprache. O! wie hasse ich diese niederträchtige und schmeichelhafte Welt! Die rechtschaffene Freymüthigkeit der Wilden, welche offenbar lieben oder hassen, würde mir weit lieber seyn. Bey uns kriecht man, man liebkoset und umarmet diejenigen, die man zu Grunde richten will; und alles dieses heißt die schöne Gewohnheit bey gesitteten Völkern. Sie, meine liebe, sind fast die einzige, die mich bey allem diesen Elende tröstet. . . . . . .

210. Brief.
Von der Gräfinn von Baschi.
Als die Antwort auf den vorhergehenden Brief.
Paris, den 5. November, 1762.

Sie werden gar sehr traurig, meine liebe Freundinn; Ihre Reden, Ihre Briefe, Ihre Hand-

Handlungen, alles zeiget etwas melancholisches an, das mich gar sehr betrübet. Sie werden von allen denen, welchen Sie gedienet haben, mit Undanke belohnet, indem sie Ihnen auf alle nur mögliche Art zu schaden suchen. Es ist dieses ein wahres Unglück. Die Marschallinn bedienet sich der Gunst, die Sie ihr verschaffet haben, wider Sie. Alles dieses ist abscheulich. Aber Sie, meine Freundinn, Sie, die eine schöne und edle Seele haben, sind so großmüthig und verzeihen. Sie müssen sich in der Lage, in welcher Sie sich befinden, wider die Unruhen, die Geschwätze und die Treulosigkeiten sträuben, Personen glücklich machen, und es darauf ankommen lassen, ob sie nicht undankbar werden, und sich übrigens an eine kleine Anzahl wahrer Freunde halten. Für zween oder drey bin ich Ihnen gut, die Ihnen, so lange sie leben, zugethan seyn werden. Ich habe gesehen, daß der Neid so abscheuliche Dinge unternommen, und so schreckliche Betriegereyen ausgesonnen hat, daß ich mich über nichts mehr wundere. So bald Sie eine Rolle spielen wollten, mußten Sie seine Anfälle vermuthen. Ich würde Sie beklagen, wenn Sie keine Feinde hätten, weil man daraus würde schliessen müssen, Sie genössen keine Gunst. Mögen sie Sie doch immer vergeblich anfeinden; denken Sie nur in der Absicht daran, Ihre Sachen noch besser, als vorher zu machen.

Leben Sie wohl, meine Freundinn; lieben Sie mich; sagen Sie es mir; das ist ein Gut, dem

kein

kein anderes gleichet. Die Freundschaft gehöret nur für die schönen Seelen. Die, so es nicht glauben, sind nicht werth, daß sie es erfahren. Unter vielen andern ausschweifenden Dingen, habe ich mir oftmals auch gewünschet, einmal für todt gehalten zu werden, und das gute, so man von mir sagen würde, zu hören. Denn ich bin gut, und glaube, man würde nicht viel böses von mir zu sagen haben. . . . Wenn man es aber doch sagte? Alsdenn würde es mir dazu dienen, daß ich mich besserte. Leben Sie wohl, meine Freundinn; ich gehe in das Concert spirituel. Das ist noch ein Vergnügen, welches Sie nicht mehr kennen. Man würde in Wahrheit zehn Unglückliche machen, wenn man sie aller der Dinge berauben wollte, deren Sie sich beraubet haben; man würde aber mit den Schablosbaltungen tausend glücklich machen.

211. Brief.
An die Gräfinn von Baschi.

Ich kam gestern traurig, niedergeschlagen und verdrießlich zu Fontainebleau an. Meine angenehmste Beschäftigung ist, an Sie zu schreiben. Ich halte vor Ihnen nichts heimlich, meine zärtliche Freundinn; indessen weis ich nicht, ob Sie meine Vertraulichkeit mit eben so vielem Vergnügen annehmen, als ich sie Ihnen schenke. Ich habe es aber nöthig, vertraut gegen Sie zu seyn, um mein Herz ein wenig zu erleichtern. In was

für

für einem Zuſtande befinden ſich alſo die Groſſen! Sie leben immer nur in der Zukunft, und ſind nur in der Hofnung glücklich. Bey dem Ehrgeize iſt kein Glück zu finden. Ich bin immer melancholiſch, und oftmals ohne Urſache. Die Gütigkeiten des Königs, die Achtung der Hofleute, die Ergebenheit meiner Bedienten, und die Treue einer ſehr kleinen Anzahl Freunde ſind lauter Dinge, die mich glücklich machen ſollten, welche mich aber nicht mehr rühren. Ich hatte mir ehmals in den Kopf geſetzt, die Gemahlinn des Königs zu werben, und ich ſchmeichelte mir, der beſte Prinz würde für mich eben das thun können, was ſein Urgroßvater für eine Wittwe von funfzig Jahren gethan hatte. Es ſtund dieſem ſchönen Plane nur ein kleines Hinderniß im Wege; die groſſe Dame *) und der kleine Normand **) lebte noch. Das ſind, meine ſchöne Gräfinn, die Chimären, woran ſich das ſchwache Herz, das ietzo faſt weiter nichts, als Sie liebet, lange Zeit ergötzet hat. Was mir ſonſt ſo wohl gefiel, iſt ietzo nicht mehr nach meinem Geſchmacke. Ich habe mein Haus in Paris prächtig meubliren laſſen; es hat mir aber nicht länger, als zween Tage, gefallen. Das zu Bellevue iſt ſehr ſchön, nur mir ſteht es nicht an. Gutherzige Perſonen erzählen mir alle Tage die Geſchichte und Ebentheuer, die ſich in Paris zutragen. Man glaubt, ich höre zu; wenn man aber fertig iſt, ſo frage ich, wovon

*) Die Königinn.
**) Herr Normand von Eſtioles, ihr Mann.

von man geredet hat. Mit einem Worte, ich lebe nicht mehr, ich bin vor der Zeit todt; mein Reich ist nicht mehr von dieser Welt. Es trägt ein Jeder etwas bey, mir das Leben zu verbittern. Man schreibt mir das allgemeine Elend, die schlechten Plane des Cabinets, die schlechte Fortsetzung des Krieges, und die Siege unserer Feinde zu. Man giebt mir Schuld, ich verkaufte alles, ich ordnete alles an, und regierte alles. Unlängst trug es sich zu, daß sich ein alter ehrlicher Mann nach der Mittagstafel dem Könige näherte, und ihn bath, er möchte ihn doch der Frau von Pompadour empfehlen. Jedermann lachte über die Einfalt dieses armen Mannes überlaut; ich lachte aber nicht. Vor einiger Zeit überreichte ein anderer dem Conseil ein vortreffliches Memoire, wie man Geld bekommen könnte, ohne dem Volke beschwerlich zu fallen. Sein Project bestund darinnen, man sollte mich bitten, dem Könige hundert Millionen zu leihen. Man lacht noch über diesen schönen Plan; ich lachte aber nicht. Dieser allgemeine Haß und diese durchgängige Erbitterung der Nation sind mir gar sehr empfindlich. Mein Leben ist ein immerwährender Tod. Ich sollte mich ohne Zweifel vom Hofe entfernen, aber ich bin schwach, und kann ihn weder ertragen, noch verlassen. Ich beneide Sie, meine zärtliche Freundinn, wegen Ihres Glücks. Leben Sie wohl, beklagen Sie mich, und ertheilen Sie mir, wenn es möglich ist, einigen Trost.

212. Brief.

212. Brief.

Von der Gräfinn von Bascht.
Als die Antwort auf den vorhergehenden Brief.

Essonne, den 15. November, 1762.

Breton hat mich hier angetroffen, meine liebe Freundinn, wo ich einer schrecklichen Colik wegen habe stille liegen müssen. Er hat mir den Brief eingehändiget, den Sie ihm an mich mitgegeben hatten. Sie sind kaum von Fontainebleau abgereiset gewesen, als Vasse daselbst angekommen ist. Nichts kann so schön seyn, als das Model, so er Ihnen zeigen wollte. Es haben sehr viele Personen ebendieses Urtheil davon gefället; aber mit einigen Einschränkungen. Und gleichwohl habe ich, meine liebe Freundinn, für mich beschlossen, daß Sie es nicht sollen zu sehen bekommen. Unter dem vielfältigen Verdrusse, den Sie gehabt haben, ist derjenige der empfindlichste, den Ihnen der Verlust Ihres Kindes verursacht hat. Sie ist nicht mehr, die arme Alexandrine! aber Sie haben sie nicht vergessen können. Was hilft es, Ihr Betrübniß durch den Anblick ihres Grabes zu erneuern? Verlassen Sie sich auf mich, ich will den Künstler leiten und führen. Verschiedene Kenner haben mir ihre Anmerkungen schon mitgetheilet; und Vasse, dem ich Nachricht davon gegeben habe, giebt zu, daß sie richtig und gegründet sind. Man bemerkt z. E. daß dieses Bild der Unschuld einen gar zu kurzen Hals hat. Es ist unendlich viel Geist in der Handlung der

Schutz-

Schutzengel (Geniorum,) die ihre ausgelöschten Fackeln und die Zeichen der Talente, welche dieses liebe Kind in einem hohen Grade besaß, in das Grab werfen. Indessen ist ihr Brustbild, welches von dieser Grouppe bedeckt wird, nicht mehr der vornehmste Gegenstand des Monuments. Vasse hat mir versprochen die Bilder so zu stellen, daß es besser ins Gesicht fällt, und alsdenn wird er ein Meisterstück gemacht haben.

Wie glücklich würde derjenige gewesen seyn, den Sie zum Gemahle eines so vollkommenen Geschöpfs würden erwählet haben! Ich sagte dieses gestern zum Marschalle, der mich besuchte. Er merkte meine Absicht, und weil er niemals etwas schuldig bleibt; so sagte er lächelnd zu mir: „Sie „wollen ohne Zweifel von meinem Sohne reden; „ich muß Ihnen aber sagen, daß ich diese Heurath „nicht würde haben zu Stande bringen können, „wenn ich auch gleich gewollt hätte. Mein Sohn „hat hohe Anverwandte, um deren Einwilligung „er aus Schuldigkeit, Ehrerbiethung und des „Wohlstands wegen, ansuchen muß, wenn er „sich verheurathen will. Sie haben ihre Einwil„ligung nicht dazu geben wollen, mein Sohn hat „also von der Mademoiselle von Estolles abste„hen müssen." Weil eben noch mehrere Personen zu mir kamen; so konnte ich weiter nichts erfahren. Ich halte indessen dafür, daß der Marschall von dem Kaiser reden wollte.

Ich bin, wie Sie sehen, meine geliebte Freundinn, bald nach Ihnen von Fontainebleau abge-

abgereiſet; aber dieſen Ort werde ich nicht eher, als morgen verlaſſen. Das Vergnügen, mich mit Ihnen zu unterhalten, macht, daß ich die heftigſten Schmerzen vergeſſe. Ich bin indeſſen ſo entkräftet, daß ich nicht im Stande ſeyn werde in einem Wagen zu fahren. Ich laſſe ein Schiff zurechte machen, welches mich nach Paris bringen ſoll, ob ich mich gleich gar ſehr fürchte zu Waſſer zu reiſen.

Ihr Zutrauen iſt mir überaus angenehm, meine Freundinn, ſchenken Sie mir es ferner. Geben Sie mir von allem, was Sie angehet, Nachricht; ſagen Sie mir ſo gar Ihre Träume. Ich will Ihnen meine Meynung davon gerade heraus ſagen. Ich billige z. E. denienigen nicht, den Ihr geſtriger Brief in ſich hält. Wenn Dinge, die ſich wahrſcheinlicher Weiſe wohl nicht zutragen werden, Sie dahin bringen ſollten, was würde wohl zu Ihrem Glücke daraus erwachſen? Ein Vergnügen von zwölf oder vierzehn Tagen für Ihre Eitelkeit, iſt zwar etwas; aber ſehen Sie weiter hinaus, und hernach wünſchen Sie . . . . Mäßigen Sie Ihre Wünſche, meine Freundinn. Es ſtehet eine unerſchöpfliche Quelle von Glücke zu ihren Dienſten. Schöpfen Sie aus dieſer. Thun Sie gutes.

E N D E.

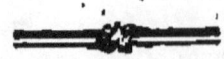

www.ingramcontent.com/pod-product-compliance
Lightning Source LLC
Chambersburg PA
CBHW022142300426
44115CB00006B/304